Anton Birlinger

Die alemannische Sprache rechts des Rheins seit dem XIII. Jahrhundert

Anton Birlinger

Die alemannische Sprache rechts des Rheins seit dem XIII. Jahrhundert

ISBN/EAN: 9783743376410

Hergestellt in Europa, USA, Kanada, Australien, Japan

Cover: Foto ©Suzi / pixelio.de

Manufactured and distributed by brebook publishing software (www.brebook.com)

Anton Birlinger

Die alemannische Sprache rechts des Rheins seit dem XIII. Jahrhundert

DIE

ALEMANNISCHE SPRACHE

RECHTS DES RHEINS

SEIT DEM XIII. JAHRHUNDERT

VON

Dr. ANTON BIRLINGER.

ERSTER TEIL:
GRENZEN. JAHRZEITNAMEN. GRAMMATIK.

BERLIN
FERD. DÜMMLER'S VERLAGSBUCHHANDLUNG.
HARRWITZ UND GOSSMANN.
1868.

Aus diesen volksmundarten wäre für die geschichte unserer sprache
erkleckliches zu gewinnen, wenn sie planmäfsig so untersucht und bear-
beitet würden, dafs sich in ihnen jene spuren einzelner bedeutender völkerschaften ergäben und man ermittelte, welcher grofsen reihe jede angehört
habe.

Grimm, Gesch. d. Spr. II, 887 (1848).

SEINER KÖNIGLICHEN HOHEIT DEM FÜRSTEN

KARL ANTON VON HOHENZOLLERN

UNTERTÄNIGST, DANKBARST GEWIDMET.

Weinhold hat am Schlusse seiner Einleitung zur alemannischen Grammatik (S. 8) die eingebornen Forscher ersucht „an Ort und Stelle die genauen Absonderungen in dem gesammten alemannischen Lande sorgsam zu verfolgen". Ein solcher Anlauf ist diese seit 1856 begonnene, bald mehr bald weniger gepflegte Arbeit. — Südlich und westlich habe ich bisweilen über den Rhein hinübergreifen müssen, meist aber nur um rechtsrheinisch volksmäfsige Ausdrücke zu belegen, weil mir eben von da keine ältern Beispiele zu Händen waren. Im Wörterbuche sollen alle linksrheinischen Beiträge kenntlich gemacht werden. Ich glaubte mich nicht zu engherzig an die von mir willkürlich gezogene Rheinstromgrenze halten zu müssen, wenn mir Stellen aus alten guten Quellen von drüben willkommene Dienste zu leisten versprachen. Sodann wirkten Basel und Strafsburg, letzteres mit seinem Bistumsgebiete, weit herein rechtsrheinisch in Sprache und Sitte. Die strafsburgischen Leute safsen ja am ganzen Westabhang des Schwarzwaldes. Ganz so zog ich schweizerische Quellenschriften in meinen Bereich, besonders die Mitteilungen der antiquarischen Gesellschaft in Zürich, überall wo sie mir als Anhaltspunkte zur Vergleichung meiner rechtsrheinischen Funde dienlich sein konnten. Nie aber habe ich linksrheinische Gesetze und Wörter gebracht, wenn sie nicht rechtsrheinisch nachweisbar waren. — Vor allem lag mir daran, der geographischen Verbreitung des Gefundenen nachzuspüren; mir war es immer ein Hauptzweck, die Nordostgrenze des alemannischen Gebietes recht augenscheinlich sprachlich herzustellen. In wie weit das mir gelungen ist, mufs ich dem Urteile Anderer überlassen; an aufrichtigem mit vielen Opfern verbundenem Streben dürfte es von meiner Seite aus nicht gefehlt haben. Es mufsten vor allem die echt alemannischen Lautgesetze und echt alemannischen Wörter herausgeschält und mit der frühern Sprache verglichen werden: so fanden sich denn alte St. Gallische Erbschaften, um die Schwaben, Baiern und Franken längst gekommen sind; die bisweilen im alten Sachsenlande, an der Nord- und Ostsee nur noch wie versteinert sich erhalten haben. In zweiter Linie sind alemannische Belege aufgenommen, die sich bis in's Mitteldeutsche hinein vorfinden; das geschah, um die Verbreitung auf deutschem Boden nachzuweisen. Solche Beispiele sind sparsamer gebraucht; wogegen die echt alemannischen Ausdrücke manchmal unverhältnismäfsig zalreich belegt erscheinen. — Was den *terminus a quo* anlangt, so glaube ich dem Herausgeber der Alemannischen Grammatik da begegnen zu sollen, wo seine Hauptkraft abzunehmen scheint. Mit Verehrung mufs man an dem herrlichen Material und dessen wissenschaftlicher Behandlung emporblicken, das uns seine alemannische Grammatik vom 8—13. Jahrhundert bringt und ich schätze mich glücklich, wenn ich mit meiner Arbeit irgendwie Weinholds Buch ergänzen könnte. Das anzustreben kam mir eine ziemlich eingehende Kenntnis meines Landes und meiner Leute, sodann die Benutzung ungedruckter zalreicher Quellenschriften gut zu Statten.

Möge meine Arbeit wolwollende Aufnahme erfahren, dafs der zweite Teil bald nachrücken kann.

Berlin, im August 1868.

Inhaltsverzeichnis.

		Seite
I.	**Grenzen.** Politische, kirchliche alte Grenzen sind Sprachgrenzen. Es gibt zwei Sprachgrenzen nördlich. S. W. der Rhein angesetzt	1— 34
II.	**Jahrzeitnamen.** Unterschied der Alemannen, Schwaben und Baiern in Benennung der Monate, Wochentage . .	35— 44
III.	**Vocale**	45— 77
	ă, e, â, ê, uo,	
	ĭ, ĕ, î, âi,	
	ŭ, ŏ, û, ui, âu.	
IV.	**Consonanten**	88—147
	l, m, n, r.	
	k, g, ch, h.	
	t, d, s, z.	
	w, b, p, pf, f.	
V.	**Substantiv.** Bildung, Geschlecht, Declination	148—156
VI.	**Adjectiv, Adverb**	157—164
VII.	**Interjunctionen, Conjunctionen**	165—166
VIII.	**Interjectionen.** Lockrufe, Schmerzensrufe u. s. w. . .	167—170
IX.	**Praepositionen**	171—174
X.	**Zahlwörter**	175—182
XI.	**Pronomina**	183—188
XII.	**Zeitwort.** Hilfszeitwörter die Hauptunterscheidung der Alemannen und ihrer Nachbarn	189—196
	Beilagen. Ueber einige Stellen bei Ammian; über die alten Gaunamen; zur Heldensage; wie dachten die Elsässer von der schwäbisch-alemannischen Grenze? Mone's Versuch einer kleinen oberrheinischen Lautlehre. . . .	197—206

Erklärendes, Berichtigendes.

h getilgt vor und nach t im An-, In- und Auslaute; meist auch vor l, n, wo es das Auge des Lesers nicht stört. Die gedenten *i* noch teilweise mit ie gelassen; die -*ie* in fremden Wörtern statt i meistens durchgeführt. Die mundartlichen Substantiva klein gedruckt, mit Ausnahme schlagender Beispiele. — Die mundartliche Schreibweise ə für den unbestimmten Zwischenton zwischen a und e selten; a dafür gesetzt; den Ausfall der Consonanten nach Vocalen oder die Denung in Position mit ⁻ und ˆ bezeichnet. — Die Ortsnamen, Gaunamen sind urkundlich oft zweifacher Schreibung verfallen, daher geschrieben: Baar : Bar; Rottenburg : Rotenburg; Rottweil : Rotweil; Zinken : Ziencken; Sunthausen : Sonthausen; Muggensturm : Muckensturm; Spaichingen : Speichingen; Boms : Bomms (60, 35). Vgl. Glotertal : Glottertal.

Die Ortsnamen der Karte S. 13 sind gegeben wie sie dort stehen, unbeachtet des heutigen Gebrauchs. S. 60, 35 ist altes *o* in Zwifaltacha zu scheinbarem i und dessen Brechung ë verdorben.

Druckfehler.

S. 1, 18: Iles Heunisch-Bader. 5, 18: Stilico. 5, 20: *abführte*. 8, 15: Beziehung. 8, 16: Ermoldus; 8, 23: *rechtsrheinisch*. 11, 10: zuschlagen. 14, 15: fontem. 14 (unten) *Grimm* und *Förstemann* versetzt. 32, 20 und für die sechs ersten Bogen irrtümlich Episcop. Const. I, 1 für 2 gesetzt. 36, 19: Gangüsche. 36, 27: Brdchet. 40, 23: verbannt. 44, 20: Quells. 48, 12: glds. 49, 17: nach Basel; 50, 9: *verdumpfen*. 50, 14: *Ennentach*. 56, 27 tilge: *modd* (Mut). 60, 20: vech. 66, 9: ó statt ô. 69, 19: tilge *thüer*. 72, 5: -*un*; 75, 27: Elnhoven. 77, 1: Andolfsbach. 79, 31: *belt*. 83, 29: *Roth* oder *Mönchsroth*. 84, 4: *übergangen* für *erwähnt*. 87, 8: schnittla. 91, 14: *haben*. 99, 15: Versetze Morenspach vor Akams. 102, 14: *Gersdorf* für *Her*. 105, 17: mahnig. 106, 16: tilge *ebenso cgm.* 138. 109, 1: -kafül. 110, 18: Avium. 117, 1: *Veldtbauw*. 119: *hape* für -*sape*. 120, 28: kurzem. 125, 6, 7: koman. 126, 6: loippode (‒ ⏑ ⏑). 132, 14: *aaraulsch*. 132, 17: v. *hirz-dort* setze 131, 13. 140, 31: *den*. 140, 22: *Band*.

I.
Grenzen.

Seit Hebels alemannischen Gedichten und den Aufsätzen in dessen Hausfreund ist das Wort „alemannisch" wieder aufgetaucht. Wenn auch nicht so recht volkstümlich, so weiſs doch jeder Gebildete jetzt wieder, daſs es Alemannen auf dem rechten Rheinufer gibt, daſs die Leute im Wisental damit gemeint sind; ja die badischen Schwarzwälder dürfen jetzt schon alle Alemannen heiſsen. Die Wissenschaft suchte eine Grenze festzustellen. Alemannisch sei im Groſsen und Ganzen westlich der Schwarzwald; südlich gehe die Linie von der Bregequelle aus zwischen Villingen und Neustadt hindurch, streiche ziemlich nahe unterhalb Schaffhausen zum Bodensee, am Nordufer bis zur Argenmündung, von da zwischen Staufen und Immenstadt im Allgäu hindurch ins Vorarlbergische. Weinhold 8. Das topographisch-statistische Groſsherzogtum Baden von Henisch-Baader (1857) will die echte alemannische Grenze mit der östlichen der Ortenau und des Breisgau's zusammenfallen lassen, und scheidet, um ein Resultat zu haben, schwäbische Alemannen und echte Alemannen. Rapp bei Frommann II, 57, Physiologie der Sprache IV, 114 zieht zwar keine genauen rechtsrheinisch-alemannischen Grenzen, läſst aber von Rotweil bis an die Schweiz einen Uebergangsdialekt gelten, der im Mittelalter beinahe ganz schweizerisch gewesen sei.

Ich will versuchen in kurzen historischen und sprachlichen Umrissen die Grenzen nach Norden und Osten abzustecken; nach Süden setze ich den Rhein an; ebenso nach Westen. Letztere Grenzlinie entspricht nicht wissenschaftlich, ligt aber in Verhältnissen, die auch dies rechtfertigen dürften. Bis dahin kenne ich Land und Leute persönlich; linksrheinisch arbeiten mehrere tüchtige Kräfte, die auch nur ihre Leute kennen bis an den Rhein.

Unser rechtsrheinisches Gebiet bildet die Südwestecke Deutschlands mit dem östlichen Vorarlbergischen und dem obern Inntale. Der obere Lauf des Rheins, der Donau, des Nekars, des Inns, des Lechs fällt in unser Land; politisch haben Oesterreich, Baiern (Allgäu), Wirtemberg (Allgäu), Baden (Seekreis), die Schweiz (Stand Schaffhausen), Preußen (Zollern) Teil an ihm.

Wer hat unser Land von Uranfang innegehabt? Mehr und mehr dürfte sich die Ansicht bewahrheiten, daß Finnen hier gebaust. (Mein Volkst. II, Einleit. Bacmeister, Alem. Wanderungen S. 2). Bis jetzt zeugen von ihnen nur Pfalbautenüberreste. Etwas mehr Licht ligt über ihren Nachfolgern, den Kelten; Städte- und Ortsnamen, sichere Nachrichten von den Alten, die sie Helvetier nennen und die Südwestecke Germaniens eine helvetische Wüste heißen (Ptolemäus) und endlich die neuern Sprachstudien lassen keinen Zweifel mehr obwalten, daß dieses mächtige Volk unser rechtsrheinisches nachher alemannisches Gebiet besessen habe.

Wann und wie auch sie den Mächtigern weichen mußten, läßt sich nur erraten. Suebische Horden mögen sie zum Fortgehen und zum teilweisen Aufgehen in ihnen veranlaßt haben. Wer diese suebischen Haufen, die nachher als Söldner Italien zuzogen, und wieder durch andere Stammesgenossen ersetzt wurden, gewesen, hat Wietersheim I, 272 aufs genaueste untersucht. — Sie treten gleich nach den Niederlagen der Teutonen, Ambronen, Kimbern bei Aquae Sextiae und am Po (102—103) als Kämpfer gegen die Römer auf (58 v. Chr.). Der unglückliche Zug über den Rhein, die Voraussicht der Dinge, die da noch über ihr Land kommen werden, bewog sie unter Marbod in's herrenlose einst keltische Bojohemum zu ziehen.

In den entleerten Strecken kommt bald ein Mischvolk zum Vorschein: „leichtsinnige Leute aus Gallien, in ihrer Besitzlosigkeit waghalsig, haben den Boden, dessen Zugehörigkeit unbestimmt war, eingenommen". (Germ. cp. 29). Stälin I, 62. 63. Wietersheim II, 187. W. Brambach, Baden unter römischer Herrschaft 1867, S. 5. 6.

Was die Sueben geahnt, das sollte mit dem Jahre 14 v. Chr. wirklich kommen.

Drusus und Tiberius, die zwei kaiserlichen Prinzen brachten durch einen combinirten Angriff von Süden und Westen die rechtsrheinischen Ländereien und den Schwarzwald dem römischen Reiche ein. „Proinde Drusus ac Tiberius ipsi simul et legati eorum *multis locis* ($\pi o\lambda\lambda\alpha\chi o\vartheta\epsilon\nu$) in Raetiam irrumpentes — in suam potestatem redegerunt". Dio Cassius 54, 22. Vergl. Th. Mommsen, die Schweiz in römischer Zeit. Mitteil. der antiquar. Gesellsch. in Zürich IX S. 6.

Die *Agri Decumates* entstanden.

Die römische Colonisation ging vor sich und wir haben jetzt Keltenreste, herrenlose gallische Vagabunden, Suebenüberbleibsel und endlich wol gebildete Militärcolonisten in unserer Heimat zu denken.

Der Wanderzug der Deutschen nach Süden, den die Kimbern, Teutonen, Ambronen so teuer büfsen mufsten, kam erst recht in Flufs mit dem anhebenden dritten Jahrhundert. Der grofse Suebenbund im Norden begann sich zu lösen; die Stämme bröckeln sich los und die zweihundertjährige römische Wirtschaft sollte, die deutsche Kraft erst recht fühlend, ihrer Auflösung zugeführt werden. Im Vorderglied begegnen uns die Alemannen. Caracalla will sie a. 213 besigt haben; legte sich den Namen *Alamannicus* bei. Aelianus, Spartacus, Anton. Caracalla 10. Der Andrang geschah unaufhaltsam. 25 Jahre nach dem erkauften Sige fallen die Alemannen in's Zehentland ein; besetzen Raetien und das Nekargebiet. Um wenig Jahre später stehen sie in Italien. Aurelian trieb sie zwar von da, nicht aber vom Zehentlande zurück. Vom Ursprung der Donau und des Nekars bis zur Mündung des letztern und des Mains war alles alemannisch. Zwischen 276—282 gab sich Probus die äufserste Mühe sie vom Schwarzwald bis Welzheim (Bacmeister S. 102. 103) zur Leine, und von der Alb zurückzuschlagen „reliquias ultra Nicrum flumen et Albam removit". Vopiscus Probus 12, 13. Die neue militärische Colonisirung, die Abführung von 16,000 jungen Alemannen*), welche in's römische Heer gesteckt wurden, die Belehnung mit dem Land an nur alemannische Fürsten — all das half nichts. Draufsen vor dem *limes* war wie aufgestautes Wasser die Alemannenmacht und brach wild herein mit dem Tode des Probus. Alles ging verloren. Der Nekar ein barbarus Nicer; die römischen Grenzpfähle nur bis zum südlichen Schwarzwald ausgesteckt, an des Isters Quellen (porrectis usque ad Danubii caput Germaniae Raetiaeque limitibus. Eumen. Panegyr. Const. dict. 311). Beim Schlusse des 3. Jahrhunderts ist aller Wahrscheinlichkeit nach nur mehr der Rhein Grenzlinie; denn Constantia ist Grenzveste gegen Alemannien (300). Waren da und dort noch feste römische Haltpunkte, wie z. B. in Breisach spät, soviel die Münzfunde besagen, (Mone, Zeitschr. X, 385), so wird im Laufe des 4. Jahrh. vollends gründlich aufgeräumt 354. (Huschberg 226). Julian, der Wiederauffrischer alter Herrlichkeit, erobert nochmal Teile des rechtsrheinischen Gebietes in Folge der Strafsburger Schlacht; allein es wollte nicht viel mehr besagen als die Versuche des Constantius und des Valentinian. Von letzterem ist nur das merkwürdig, dafs er nach Ammian 27, 10 bis zur spätern zweiten zwischen Dietrich von Bern und Chlodowech bestimmten Demarcationslinie, bis Tübingen, Rotenburg vordrang (368), wo auf dem Berge mit der jetzigen viel besungenen Kapelle (Uhland, Kreuzer) und wol auf den Höhen gegen Tübingen hin die Alemannenmacht feste Stellung hatte**) (cum prope locum venisset, cui *Solicinio* nomen est, velut quadam obice stetit). Vor sich hatte Valentinian die Vorhöhen der Alb,

---

*) Vopiscus in Probo cp. 13.
**) Tübingen heifst noch spät urkundl. *castrum Alamannorum*. (Hohentübingen).

rechts die des Schwarzwalds; darauf die Feinde in guten Stellungen: das nebst dem unheilvollen Verschwinden des cubicularius im Sumpfe, mochten ihn von der Nutzlosigkeit seines Weiterzuges gegen Süden überzeugt haben. Er zog ab. *Solicinium* ist *Sulichen* später, jetzt Rotenburg. Sieh Bacmeister S. 33. Ausonius Uebertreibung läfst den Kaiser bis zu den Donauquellen vordringen (hostibus exactis Nicrum super et Lupodunum et fontem Latiis ignotum Histri. Mosella V, 421).

Nur noch Gratian wagt a. 382 von Süden einen Einfall in's Zehentland. Der Sig blieb anfangs den Alemannen, nachher den Römern; hatte aber keine Nachhaltigkeit. Ammian 31, 10. Hier hatten es die Römer mit den tapfersten aller Alemannen zu tun; mit den Lenzern*). (Lentiensis Alamannicus populus tractibus Raetiarum confinis. Ammian 31, 10, 2). Sie waren es, die als Grenzer den Römern soviel zu schaffen machten. Sie sind auch die ersten gewesen, die, als Stilicos die Besatzung von Constanz samt den andern römischen Truppen zur Deckung nach Italien bführte, ins römische Gebiet übergingen und sicher weit vordrangen. Merkwürdigerweise gibt uns die Notitia dignit. imperii Romani v. Froben (1557) als Werbestation- oder Garnisonszeichen in Constanz einen Rundschild an, bemalt mit einem gelben springenden Hasen im blauen Feld mit roter Umrandung. Sollte der Volkswitz von der Hasenjagd der sieben Schwaben, die das schreckliche Tier nicht mehr einholten, diese historische Thatsache als Grundlage haben? Die Lenzer zogen in Constanz ein, aber den Hasenschild, d. h. die Besatzung mit ihrem Heereszeichen war abgezogen. Die sieben Schwaben hätten so als Vertreter von sieben Gauen, von sieben Fürsten oder Herzogen, einen guten Sinn.

---

*) Wie die Ortsnamen Hundersingen heute noch altes Huntari nachklingen lassen, lebte kirchlich das alte Ruralkapitel mit Linz dem Orte, im Namen Linzgau fort. Das rätisch-alemannische Wort haben wir jenseits des Rheins als Lenz, Lenzerhaide (Churwalden, Parpan); Linzen (Himweil, Zürich); Lenzenhaus (Weinfelden); Lenzenhorben (Frauenfeld); Lenziken (St. Gallen); Lenzweil (Gottlieben); der comitatus Lenzburgensis Episc. Const. I, 1, 91, 254. Davon Lenzburg, Oberlenz, Niederlenz. Vgl. Maeder, die aranisch. Ortsnamen 1867. Bacmeister S. 51 ff.

Damit und mit dem Rückzug der mittelrheinischen Garnisonen, die Stilico aus Gallien holte, ist die Befreiung der Südwestecke Germaniens vollendet: ein Werk das a. 213 anfing, a. 238 erneuert ward. Jetzt kommt die Völkerwanderung, eine andere Zeit. Nun das linksrheinische Gebiet von den römischen Waffen aufgegeben, und nur mehr die Pässe besetzt waren: Helvetien, Gallien offen standen, ist zu vermuten, dafs auch hier die rechtsrheinischen Völkerschaften einzogen wie die Lenzer taten. Von den gallischen Gegenden wissen wir, dafs Vandalen, Burgunden, Sueben, Alanen gleich einrückten. Wie es mit dem nachherigen Elsafs und der Schweiz ging wollen wir verfolgen. Das steht fest, die rechtsrheinischen Alemannen hatten nahezu 200 Jahre die Südwestecke Germaniens inne, bevor von Schweizer- und Elsafsalemannen die Rede sein kann. — Wie, wann sind letztere in ihre nachherige Heimat gekommen? Ungefähr um 370—380 ist der noch zurückgebliebene Schub Alemannen am untern Maine urkundlich verschwunden. Südlich war Alles vollauf besetzt; in der Ecke zwischen Main und Rhein konnten sie sich nicht lange halten, weil die Burgunden drückten und die Franken drohender durch ihr Heraufrücken vom Rhein zu werden anfingen. Der natürlichste Weg war in's offene Elsafs; als aber auch hier die Burgunden nachrückten, fanden die Alemannen es für geraten in's herrenlose oder vielmehr wehrlose Helvetien einzurücken; denn die Römer sind sicherlich nicht weggezogen, haben sich wie bei frühern Vorgängen mit ihnen verschmolzen. Die Burgunden trieben sich im Elsafs herum und als ihre Hauptkraft durch die römische a. 435 und die hunnische Affaire a. 437 fast vernichtet, von den Franken auch nichts Gutes zu hoffen war, folgten sie einem lockenden Rufe von Seite der römischen Staatslenker und zogen a. 443 in Westhelvetien ein; lagen so wieder im Rücken der Alemannen. Günstige Abtretungen von Seite der Römer setzten sie in den Stand bei voller Selbständigkeit sich frei und mächtig zu entfalten*). In diesen Ereignissen haben wir die nordöstliche

---

*) Mit lakonischer Kürze erzählt zu dem Jahre 443 die Chronik des

alemannische Grenze, das Allgäu mit seinen Ausbuchtungen, zu erforschen. Durch den burgundischen Druck, wenn auch nicht direkt feindselig, schoben sich Haufen der westlich eingezogenen helvetischen, jetzt südlichen Alemannen, östlich vor über den See und machen so mit den Lenzern jene heute noch urnaturwüchsige Allgäuer Bevölkerung aus. Auch die Vorarlberger Alemannen, die obern Innthaler bis in die bairischen Alpen, die von Telfs über Landeck*) hin sogar bis in's Etschthal zur Malser Haide, wo der bairische Vintschgau anhebt, dürften mehr oder minder ausgeprägt in Folge obiger Ereignisse dahin gekommen sein. Ebenso die Bewohner des Freilandel's unweit Partenkirchen. Nachschübe in Folge etwas späterer Ereignisse kommen hinzu. Ansiedlungen alemannischer Gefolgsleute auf welfischen Gütern; germanisirte Raetier, flüchtige Haufen zersprengter Kämpfer nach der Frankenschlacht, denen Theoderich Aufnahme in jenen Gegenden wahrscheinlich bis in's obere Innthal und Etschthal gewährte — all diese Elemente bilden jenes Alemannisch. Vergl. auch Weinhold Gramm. S. 6.

Wir können uns die Allgäuer Sprache darum um so leichter erklären; während sie vom schwarzwäldischen Alemannisch in mehreren Beziehungen abweicht.

Mit dem Abzuge der Burgunden war das spätere Elsafs wiederum offen. Vertriebene Breisgauer und Ortenauer die ausgewandert dorthin, in Folge der trüben Ereignisse wieder rechtsrheinisch wurden, zurückgebliebene Durchzügler vom Main her, Burgunden, Alemannen und wie sie alle heifsen mochten, bilden jetzt Alsats Bevölkerung; dazu kamen im Laufe des 5. und besonders nach dem Frankensiege im Anfang des 6. Jahrh. fränkische Elemente. Der

---

Prosper Tiro: Sabaudia Burgundionum reliquiis datur. Binding, das burgundisch-romanische Königreich I, 4 (1868 Leipzig).

*) Um Landeck ist der alemann. bairische Mischdialekt, also die Grenze beider deutlich zu erkennen; sogar schwäbische Anklänge spilen herein. Alem. schnätzle (schnitzeln), üns = uns, pfeifolter (papilio), wetten, anjochen u. s. w. bestehen neben bair. kimma (venire), der = zer in Zusammensetzungen. Schwäbisch ist oa für altes ău : roat, groafs; thuir = theuer.

fränkische Zuzug scheint ein anhaltender gewesen zu sein;
er machte sich auch rechtsrheinisch sehr geltend. Die
fränkische Zunge ist am Oberrhein das beredteste Zeugnis
dafür. So verstehen wir Mone's öfters betonten **fränkischen Oberrhein**. Eine gute Darstellung der linksrheinischen elsässischen Mundarten wird dies glänzend bestätigen. Schon Weinhold's dankenswerte Beiträge in seiner
Grammatik lassen es erraten. Dafür spricht auch eine
gewichtige Stelle bei Pertz Monum. II, 517. Der in's Elsaſs verwiesene Ernoldus Nigellus im 9. Jahrh. nennt das
Elsaſs eine „terra antiqua potens *Franco* possessa colono,
cui nomen Helisaz *Francus* habere dedit". Auch die spätern intimen Beziehungen mit dem mittlern und Niederrhein, sei es in kaufmännischer, oder rechtsgeschichtlicher
Beziehungen, — wie denn Cöln schon früh Freiburg seines
Stadtrechtes Grundlage gab — all das dürfte für die Sprache nicht von unerheblichen Belange gewesen sein.

Die Entwicklung des Alisats ging einen ganz andern
Weg als die unseres alemann. Gebietes. Die zerstörten
Städte gaben zum Wiederaufbau sicherlich Veranlassung
und so kommt es, daſs jene in Städten und Dörfern unter
Herzogen bis in's 8. Jahrh. lebten; frühe Christen waren
(Severin missionirt schon linksrheinisch c. 500); während
unsere Alemannen in Gehöften unter Gaugrafen lebten;
noch bis in's 8. und 9. Jahrh. Heiden blieben. Butilin und
Leutharis, das Heerführerpaar, sind (c. 550—560) Heiden;
die erst unserer Zeit zum Aufdecken vorbehaltenen Gräber
von Schleitheim und Oberflacht bergen Heiden und gehören
jene wol schon dem 6., diese dem 8. und 9. Jahrh. an.
Denn Gegenstände von Zink, Blei, Eisen gehören einer
späten Zeit an. Dürrich und Menzel „die Heidengräber
am Lupfen", Stuttg. 1847 S. 25 ff. haben es kundig nachgewiesen.

Diese Verhältnisse sind dazu angetan, der Sprache
eine andere Färbung zu geben. Unser rechtsrheinisches
Gebiet wird darum, wie die alte Sitte und Lebensweise,
so auch die Sprache altertümlicher erhalten haben. Aber
dieses nur bis an den Westabhang des Schwarzwaldes;

denn der Breisgau und die Ortenau scheinen eher dem linkerheinischen Typus als dem schwarzwäldischen erlegen zu sein. Darum trennt hier so zu sagen nicht der Rhein, sondern die „Schneeschlaipfe" d. h. die Wasserscheide des Rheines und der Donau; diese wichtige herkömmliche alte Völkergrenze. Insofern hat das badische topographische Buch von Heunisch den Nagel auf den Kopf getroffen, wenn es mit der Ostgrenze des Breisgaues und der Ortenau die schwäbisch-alemannische Westgrenze zusammenfallen läfst; es ist eine merkwürdige Grenze; aber erst die Erforschung der Mundarten wird ihr den Namen elsäfsisch-alemannische, also halb fränkische Grenze geben müssen. Dahin ist auch jene köstliche Angabe im Leben S. Desiderii bei den Bollandisten Sept. T. V, 790 zu berichten, wo die alemann. Grenze mit der Grenze der Ortenau nach Westen zusammenfällt: „*ad fines Alamannorum*, ad locum cujus vocabulum est Mortenaugia, ubi dux praeerat Williarius". Auch die echt alemannische Berchtoldsbaar reichte nur an die Ostgrenze des Breisgaues und der Ortenau.

Im Grofsen und Ganzen sind aber die Hauptfäden, die unsere drei Alemannien in ihrer Sprache verbinden, von einem Knäuel ausgehend — es ist ein und dasselbe Volk, um die Worte unseres Altmeisters in der Geschichte d. Sprache 495. 499 zu gebrauchen, „dessen Sprache nicht durch den Rhein abgeschnitten werden kann, sondern sich über den Strom ergiefst".

Es kann also hier von einer Grenzabsteckung kaum die Rede sein, und wenn ich den Rhein südlich und westlich als Marke ansetzte, so ist das zufällig, um meinen Gesichtskreis nicht zu weit zu ziehen. Etwas anderes ist die Absteckung der Nordgrenze und Ostgrenze.

Die Geschichte mufs uns in erster Linie wieder den Griffel dazu führen. Zwei Ereignisse haben wir am Schlusse des 5. Jahrhunderts näher in's Auge zu fassen. Im Jahre 493 tritt Theodorich die Regentschaft über die Ostgothen in Italien an; a. 496 findet der Sieg des Frankenkönigs Chlodowech über die Alemannen am Oberrhein statt. Die freien Alemannen und die mächtigen Franken mufsten aufeinander platzen; erstere machten Ausfälle an den Mittelrhein hinunter; letztere drängten nach dem Oberrhein, um so mehr als sie im Bewußtsein der rechtmäßigen Vertreter des abendländischen Kaisertums, dessen sie die Römer entkleideten, eine so mächtige Nation wie die Alemannen nicht ununterjocht lassen konnten; die Burgunden lagen zu weit ab; ihrer wollte man sich auf dem Wege der Gesandtschaften versichern. Mit dem Tage von Soissons, der Rom in Gallien ein Ende machte, war auch der Alemannen Schicksal voraussehbar. Wie, wann kam also Alemannien unter fränkischen Scepter? Daß von dem Jahre 496 an zu rechnen, ist selbstverständlich. Allein ist ganz Alemannien zu gleicher Zeit oder in Zwischenräumen unter den gleichen Bedingungen wie andere Besiegte an Franken gekommen? Davon hängt unsere Grenzbestimmung ab. Die Stimmen sind über die Zeit und den Modus der Annectirung nicht einig. Einige sagen, es sei Alemannien gleich ganz einverleibt worden und der Siegeranteil, ein Drittel des Landes, an Franken gefallen; so Jungbans, der sich auf Gregor von Tours beruft. Dabei kommt Jungbans und der Schweizer Lauffer, nach welchem die ganze Selbständigkeit vernichtet worden wäre, in Collision mit der Tatsache der alemannischen freien Entwicklung. Gelpke, Kirchengeschichte II, 230, glaubt an ein freieres Gewährenlassen der Alemannen, aber auch an die Gesammteinverleibung nach dem Siege. Dem gegenüber stellt Waitz die Frage auf (Verfassungsgeschichte II, 57), wie es komme, daß früher alemannische Gebiete fränkisch, als solche doch ihre besondere Volkstümlichkeit bewahrt haben? Gleich gibt er sich die Antwort: „der Unterschied kann nur auf einer verschiedenen Behandlung oder einer verschiedenen Zeit der Eroberung beruhen". So ist es auch. Wir müssen nicht vergessen, daß Theodorich mit Chlodowech eine fränkisch-alemannische Demarcationslinie zog. Die Franken hatten allerdings die Alemannen besiegt, aber die Hälfte derselben begaben sich in der Not in Theodorichs Schirmherrschaft. Nicht kleine Haufen besiegter Krieger, denen Theodorich allerdings Land in seinem Territorium anwies, sondern wol die halbe Alemannenmacht stand jetzt unter dem Ostgothenkönig. Und diese Macht ist es, die Theodorich gegen den Sieger in Schutz nimmt. Für die zu ihm Geflüchteten brauchte es keiner *Fürbitte bei den Franken, denn ein Vordringen in seine Grenzen würde sich Theodorich feierlich verbeten haben. Wenn sodann Theodorich (Brief bei Cassiodor ep. II, 41. Bornhack 212) noch allenfalls auf eine zweite Schlacht anspielt, die mit dem Alemannenvolk nochmal geschlagen wäre, so erhellt doch daraus, daſs es lächerlich, wenn sie blos zersprengten Haufen gegolten hätte. Aus allem dem geht hervor für unsere Grenzlinie, daſs ein groſser Teil Alemanniens von den Franken unberührt blieb; ferner daſs die Grenze, bis wohin die Franken vordrangen, noch weit ab nördlich von seinem Lande gelegen sein müssen, denn sonst wären die Worte des Königs an Chlodowech jedenfalls drohender ausgefallen. Bis wohin ging die Demarcationslinie von 496? Wir haben bereits gesagt, daſs die Burgunden dem zweiten Alemannenschub, der am Schlusse des 4. Jahrh. vom untern Main abzog, auf dem Fuſse folgten. Bei Besetzung des entleerten Maintales stieſsen die Alemannen der ersten Wanderung, die des Nekartales mit den Burgunden zusammen. Dieses Zusammenstoſsen scheint schon um die Mitte des 4. Jahrh. stattgefunden zu haben, während die andern Alemannen noch in der Ecke des Rheins und dem untern Main sich aufhielten. Den Ort der Volksgrenze hat uns Ammian 18, 2 genau überliefert. Als Julian noch mal (s. oben) in's Alemannische einfiel, heiſst es: „cum ventum fuisset ad regionem cui Capellatii vel palas nomen est, *ubi terminales lapides* Alemannorum et Burgundionum confinia distinguebant castra sunt posita". Cp. 28, 5 werden diese *lapides terminales* noch näher bestimmt: Alemannen und Burgunden „salinarum finiumque causa saepe jurgabant". Somit haben wir als alemannisch-burgundische Grenze das Gebiet von Hall, am Kocher, das Jagstgebiet und noch näher die Richtung des *Limes* als uralte Völkergrenze. Stälin I, 122. Die Besitzungen der Burgunden fielen aber den Franken zu und damit haben wir die alte fränkisch-alemannische Grenze nach Norden. Diese Grenze bestand aber längst vor 496. Von da an kam fränkisch erobertes Alemannenland hinzu; also mufs dessen Grenze wieder weiter südlich zu suchen sein.

Diese zweite Grenze, die Demarcationslinie, wird urkundlich folgendermafsen angegeben. Chlodoweeh liefs sich auf dem linken Rheinufer nördlich vom Hagenauer Forst und von der Mündung des Surbaches ungefähr Rastatt gegenüber alles Land abtreten. Auf dem rechten Rheinufer beanspruchte er alles, was nördlich von der Murgmündung und von dem Punkte lag, wo dieser Flufs den Oosbach aufnimmt. Von da galt der Oosbach selbst bis zu dessen Ursprung, offenbar um den durch seine heifsen Quellen berühmten Ort Baden noch in das fränkische Gebiet zu ziehen. Sodann das kleine Wasser der Schönmünz, welche südlich von Forbach in die Murg fliefst. Von der Schönmünz zieht sich die Grenze an den Ursprung der Schönmünz und in östlicher Richtung weiter, so dafs Gernsbach, Herrenalb, Leonberg, Calw, Marbach (Markbach? Stälin) fränkisch wurden. Von da ging die Richtung Göppingen, Kirchheim zu, auf die Alb am Münsinger Land vorbei zwischen Ulm und Marchtal hindurch, das rechte Donauufer hinauf.

Die alten Bistums- und Gaugrenzen haben uns diese Linie aufbewahrt. Denn bei Errichtung bischöflicher Diöcesen haben immer alte Volksgrenzen zu Grunde gelegen. Laut Urk. v. 1155 (Stälin I, 188) fällt die Grenze des Bistums Constanz nördlich gegen Franken genau mit den südlichen Grenzen der Bistümer Wirzburg und Speier zusammen*). Sie zog sich Murrhardt an Wirzburg

---

*) Wie hier die Summe durch Bistümer geschieden, so im helvetischen Alemannien. Der Chronist Rüger (Unoth 911) sagt dem Sachverhalt gemäfs: „ein gantze lobliche Eydtgnoschaft ist fürnemmlich in zwo provintzen und Landtvogteygen abgetheilt gewesen, in *Helvetiam Alemannicam*, die ist zwüschent dem Rhin und der Rüss gelegen, diese hat ganz und gar in das Bistumm Windisch, jetzt in das Bistumm Costanz gehört; die ander *Helvetia Burgundica* aber, so zwüschend der Ar vnd Safry gelegen, hat in das Wifflisburger hernach Losanner Bistumm gehört".

zuscheidend nördlich von der Rems gegen Marbach hin, das bereits speierisch war. Von hier über die Höhen der Glems, Würm, Nagold, Enz, so dafs Dizingen zwischen Constanz und Speier geteilt war; Heimsheim (Heimbodesheim Pertz I, 627) und Hirschau zu Speier gehörten (Monasterium Hirsaugia situm in provincia quae dicitur teutonice *Francia* 1075. Mon. Boic. 29, 1, 191). Von da ging es südwestlich über die Berge am Enzursprung vorbei, über die Murg, den Katzenkopf hin. Im Badischen stand unter Speier die Gegend zwischen dem Oosbach und der Nordgrenze des Kraichgau's, so dafs das Land von Rastatt und Baden an (strafsburgisch) bis einschliefslich Ketsch, Eichtersheim und Eppingen noch speierisch war. Eine Karte im Künzelsauer Altertumscabinet verzeichnet die wirzburgisch-fränkische Grenze also. Von Gundelsheim geht sie dem Nekar entlang bis nahe an Kirchheim hin; verläfst da den Nekar, zieht gegen Osten. Innerhalb fränkischer Linie liegen Kaltenwesten (Besigheim), Winzerhausen, Beilstein, Fettenbach, Willensbach, Stocksberg, Wüstenroth, Neufürstenhütte, Hohmegarten; dann läuft die Grenze südwärts ziemlich parallel, etwa eine Stunde westlich vom Limes und sind hier die Grenzorte Frankenweiler, Rieselhof, Murrhardt, Fautspach. Dann geht die Grenze wieder ostwärts. Grenzorte: Weidenhof, Gansbof, Hornberg, Braitenfeld, Hohekling, Reippersberg; Weiler, Laufen, Schönbrunn, Hohenberg, Sengenberg, Mangoldshausen, Spatzenhof, Hinterbrand, Wayengehren, Dietrichsweiler, Dankoltsweiler, Eichenrain, Ringersheim, Steinbach, Wäldershub, Gansbühl, Riegelbach, Lustenau. Von da gings ins Bairische hinüber.

Ebenso genau lassen die alten Gaue unsere Demarcationslinie erraten. Die fränkischen Gaue: der Glemsgau, der Würmgau, der untere Nekargau (der obere alemannisch) fallen ganz mit diesen Bistumsgrenzen zusammen. Der Glemsgau umfafste die jetzigen Oberämter Leonberg und mit dem fränkischen Murrgau Ludwigsburg, Backnang. Der Würmgau mit dem kleinen Uffgau erstreckte sich über Bruchteile der Oberämter Calw und Nagold.

Der Enzgau umfaſste das Maulbronner Gebiet bis Bruchsal. Der untere Nekargau reichte bis Göppingen, Canstadt, Kirchheim. Das Klösterlein *Furentouwa* (Faurndau, Göppingen) gehörte nach der St. Galler Urkunde von 875 noch zum ducatus Alemanniae. Canstadt (so heifst heute auch noch seit uralter Zeit der Wisenplan zwischen Tübingen und Kilchberg) wird ebenfalls als Grenzstation Alemanniens und Frankens aufgeführt. Die Metzer Annalen bei Pertz Mon. I, 329 berichten, dafs Carlmann a. 746 gegen die Alemannen zog „cum exercitu fines eorum irrupit, in placitum instituit in loco qui dicitur *Condistat*". Stälin I, 222. 6. Das erstemal kommt Canstatt a. 708 vor. Eine etwas spätere Belegstelle für unsere zweite Grenze haben wir in Mon. Boic. 31, 160 (ad 1028) „per limites *Franconiae et Sueviae* ad supradictam fonten *Wislaufam*" (rivus *Wislaffa* 1027. Bacmeister 96). Diese *fons* ist keine andere, als der wir in einer Urkunde von 1053 bei Schultes hist. Schriften S. 436 No. 17 begegnen „hinc ad *fontem* ubi duae provinciae dividuntur *Suevia* et *Franconia*". Grenzaltert. Grimm, Kl. Schriften II, 40. (Steigerbach.) Von Süden aus fällt aber die Grenze der Berchtoldsbaar nördlich genau mit den bisherigen Bestimmungen zusammen. Die Berchtoldbaar urkundl. *Perahtotespára* und *Pirhtilinpára* (bei Stälin, im wirtembergischen und St. Gallischen Urkundenbuch, besonders bei Neugart) bildete Herz und Seele alemannischen Wesens, und den Grundstock des Constanzer Sprengels. *Bár* (vgl. auch Wirtemberg 1863 S. 10. 11) ist ebenso entschieden alemannischer Gauname als *Bant* (Bracbant, Ostrobant) salisch-fränkisch-friesischer; *Eiba*, *Feld* mainfränkischer. Vgl. Waitz II, 281. Gesch. d. Spr. II, 594. (Wie stellen sich die lothringischen, französ. *Bar* zu unserem Gaunamen? Ich glaube an einen ursprünglichen Zusammenhang.) Bâr (mit â) ist nach Wackernagel Wb. (2) 20^b ursprünglich wol ein eingehegtes Land, Grenze; nach Förstemann, Namenbuch: baumentblöster zum Gottesdienst bestimmter Waldraum, nach Grimm Wb. I, 1057 eine Einöde, unbebautes Land; 180. Graff III, 344 führt es an; das mhd. Wb. verweist I, 87^b auf das ahd.

Wörterb. Waitz I (2) 77 und Gfrörer Volksrechte I, 423 möchten es mit burgundisch-longobardischem Fara (Geschlecht) zusammenstellen, was ebenso gegen alle Lautverschiebung verstöſst, als wie das zu verlockende Fêra, got. Gegend. Die Zusammensetzung mit Berchtold und Birchtilo, Folkolt, Albuin, Adelhart geht vor sich, wie ähnlich bei dem alem. Huntari. Berchtoldsbär, Folkoltsbär ist wie die andern ein Gerichtsbezirk, worin die nach dem Sturze des Herzogtums zu Richtern eingesetzten Gaugrafen zu Gerichte saſsen, wie wir es von Folkolt in Oberschwaben genau wissen. (848. 856. St. Gall. Urk. Wartmann No. 450. Wirtemb. Urkundenb. I, 63. Stälin I, 294). — Merkwürdig ist nur das, daſs Männer, die längst vom Herzogsstuhle zu steigen genötigt wurden, doch als kleine Dynasten ihren Bezirken Namen geben konnten, welche trotz Kaisern, Königen, Herzogen bis heute sich vererbten. Sie müssen beim Volke selbst den alten Herzogen gleich geachtet worden sein. Die westliche Grenze der groſsen Bär zog sich vom Ursprung der Donau auf dem Rücken des Schwarzwaldes hin bis Calw, Nagold, wo sie wie nördlich bei Leonberg, Stuttgart, Kirchheim, Reutlingen mit den fränkischen Gauen und Bistümern zusammenstieſs. Diese alten Grenzen mögen noch bis in's 12. Jahrh. herein bestanden haben; die berechtigten alten Herren der Bär nahmen wol im 11. Jahrh. den Namen Zähringer an und starben als Herzoge a. 1218 aus. Vgl. Stälin im Ob. A. Freudenstadt S. 117. — Nach und nach verschwanden die politischen Bargrenzen, nicht aber die volkseigenartigen, sprachlichen. Die Bar schrumpfte gleichsam ein, erscheint als Landgrafschaft Bär und Reichslehen von Rudolf den 4. Dez. 1282 den Fürstenbergern gegeben. Geographisch genau kann die damalige Grenze der verkleinerten Bär nicht gegeben werden, weil alle gleichzeitigen einschlägigen geographischen Notizen fehlen. Man kann nur aus den spätern Schlüsse machen; das ist sicher, daſs von jeher Hüfingen, Vöhrenbach, Löffingen, Blomberg dazu gehörten. Jetzt teilen sich Wirtemberg und Baden in den Streifen Landes, dessen Leute in Kleidung und

Sprache urnaturwüchsig gegen die Nachbarn abstechen. Von diesem Streifen Landes sagt Waitz II, 282 „der Name einer dieser Baren hat sich bis auf den heutigen Tag erhalten durch alle Wechsel des Besitzes und der Herrschaften hindurch". Das Bistum Constanz enthielt noch am Schlusse des vorigen Jahrhunderts in seinen Einteilungen auch eine regiuncula Barensis inferior mit Durchhausen, Efslingen, Hattingen, Ippingen, Möhringen, Seitingen, Weilheim Wurmlingen. Die Regiuncula Barensis superior bestand aus Hohenemmingen, Mühlhausen, Sonthausen, Unterbaldingen, Weigheim.

Das zusammengeschrumpfte Gebiet der alten Bar erbte an seiner südlichen Grenze den ehrwürdigen Namen fort, ganz genau wie das grofse Land der beiden Rätien an seiner ostfränkischen Grenze im Worte Riefs*) nachklingt.

Aufser der grofsen Bar lagen, anlehnend an sie, östlich die Folkoltsbar, die Adelhartsbar (südöstlich) und die Albuinesbar. Ihre Grenzen gegen Osten sind die alemannischen Grenzen gegen juthungisches, d. h. schwäbisches Gebiet. Ob und in wieweit die fränkische Demarcationslinie nachgewirkt, läfst sich kaum bestimmt sagen; hier haben wir auch genau die alte Bistumsgrenze als Volksgrenze. Bis zur Iller ging sie. „Hillara fluvius, sicut ab antecessore nostro felicis memoriae Dagoberto rege, tempore Marciani Constantiensis episcopi distinctos (fines) invenimus". Urkunde von 1155 (Neugart II, 86, No. 866).

Suchen wir jedoch, bevor wir zu der Ostgrenze eingehend kommen, eine Erscheinung zu erklären allein wichtig für die alte Sprache und Sitte und deren Abgrenzung. Konnte das fränkische Element in der kurzen Zeit so nachhaltig sich einnisten von 496—536? Zwei Momente wirkten zusammen. Das fränkisch alemannische Gebiet

---

*) Noch am Schlusse des Mittelalters galt Riefs für augsburg. Schwaben überhaupt. Aventin wie früher Bruder Berthold nennt Augsburg als Stadt „im Riefs". Sieh auch Bacmeister 126. 67. (St. Galler Urkundenb. No. 55. 372. 373. Wb. Urkundenb. I, 112).

bis zu der südlichen Demarcationslinie fiel der freien Willkür des Siegers anheim, das steht fest. Dafs er seine Feldherrn und Grofsen des Reiches mit den besten Gütern, jetzt Krongüter der fränkischen Könige, belehnte und beschenkte, ist ebenso erwiesen. Fränkische Colonisten entsprechen ganz dem Plane der Einverleibungsart der fränkischen Dynastie. Fränkischer Sprache und Sitte mufste Eingang verschafft werden. Dazu kam der zweite wichtige Umstand. Die Franken waren Christen bereits als sie jenen nördlichen Teil Alemanniens frankisierten. Und das Propagandamachen verstanden die Franken gut; hatte ja doch Bischof Avitus von Vienne Chlodowech den Rat gegeben: „Missionen an die Heiden abzuordnen: dann würden sie ihm zwar Anfangs blos der Religion wegen dienen, ihm aber bald ganz zufallen". Bouquet IV, 49. Wenn schon c. 500 ein Missionär Frankens im Breisgau, im Glottertal, predigt und tauft, St. Severin, in einem Land, das noch zweifelhaft fränkisch sein mochte: um wieviel mehr wird der Zwang zum Taufenlassen im unterjochten Gebiete gewesen sein?

Diese 40 Jahre gänzlicher fränkischer Unterjochung reichten hin den spezifisch fränkischen Charakter in den Alemannen zwischen der ersten und zwischen der zweiten Grenze fortzupflanzen. — Sie standen gewifs schon a. 536 ihren südlichen Stammesgenossen in Sprache und Sitte etwas ferner, vor allem gab der Unterschied zwischen Christen und Heiden den Ausschlag. Als mit dem Jahre 536 auch noch das von Chlodowech begehrte, aber ihm nicht gewährte Alemannien bis an den Oberrhein in Folge Abtretens der Schirmherrschaft an die Franken von Seite der Ostgothen, zu fränkischer Herrschaft kam, ist der Modus der Einverleibung, die Behandlung eine andere gewesen. Dieses Land war vertragsmäfsig und am Ende mit Willen der Alemannen selbst an Franken gekommen. Die Gothen brauchten eine Schutzmauer gegen die Einfälle der Gepiden, Heruler und Longobarden; die Alemannen, die freien, konnten diese nicht bilden, wol aber mit Hilfe der Franken; auch waren sie aller Furcht von Norden, von

Franken her enthoben. Dazu kommen die aufserordentlich
günstigen Bedingungen des Eintrittes in den fränkischen
Bund; denn es ist nicht zu läugnen, dafs die Alemannenmacht, weil zu bedeutend, mit Mäfsigung, Schonung behandelt werden mufste, wenn sie dem neuen Landesherrn
nicht als ein gefährlicher eiternder Keil ins gesunde Fleisch
eingetrieben werden sollte. Man liefs den neuen Unter-
tanen Rechte und Gesetze, Herzoge und Cult. Agathias
I, 6, 7. Ihre Lage war der der Armoriker ganz gleich:
diese gaben nach 10 jährigem Kampfe gegen die Franken
sich freiwillig in der letztern Hände; traten als Gleichbe-
rechtigte in den fränkischen Staatenkörper ein, nicht als
Unterworfene, behielten ihr römisches Recht. Bornhack
S. 205. Diesem Umstande gemäfs lebten jetzt die ehema-
ligen freien Alemannen unter fränkischer Obhut fast ebenso
frei fort; stellten ihre Soldaten, bezahlten etwaige Abgaben
und damit liefs man sie im Frieden. Dieses freie Gewährenlassen, diese ungehinderte Entwicklung alemannischer
Eigenart hatte seit 536 etwa 150 Jahre lang in Wahrheit
bestanden. Erst mit dem Tage von Testri (687), an dem
der Pipiniden politische Hausmacht gegründet war, sollte
es unruhiger werden in der Südwestecke Deutschlands.
Die Metzer Jahrbücher wissen von fränkischen Invasionen
(ad 689), bei Pertz Mon. I, 321. Ihre Selbständigkeit hatten
die rechtsrheinischen Alemannen eingebüfst; und a. 748
schlug Pipin ihre Versuche selbige wieder zu erlangen für
immer darnieder: Aufhebung der Stammesherzogtümer,
Ueberweisung der Herzogsrechte an fränkische Kammer-
boten, Schmälerung und Degradierung der Herzogsfamilien
zu Grafenwürden und der Herzogtümer zu Grafschaften
u. s. w. Das waren aber nur äufserliche Dinge; des Volkes Sprache und Eigenart litt nicht viel darunter, selbst
als das alemann. Herzogtum mit seiner Geschichte in der
deutschen Reichsgeschichte aufging. Und wenn auch die
fränkische Sprache die höhere Umgangssprache wurde, so
konnte sie sich des alemannischen Elementes doch nicht
erwehren, wie Otfrids Sprache, der Ausdruck derselben
zwar fränkisch-niederdeutsche Milde und Weichheit, aber

doch alemannische Strenge und Kraft aufweist und beide
fein verschmilzt. Die Volkssprache dagegen blieb rein alemannisch bis an die Demarcationslinie von 496. — Denn
was in unserem rechtsrheinischen Gebiete noch sehr viel
zur Wahrung der Eigenart beitrug den Franken gegenüber,
war das eigene Christentum. Die Hartnäckigsten nach
den Sachsen im Christlichwerden waren die Alemannen;
unter der schwachen Merovingischen Dynastie dachte Niemand an die ernstliche Bekehrung derselben. Daher noch
im 8. und 9. Jahrh. in der Baar — Heiden! Ist der
Cult heidnisch und das Recht innig damit verwoben, so
muſs das bis in's 9. Jahrh. auch für die Sprache von Einfluſs gewesen sein. Freilich lebte die alemann. Heidenschaft
nur strichweise noch fort; denn die von St. Gallen aus
missionierten Alemannen wollten auch als Christen den
Franken gegenüber ihre Eigenart wahren. Sie bekamen
als Kirchenpatrone die St. Gallischen Missionäre: einen hl.
Gallus, Otmar, Columban u. s. w.*) wuſsten nichts von
den fränkischen St. Martin, St. Remigius, St. Brizius, St.
Theodorus u. s. w. Ebenso wenig wuſsten die Franken
von den alemannischen Heiligen. Ein Haufe Franken
drang gelegentlich einer Invasion ins Herz von Alemannien
c. 720—22; brach in die Kirche St. Gallens ein; die Geflüchteten baten um Gnade in ihres Heiligen Heiligtum.
Die Franken gaben zur Antwort: „*nescimus sanctum ve-
strum* cujus patrocinio vos adjuvari creditis". Aelteste vita
St. Galli bei Pertz script. III, 18. So muſste also auch
nachdem die Alemannen groſsentcils schon Christen waren,
eine strenge Abgrenzung gegen Franken stattfinden. Die
Franken drangen mit ihren Heiligen nicht weit über unsere
zweite oder Demarcationslinie. Die Martinskirchen,
die Remigiuskirchen kommen an der Grenze häufiger noch
vor, aber an der obern Donau und dem obern Neckar werden wir sie als älteste Kirchen nicht mehr finden. Diese
fränkischen Dedikationen, sagt Mone, Zeitschr. 8, 187, „ge-

---

*) Ueber die Patronatschaft dieser Heiligen in Alemanniens Capellen
sieh bei den einzelnen Namen im Wtb.

hören zu den ältern und hängen mit der fränkischen Herrschaft zusammen". Eine gefährliche Bresche suchte das Pipinidenregiment dem Alemannentum beizubringen durch öftern Versuch die St. Gallische Priesterpflanzstätte in seine Hände zu bringen; Pirmin war dazu ausersehen; allein die fränkische Reichenau, die er St. Gallen entgegensetzte, die bald fränkischen Aebte von St. Gallen — all das verwischte seinen spezifisch abgeschlossnen alem. Charakter und es hörten äufserlich die Unterschiede auf mit dem 10. und 11. Jahrh. während nach Innen die Eigenart in Sprache und Sitte ungestört volkstümlich fortlebte. Sogar die Vergabungen an St. Gallen und blos alemannische Gotteshäuser von Seite alemannischer Edler reichen nur nördlich bis an den mittlern Nekar. Stälin I, 193. Hefele, Einführung S. 313. Während die anfangs fränkische Reichenau unbedeutende Besitzungen auf alemann. Territorium bekommt, ihr kein alemann. Edler etwas schenkt, strotzt St. Gallen an Gütern.

Das sind Tatsachen, die auf eine strenge Scheidung zwischen Alemannentum und Frankentum schliefsen lassen; wo eine Scheidung, da mufs, wie das Wort schon sagt, eine Grenzlinie sein und diese Grenzlinie ist keine andere als die Demarcationslinie des 5. Jahrh. Ist sie durch die alten Bistumsgrenzen, die alten Gaugrenzen, urkundliche Belege gesichert, so verrät sie auch noch die Hausfarbe der Grenzdynasten; von den Münzen zu reden ist unnötig, weil in jener Zeit eine Scheidung kaum damit bezeichnet werden kann. — Die Hausfarbe der Calwer und Ebersteiner ist Rot auf Silber — also fränkisch; die Tübinger, Zähringer, Fürstenberger, die von Baden haben alemannisches Rot auf Gold. Letzteres hat auch schon die Breisgauische Leibwache des Theodosianischen Kaiserhauses (Notitia Dignit. imperii Rom.). Also die letzte und genaue Bestätigung der zweiten fränk. Grenze.

Nur die Sprache hat jetzt noch die Aufgabe dieses nachzuweisen.

Bisher haben wir an der Hand der ältesten Alemannen- und Frankengeschichte unsere alemannisch fränkische

Sprachkarte nach Norden abzugrenzen versucht; weil aus diesen frühen Ereignissen das Späte allein erschlossen werden kann; wenn sich die fast petrefaktischen Gaunamen Rieſs und Bar bis heute erhalten können, warum soll sich nicht die Sprache und deren nördliche Grenze bis heute auch noch bald mehr bald weniger ausgeprägt erhalten haben? Ich frage nur noch, wie verhalten sich denn die spätern politischen Einteilungen zu den alten Gau-, Bistums- und somit alemann. Sprachgrenzen nach Norden?

Es erging dem alten Gebiete genau, wie manchem wichtigen Pergamentcodex; der kostbare alte Text mufste sich eine Ueberschreibung unbedeutenden Inhaltes gefallen lassen. Der Kenner mit den Reagentien wird trotz regelloser Versudelung seine alten Texte herausfinden; so der Sprachforscher; er muſs die wechselnden politischen Grenzen sich wegschaffen, um auf seine alte Sprachkarte zu kommen. Die erste Grenzenverderbung erleben wir mit dem Herzogtum Schwaben. Conrad, der Bruder Kaiser Heinrichs VI, der seit 1184 das herzogliche Amt über die hohenstaufischen Besitzungen in Franconia verwaltete, wurde a. 1191 auch Herzog in Schwaben. So ward das Gebiet eines Schwabenherzogs auf jene fränkischen Landesteile ausgedent*), ein Sprachgebrauch dem Kaiser Maximilian folgte, als er den schwäbischen Kreis abgrenzte. Südlich grenzte nämlich der schwäbische Kreis an die Nordgrenze der österreich. Vorlande, an die Grafschaft Niederhohenberg; fällt also mit der Nordgrenze der Berchtoldsbar zusammen. Aber nördlich ist der schwäbische Kreis sprachlich unzuverlässig; die Stammesgrenzen sind wenig beachtet. Es zieht sich die Linie nördlich von Karlsruhe östlich über Bretten ziemlich übereinstimmend mit der jetzigen wirtembergischen Landesgrenze bis Wimpfen, einer noch sogen. schwäbischen Reichsstadt; springt durch die altwirtembergischen Aemter Neuenstadt und

---

*) Auf der andern Seite mufste das helvetische Alemannien in dieselbe Zwangsjacke; so daſs die linksrheinischen Alemannen die südlichsten Grenzer des schwäbischen Herzogtums waren und mufsten sich „schwebische Landen" heiſsen lassen, wie der Chronist Rüger 311 sagt.

Möckmühl etwas nördlich in's fränkische vor; trennt dann in südlicher Richtung die hohenlohe'schen Fürstentümer von Altwirtemberg und Löwenstein, macht durch das Gebiet der Reichsstadt Schwäbisch-Hall eine östliche Einbuchtung in's Fränkische und läuft, indem sie die Grafschaft Limpurg aus-, die Propstei Ellwangen und die Oettingischen Herrschaften einschliefst gegen die Mündung des Lechs, der Grenze Baierns und Schwabens (Frankens) *).

Mit der Reformation beginnt für die Abgrenzung der Dialekte eine nicht zu umgehende Erscheinung. Merkwürdigerweise bilden die sogen. altwirtembergischen Lande zu zweidrittel die Länderstrecke, welche zwischen der ersten und zweiten fränkischen Grenze ligt, die wir beobachtet haben; also haben wir in Altwirtemberg alemannische Franken; unser Schiller ist somit nach wissenschaftlicher Sprache kein Schwabe. Das sogen. neuwirtembergische Land umfafst hauptsächlich die Grafschaft Niederhohenberg; diese mit den zollerischen Landen blieben katolisch; während Altwirtemberg protestantisch ward; ein genügender Grund damals um sich nach Sprache und Sitte wie in Tracht gegenseitig abzusondern. Aber trotz aller politischen und confessionellen Grenzen wird jeder der über die alte Demarcationslinie kommt vor allem die fränkische so wichtige Intonation, das charakteristisch „Singende" bemerken; wer in's Leonbergische, Asbergische, nach Winnenden, Ludwigsburg, Hofen u. s. w. geht, wird das uralte fränkische „Kern" für alemann. Kear, oder Kerr = Keller hören; die Felder sind ihm nach Morgen abgetheilt, Juchart, wo es sich findet ist jung da, und alemannisches Gewächs. Wir haben somit die Vorposten bis zur ersten fränkischen Grenze; bei Bietigheim wächst das fränkische immer kräftiger. Angekommen bei der echten fränkischen Grenze, welche die Einwohner bis auf

---

*) Lechus *Bajoarios* ab *Alemannis* dividit. Eginhard c. 12. „Was der Lech herüberlegt gen Baiern, das soll Baiern gehören und was er gen Schwaben legt, sol Schwaben gehören" sagt Kaiser Ludwig. Grenzaltert. II, 68 nach Freyberg.

die Rauchfänge zu scheiden wissen, bemerken wir noch etwas über Eppingen und Bruchsal rein fränkisches Idiom; bei Bretten ist alemannisch-fränkische Mischsprache. Rastatt hat schon fränk.-pfälz. Intonation, während das 1 Stunde entfernte Muggensturm rein alemannisch ist. In Sulzbach, Randenweiler, Stimpfach wird Niemand die streng-fränkische Grenze überhören oder übersehen können. — Auffallend intonierend fränkisch reden hört man schon in der Calwer Gegend, was aber bischöflich speierschen Einfluſs verrät. Es mochte aber auch der politische Zusammenhang einzelner Distrikte in spätern Jahrhunderten zur Pflege fränkischer Mundart im Oberamt Calw, Nagold, Freudenstadt beigetragen haben. A. 1363 war z. B. Wildberg rheinpfälzisch; a. 1377 kam auch die Herrschaft Vöhrbach dahin. Ob. A. Beschreibung von Freudenstadt S. 54. 119.

Die Sprunersche Karte, Deutschland II unter den Karolingern kennt die zwei Grenzen nicht, ebenso wenig Weinhold in der Grammatik; beide springen in der Richtung des Welzheimer Waldes von der zweiten in die erste fränkische Grenze über. Bernhardi's Sprachkarte kennt die erste Grenze richtig, nicht aber die zweite: „die fränkische Grenzlinie überschreitet die Wernitz nicht weit von Donauwerd und folgt dem rechten Ufer derselben bis nach Oettingen, wendet sich dann westwärts, geht nördlich von Schwäbisch-Hall über den Kocher, südlich von Heilbronn über den Rhein" S. 111.

Wir haben somit die nördliche Grenze des rechtsrheinisch-alemannischen Landes abgesteckt. Gehen wir zur östlichen über. Zwischen der Linie Kirchheim, Ulm, Ehingen stöſst jetzt die alemannische östliche und nordöstliche Grenze an schwäbisches, d. h. altjuthungisches Gebiet. Wenn Münsingen, das alte *Munigisingis huntare*, also rein alemannischer Gau; ferner der 854 vorkommende pagellus *Swerzenhuntare*, in pago *Swerzen* ad 966, die äuſsersten nordöstlichen Bezirke sind, diese aber die Oberämter Ehingen und Münsingen zum groſsen Teil umfaſsten, so wird unschwer die schwäbisch-alemannische Sprachgrenze herauszufinden sein; auch hier geht uns die Constanzer und Augsburger Bistumsgrenze an die Hand. — Dazu kommt die kleine Albuinesbar, die nach den Ortschaften bei Stälin I, 281 zum Teil das genannte Ebinger Land umfaſst, sowie etwas vom Münsinger (Hayingen); Bergach (Ebingen); Bettighofen, Riſstissen (Tussa 837) u. s. w. Wol noch zur Albuinesbar gehörig ist der echt alemann. Gau, Appha-gau oder Huntare, der sich auf der Alb und deren Südabhang südwestlich vom Flüfschen Lauter bis an das Donautal hin erstreckt, und im nördlichen Teil des Oberamts Riedlingen und im südlichen des Oberamts Münsingen als Cent vorkommt. Dahin gehörten (Stälin I, 281) Riedlingen, Altheim, Waldhausen, Andelfingen, Mörsingen, Friedingen, Zwiefalten, Bechingen u. s. w. Mit den östlichen Grenzen der Folkoltsbar, die sich von Ebingen hinauf zum Eritgau, hinüber nach Waldsee zogen, haben wir auch die Sprachgrenzen alemannischer Zunge gegen Schwaben hin. Bei Stälin I, 294 ff. sind die Ortschaften urkundlich genannt. Damit stimmt heute noch die Volkssprache genau. Die Grenzlinie geht von Ebingen hinauf gegen Riedlingen, Hundersingen, von da östlich hinüber über Braunenweiler auf den Hinterwald; von da in der Richtung Waldsee zu, auf die Leutkircherheide nach Mönchroth, wo mit dem Abfall in's Illertal die alemannische Sprach- und alte Bistumsgrenze aufhört; wo der Illergau und Nibelgau die Scheidung machen. Letzterer umfaſst einen Teil der Oberämter Leutkirch und Wangen nebst benachbarten bair. Orten. (Stälin I, 304). Südlich von ihm denen sich in weiten Ländereien der alemann. Argen- und Lenzgau aus. Auf bairischem Gebiete ist auch die Iller wieder im Groſsen und Ganzen schwäbisch-alemannische Grenze. Das alemannische verliert sich mit dem Auslaufen der Allgäuer Alpen; einige suchen die Grenze am schwarzen Grat bei Isny, in der Tat ist es Kromberg, Legau oberhalb Memmingen. Das Alemannien in Baiern umfaſst die Bezirksämter Lindau, Sonthofen, Kempten, Oberdorf, zum Teil Füſsen; volkswirtschaftlich hört das Allgäu auf, wo die Egertenwirtschaft endet. —

Bis in unsere Zeit herein glaubten die Sonthofer, Immenstädter, die von Weiler ihre drei Gerichte und kein Fufs breit Land sonst bilden das echte Allgäu.

Wer sich von der Sprachgrenze überzeugen will, gehe nach Apfeltrang: das obere Dorf ist alemannisch, das untere schwäbisch.

Die Grenzen des Allgäus scheinen schon früher Gegenstand der Diplomatie gewesen zu sein. Ein Bericht des Herzogs Wilhelm von Baiern an den Erzherzog Ferdinand nennt (16. Jahrh.) die aufständischen Bauernhaufen bei Nesselwang Niederallgäuer. Jörg, Revolutionsperiode 475. Einmal sagen die Bauern im Bundesrat dem Eck, Kanzler, auf seine Frage: das Allgäu gehe bis Mindelheim (!), Schongau liege noch im Allgäu. Jörg 463. Wiederum meinen sie (S. 501) die Grenzen des Allgäus liefsen sich nicht angeben.

Schon frühe mufs den Schwaben die Allgäuersprache als etwas Absonderliches, besonders Schweres, Rauhes vorgekommen sein. Von einem Prediger Karg in Augsburg sagt die handschriftliche Chronik von 1634 „er habe eine grobe allgäuerische Sprache gehabt".

Aus der Füssener Gegend zieht sich die alemannische Grenze in die schon genannten Gegenden Tirols und Vorarlbergs; Füssen ist noch strenge schwäbisch; der Markt Oberstdorf und die ganze Strecke der bair.-österr. Grenze zumeist; der Markt Oberstdorf ist ein Mischvolk; schwäbisch sagen sie gwea, gwecha, fuisse; während eine Stunde davon die Walser schon gsi haben; ebenso sprechen letztere Chilche, die Oberstdorfer Kirche; anderseits haben sie echt allgäuisch alem. göng, stöng (gån, ståu); *numma*, nur mehr. Das obere Inntal ist schon stark mit Bairischem gemischt und sticht ab durch die Intonation. Als Hauptgrenze südlich wird Rankwil angegeben, Rätien zu. Da stiefsen das Constanzer und Churer Bistum aneinander. Nach der St. Galler Urk. von 851 (Wartmann II, 38. Mone Zeitschr. 20, 34) werden *Romani et Alemanni* da gefunden. In der ältesten Vita St. Galli (Pertz Script. II, 13) kommt (in Chur) ein Johannes Diacon v. Grabs vor, der *Alemannus* heißt; das hat blos einen Sinn, wo beide Nationen aneinander grenzen; hielt man ja doch noch im 13. Jahrh. für nötig den Erzbischof Bruno von Trier für Alemannien als *Francus natione* näher zu bestimmen. Für Gesammt-Alemannien bildeten die Alpen die Grenze nach Italien hin.

So viel über die Ostgrenzen. — Im alemannischen Gebiete aber gibt es selbst wieder Grenzen; es gibt Gegenden, deren Sprache nicht mit der alemannischen stimmt. Diese sieht man als Schwaben an. Andere wollen zu gewissen Zeiten eingewandert sein, um ihren Unterschied der Sprache sich zu erklären. Diese Wandersagen werden oft jüngern Ereignissen, besonders gerne dem 30jährigen Kriege angepafst. So wollen die Steinlacher Schweden, die von der Leutkircher Heide Schweizer sein; all' das kann tiefer gehen und vielleicht dunkle Ahnungen bergen bezüglich der Völkerwanderung. Die Sprache löst oft diese Rätsel. Welche Grenzen ziehen innerhalb ihres Gebietes die Alemannen für sich und wohin versetzen sie die Schwaben?

Es ist eine alte Tatsache: die Völker geben sich ihren Namen nicht selbst; er ist von den Nachbarn ausgegangen. So beim Wort Germanen, so bei Alemannen. Nie und nimmer haben sich unsere Alemannen mit diesem Stammesnamen benannt, wol mit dem Bundesnamen Sueben; als der große norddeutsche suebische Bund sich auflöste, mufsten natürlich die Stammesnamen in den Vordergrund treten: man hört jetzt auf einmal von Alemannen, Franken, Juthungen. Denn wenn Caracalla's Sieg über die Alemannen, bei welcher Gelegenheit (213) bekanntlich der Alemannenname das erstemal auftritt, eine victoria Germanica genannt wird, so beweist das nicht, dafs man auch später noch natürlicherweise den Namen der Nation statt des Stammes gebrauchte. W. Brambach (Denkmale der Kunst und Geschichte Badens [von Bayer]; Baden unter römischer Herrschaft. 1867. Festschrift S. 6). — Wie mit dem Worte Germanen, so ist man mit Erklärung von Alemannen nicht recht im Klaren. Nach Gesch. d. Spr. I, 498 enthält es kein neugebildetes Wort, „blos die Anwendung eines schon längst in der Sprache vorhandenen Ausdrucks". Gewöhnlich pflegt man die Deutung des Asinius Quadratus, eines angeblich in Deutschland sehr kundigen Italieners, wie Agathias I, 6 berichtet, anzuführen, der die Alemannen ξύγκλυδες καὶ μιγάδες ἄνϑρωποι, ein zusammengelaufenes Mischvolk nennt. Mag sein, dafs Asinius die alemannischen Verhältnisse kannte, aber ein Mischvolk, ein zusammengelaufener Volkshaufe hätte nicht so systematisch gegen die Römer im Zehentland vorgehen und nie so einheitlich in Leben, Sprache, Sitte und Recht später dastehen können; es mufs das Volk Eines Gusses, Einer Sippe sein, das soviel Tatkraft zeigt. Es ist wol *ala* die Verstärkung zu Mann, ganze, biedere, echte Männer, im Kriege tapfer, im Frieden eines gemeinschaftlichen Grundbesitzes, wie es Grimm noch in seinen spätern Schriften beibehält. Die urkundlichen Namen finden sich zusammengestellt bei Weinhold alem. Gramm. S. 2. Merkel de republ. Alamannorum S. 25. 1.

Im 4. Jahrh. kann man schon das künstliche Heraufbeschwören des Suebennamens, des alten Bundesnamens von Seite der römischen Historiker, Dichter und Literaten bemerken. Bis auf Ausonius hat wol niemand einen andern, als den Namen Alemannen gebraucht. Er heifst seine gefeierte Schwarzwaldmaid Bissula eine suevische Jungfrau (Sueva virguncula); läfst die Donau durch Suevenland fliefsen. Als sich im Anfange des 5. Jahrh. die Stammesgenossen die Juthungen in Rätien und Vindelizien niederliefsen und so sich östlich an die Alemannen anlehnten, erscheinen sie alsbald c. 430 mit dem alten Bundesnamen ebenfalls. Und jetzt schon können wir Sueven für Alemannen und Juthungen gebraucht sehen; strengere Quellen scheiden aber sorgfältig. Ammian nennt die Juthungen eine „*pars Alamannorum*"; Jornandes 55 scheidet beide genau; nennt nur die Alemannen „*Suevis juncti* ad invicem foederati". Zeufs 315. Mit dem Auffrischen des alten Bundesnamens kam es auch an Sigambri, Cherusci u. s. w., die wir wieder hören; auffallend ist aber, dafs es künstliche Pflanzen blieben und sogar ihre Fremdartigkeit dadurch an sich herumtragen, dafs sie sich der Lautverschiebung entzogen. Holtzmann meint, wir müfsten regelrecht sonst **Schweifen** statt Schwaben sagen (Kelten und Germanen). Seit dem 6. Jahrh. scheinen beide Namen Sueben und Alemannen immer mehr für einander gesetzt zu werden. Eine Ahnung hinsichtlich des einstigen Bundesnamens dürfen wir nicht mehr als vorhanden denken. Während innerhalb juthungischer und alemannischer Grenzen ein Wechselgebrauch sich mehr und mehr selbst in wichtigen Aktenstücken und Urkunden offenbarte, hielten die Nachbarvölker die Scheidung strenge aufrecht. Die romanischen Völker westlich, die Franzosen, Spanier, Italiener südlich behielten den Namen für das Alemannenvolk strenge bei, wie er schon im Anfang des 3. Jahrh. hiefs; ja so strenge blieben sie beim Namen, dafs später ganz Deutschland von ihnen Alemannien zubenannt wurde. (Alamannos, quod indomitae gentis nomen apud Francogallos, Hispanos, Italos postea Germanis omnibus inditum est. Merkel de republ. Alam. S. 3. I.) Andererseits kannten die östlichen Nachbarn, die Baiern, die Slaven nur **Schwaben**, was nach Grimm Gesch. d. Spr. II, 789 ins höhere Altertum hinauf rührt. Die Angaben des 8. und 9. Jahrh. lassen die Scheidung nur noch selten durchblicken. Walafrid Strabo nennt beider Völker Namen duo vocabula unam gentem significantia. Paulus Diaconus, hist. Longob. II, 15: *Sudvia* hoc est Alamannorum patria; *Sudvorum* h. e. *Alamannorum* gens. 3, 18; womit der Geographus Ravennas stimmt, 4, 26: *Sudvorum* quae et Alamannorum patria. Die vita Columbani (Stälin I, 191) heifst die von Tuggen vicinae nationes Suêvorum! Andererseits gebrauchen die Berichte über Pipin's Züge an den Oberrhein nur *Alemannia*. Fredegar unterscheidet noch klar Alemannen und Suâven: *Alamannosque* et *Sudvos* lustrat. Stälin I, 181, Anm. 4. Gegenüber Baiern werden beider Länder, der Juthungen und Alemannen, *Alemannia* genannt. Enhardi Fuldens. Annales bei Pertz, Monum. I, 344 (ad a. 722. 723). Ermoldus Nigellus b. Pertz Mon. II, 494 (826) schreibt Alba *Suevorum*.

Es scheint, dafs der Name Schwaben fortan der deutschen Geschichtschreibung verbleibt, während Alemannien der römischen. Nur in Verbindung mit pagus, ducatus, wo die alte Berchtoldsbaar noch nachspuckt, finden wir Alemanniae statt Sueviae gesetzt. — Das St. Galler Urkundenbuch bringt der Beispiele genug von 797. 873 und oft. Mit dem 9. Jahrh. fängt man auch schon an das Elsafs allein κατ᾽ ἐξοχήν Alemannia zu nennen 890 (St. Gall. Urk. 675). Mit dem 12. Jahrh. wechselt ducatus Sueviae mit d. Alemanniae; von der Zeit eben datiert auch der Gebrauch Alemannia für ganz Deutschland; wie von der Zeit der Staufer Schwaben für „tota Teutonica terra". Stälin II, 640 Anm. Die kirchliche Urkundensprache, die Stifts- und Klostersprache behält gleichsam als heiliges Wort für Oberdeutschland Alemannia bei, besonders die Johanniter Urkunden: prioratus Alemanniae; minorum Alemanniae minister hiefs der Bettelordenprovinzial u. s. w.

Diese Scheidung in Alemannen und Schwaben hat schriftlich durch die letzten fünf Jahrhunderte aufgehört; in der Tat ist sie vorhanden; wissenschaftlich mufs sie strenge aufrecht gehalten werden, während im Leben der bisherige Brauch beibehalten werden möge, dafs man alles Schwaben heifst, was auch in Wirtemberg bis an den Oberrhein oder doch Schwarzwald hin sitzt. Einigermafsen volkstümlich wurde der Name „Alemannisch" wieder durch Hebel*). Sich selbst nennen unsere Alemannen nicht so; sie wollen Breisgauer, Hauensteiner, Kletgauer, Hegauer, Baarer, Heuberger, Schwarzwälder, Allgäuer sein: Alemannen ist ihnen fremd. Dafs sie aber keine Schwaben sein wollen und augenblicklich die nicht zu ihnen gehörigen als sonderbare Leute, Schwaben, betiteln, ist eine all-

---

*) Wie unrichtig Rümelin im „Königreich Wirtemberg" S. 858 urteilt, sei hier angeführt: der alemannische Name war ein antiquirtes herrenlos gewordenes Gut, wo jeder zugreifen konnte. **Eine wissenschaftliche Berechtigung dazu ist nicht nachzuweisen!!**

tägliche Geschichte. Die Allgäuer heifsen alle Wirtemtemberger, Bibcrach zu abwärts, Schwaben; wer von Tettnang Weingarten zu in's Aehrenlesen geht, geht in's Schwäbische hinaus. In der Lindauer Spitalrechnung sind von 1662 auch als Almosenempfänger drei Schwaben namhaft gemacht. Wenn die Viehhändler der Tuttlinger Gegend nach Riedlingen, Ulm zogen, hiefs es in's Schwaobaland. Der Schaffhauser Historiker Rüger (Unoth 328) berichtet, dafs der gute und starke Wein „hinufs in's Schwabenland gfürt werd". Daneben liegt ihm der Klettgau im Schwabenland; die Stadt Schaffhausen auf schwäbischem Boden; desgl. im Hegöw; das Hegöw aber im Schwabenland zwischen dem Celler und Untersee; Hohentwil heifst er ein Bollwerk und Vorwehrin des ganzen Schwabenlandes. Die Hegöwer sind Schwaben oder Alemannier a. a. o. 307. Die Hegauer verlegen die Schwaben in die Stockacher Gegend. Die Schramberger Oberndorf zu in's Nekartal. Die Schwarzach teilte das St. Blasische Gerichtsgebiet im Albgau in zwei Hälften, davon die untere zum Wald; die obere, zum Schwäbischen gerechnet wurde. Mone 7, 104. Der Hauensteiner nennt das jenseits der Schlücht (die alte Grenze) liegende Land im Schwaben. Ja, von St. Blasien und dem Hotzenwald aus gelten schon die echten Alemannen in Bonndorf als Schwaben „die denna Widla und enna Widla" d. h. die Leute diesseits und jenseits der Wutach.

Zahllos sind die Ortschaften innerhalb unseres Gebietes, die bei den Nachbarn als Schwaben gelten; gleich bei Lindau, auf dem Schwarzwald; ebenso auffallend gibt es Orte, die weit ab vom alemannischen Idiome in's Diphtongenreich ausarten, die alten Kürzen nicht mehr haben.

Aus der feierlichen Verwahrung der echten Alemannen, wie wir sie heute noch hören, Schwaben zu sein, sind auch die Benennungen Schwab für Personen, Fluren, Tore u. s. w. zu erklären. Schwabenberg bei Mellingen (Häusergruppe); Schwabenwald bei Rheinau; Schwabentor in Freiburg und Schaffhausen. Die Schwabenwege (über den Schwarzwald), Schwabenpfade, Schwabenmatten sind häufig. — Man sieht hieraus, dafs die Alemannen, ohne dafs sie sich selbst so nennen, instinktmäfsig sich von den Schwaben scheiden; allein die rechte Grenze legt das Volk aus Mangel an den richtigen geographischen Kenntnissen gleich in seine ihm noch aus eigener Anschauung und Hörung bekannte Gegend. Manchmal trifft das Volk genau die wissenschaftlich festzustellende Grenze, wie die Allgäuer und die Franken bei Heilbronn; wenn letztere nach Stuttgart reisen, gehts in's Wirtembergische; geht es Neresheim, Ellwangen, Gmünd zu, so heifst das in's Schwabenland! Ein merkwürdiges Zeugnis für unsere schwäbisch-alemannische Abgrenzung. Neresheim, Gmünd, Ellwangen waren noch bischöflich augsburgisch. Die Strafsburger Geiler, Brunswick, Joh. Pauli, Friesen u. s. w. setzen die schwäbische Grenze auf den Schwarzwald östlich, wo das Bistum aufhört. Bei Geiler ist Baden-Baden schon im Schwabenland. Die schwäbische Sprache zu reden in Strafsburg war sehr nobel; schwäbische Kleider sehr gesucht; vor schwäbischer Landwirtschaft hatte man grofsen Respekt.

Dieses weitere Zeugnis des Volkes selbst möge die Notwendigkeit dartun, schwäbische und alemannische Unterscheidung in Volk und dessen Sprache gelten zu lassen. Hätte Rümelin im geograph.-topographischen Königreich Wirtemberg die Sprache und Geschichte näher betrachtet, so hätte er doch wenigstens die noch mangelhafte Scheidung im topograph. Grofsherzogtum Baden von Heunisch-Bader zum Vorbild für Wirtemberg nehmen sollen*).

Einer Beobachtung halte ich in unserem Alemannischen auch die vorkommenden an die Franken gemahnenden und wol noch in graue Zeit der Wanderung reichenden laut zeugenden Erinnerungen wert.

Frankenbü (Frankenbuch) heifst ein Wald bei Saulgau; Frankengüt zu Toneschingen 1538.

---

*) „Namentlich scheint es Sitte werden zu wollen wieder Schwaben und Alemannen zu unterscheiden und sogar von schwäbisch-alemannischen Mischungen zu reden" S. 856. In wieweit sodann der Satz wahr ist, „offenbar ist nämlich Land und Volk der Schwaben nichts anderes als der alte schwäbische Kreis" (a. a. O.) will ich jedem zu würdigen überlassen.

Ein wise genant der **Frankenbrügel** 1373. Monum. Hohenb. No. 597 ad 1373. Zu Blansingen und Kleinkems im Amt Lörrach kennt ein St. Blasisches Urbar des •14ten Jahrh. einen **Frankenweg**. Das Donauesch. Gültbuch (Archiv dort) von 1438 erwähnt einer Oertlichkeit „bi **Frankenbom**". Nachbarlich linksrheinisch seien bemerkt **Frankenwis**, Wst. I, 93 juxta **Frankenwege**, Niederhofer (Colmar) Flurn. 1259 Mone Zt. 11, 321. **Frankenberg** im Münstertal.

Der Völkername „**Sachsen**" erhielt sich kaum rechtsrheinisch auf alem. Gebiete. Bei Neubreisach ist ein **Sachsenweg**, **Sachsenwinkel**, **Obersaasbein**. Zu Rheinweiler Ob. A. Mülheim kommt noch a. 1526 ein **Sachsenbrunnen** vor. Mone Zt. V, 489.

Gleichalt mögen die vielen **Dietfurt**, **Dietwege** auf alem. Boden sein. Ich nenne einige wenige: **Dietfurt**, 1) oberhalb Sigmaringen an der Donau; 2) eine Wurmlinger Flur. Tuttl. uff **Dietwege** (Dürrheim) 1251. Mone Zt. 8, 268. Donauesch. Gültbuch 1438. **Dietsteg** bei Winterthur (aquae transitus) Episcop. Const. I, 1, 542. Vergl. die benachbart elsäfs. **Dietwege** bei Vogelsheim (Breisach) 1380 u. s. w. Auf die Burg-Orts-Flurnamen mit **Bern** (Veröna) zusammengesetzt, alemannisch, hat Uhland schon aufmerksam gemacht. Germ. I, 304 ff. Dazu Bacmeister S. 10! ff. Ich vermag noch etwa sechs weitere Belege beizubringen.

Was die Ortsnamen anlangt, hat das rechtsrheinische Alemannien wie das südliche linksrheinische Zusammensetzungen, die auf das zerstreutliegende Gehöftwesen deuten und nicht auf Städte und Dörfer, wo die Westalemannen im Elsafs zu leben pflegten. Die -ingen, hofen, kofen, kon walten vor; jenseits die — heim.

Die auf der höchsten Schwarzwaldgegend ob St. Blasien, über dem Albtal liegenden Ortschaften haben den Namen **Schwand**: **Höhenschwand** (Hachinswanda); **Heppenschwand**, **Fronschwand**, **Ittenschwand**; **Menzenschwand**; **Entenschwand**, **Merischwand**, **Wittenschwand**, **Herrenschwand** (uf der Herunswande 1374) u. s. w. Diese Benennungen stehen mit unzählbaren alem. „Reutinen" im engen Zusammenhang. Die Ortenau hat Ortsnamen auf -tung, -tunk, meistens Fem. zwischen Rench und Murg häufig. Im Marienauer Urbar (Breisach) erscheinen zwei oberelsäfsische Flurnamen (14. 15. Jahrh.) zu Wolfgangsheim ûf Brunsoltunch; zu Biesheim Brunnentunk; bekannt sind die bad. Orte der Buchtung, der Halberstung; Kartung; Leiberstung; Schiftung u. s. w. hier Masc. Im Niederdeutschen treffen wir die donk wieder = Inseln verlassener Flufsbeete; Auen. Vgl. Mone Zt. 14, 33s.

Die ebenfalls entschieden deutschen Ortsnamen Zimmern — denn der Deutsche baute im Gegensatz zum Römer mit Holz — finden sich in einem Haufen beisammen am obern Nekar: Herrenzimmern, Frauenzimmern, Rothenzimmern, Bachzimmern, Marschalkenzimmern u. s. w. (Gerbert, Hist. Silv. Nigr. II, 119 ff.); es kehrt der Name der fränkisch-alem. Grenze zu wieder. (Künzelsau, Hall, Besigheim, Mergentheim.)

Auf dem Schwarzwalde, in der Kniebisgegend, kommt Zinke, volkstümlich und amtlich vor für Ortsparzelle; Trauf für Haus z. B. Metlenstrauf u. s. w. (Baiersbronn.)

Originell sind die oberrheinischen Alemannen auch in der Benennung der Himmelsgegenden. Die rätischen haben Suna ûfgang, Suna niedergang; morgenhalb, abendhalb, pfönhalb (favonius) westlich oder mittäglich; nördlich: bischenhalb vom alten bise, Nordwind. „Seite", wie die Franken, gebrauchen sie nie. Uralt ist wider Wald und wider Rîn (a. 1487) = römischem contra mare et contra montes. Der Oberluft, der Unterluft gilt vielfach noch als Bestimmung. Der Rodel von Zienken bei Mülheim (Breisgau) vom 14. Jahrh. nennt die vier Grundstücknachbarn ze Rin (W.), ze Walde (O.), das Land uff (S.), das Land ab (N.) (vgl. Mone Zt. 17, 106. 20, 136). Die Meinauer Naturlehre gibt Eurus mit niderwint; Auster mit wazzirwint; Zephyrus mit waltwint.

Echt allgäuerisch-alemannisch sind die alten genitivi-

schen, jetzt nominativisch gebrauchten Ortsnamen, auf die
schon Albert Schott in seinem Programme, über den Ursprung der deutschen Ortsnamen um Stuttgart 1843 S. 5 a
aufmerksam macht. Ich kenne folgende im Landgericht
Sonthofen: Albis, Geigers (2 Weiler) Waitzis, Ottakers,
Bechtris, Rappolds; Ruchis, Wohlfarts, Memers, Riedis,
Batzers, Bitterlis, Gerats, Engelpolds; Sterklis, Wagnerits,
Gündels, Woltis. Andere, meist dem wirtemberg. Allgäu
angehörende, sind: Hörbranz (bair.), Adelgunds, Diepolds,
Waltrams, Eckarts; Hofs (Leutkirch), Sigmann's (Wangen),
Rupprechts (Wurzach), Herbrechts (Bregenz), Wolfgelts
(Kißlegg), Alberz (Wurzach), Weibrechts (Waldsee); Seibranz, Brendlings, Floders, Witzmanns, Allgäuers, Hauerz,
Bestlis, Dreerz, Guntartz u. s. w. Allbranz, Wollbrechts,
jetzt Oelbrechts, Feyerabend, Ottenb. Jahrb. II, 657. Vgl.
auch Schmeller I, 81, wo noch mehr Belege aus Mon. Boic.
25. Bd. beigebracht sind.

 Hauptplätze, wo sich alemannische Eigenart und Sprache besonders erhalten, sind der Hotzenwald (alemann.
hotzen Ztw.) der südlichste Waldabhang gegen den Rhein;
auch das Hauenstein'sche genannt, südlich von St. Blasien.
Das Wisental, die Baar, der Heuberg samt dem kleinen
Heuberg; das Allgäu bis herab auf die Leutkircher Haide,
die südlich von Saulgau und zwischen Ravensburg gelegene Landschaft: der Hinterwald.

II.

Jahrzeitnamen.

In der Benennung der **Monate** und **Wochentage** tritt eine ziemlich strenge Unterscheidung der rechtsrheinischen Alemannen von den nördlichen Franken und östlichen Schwaben und Baiern ein. Schon in dem grofsen Jahresabschnitte der Sommersonnwende gehen die Baiern und Alemannen sprachlich auseinander; jene sagen **Sunwend, Sunbend**. Vergl. Mythol. I, 584. Gesch. d. Spr. II, 853. 1032. Die Alemannen **Sungicht** „ze Sant Johanns **Sungichten**". gibt entspricht hier dem goth. **gahts** = gressus und läfst ein ahd. sunagabt vermuthen. Mythol. a. a. O. Ferner ist den Alemannen der erste Sonntag nach Fasnacht der sog. **weifse Sonntag** von höchster Bedeutung; das Funkenschlagen wird den anbrechenden Frühling bezeichnen. An diesem Sonntag, den die augsburger Schwaben ehemals **Rosensonntag** hiefsen, fand über der Iller drüben, besonders in Augsburg statt, dafs „zwen angethan Mann einer in Syngrün oder Epheu, der heifst der **Sommer**, der ander mit Gemies angelegt, der heifst **Winter** mit einander streiten; da ligt der Sommer ob und erschlecht den Winter". (Alte handschriftl. Augsb. Chronik.) Wir haben hier die schwäbische und alemannische Frühlingsfeier beisammen. Vergl. über diesen Tag Weinhold, Jahreseint. 1862 S. 7. In den Monatnamen gehen die rechtsrheinischen Alemannen mit den Schweizern. Der altschweizerische Novembername „**Louprîsi**" Laubfall hat sich rechts vom Rhein urkundlich erhalten; er entspricht dem böhmisch-polnischen **listopad**. Vgl. die Slav. Monatsnamen von Dr. Franz, Ritter von Miklosich 1867 K. K. Akad. Abh. 13. Febr. 1867 S. 4. Weinhold Jahreseinteil. 1862 S. 12. Man rechnete alemannisch nach Laubrisinen wie einst bairisch nach Herbsten (per singulos annos i. e. autumnos. L. Bajuw. VIII, 19, 4) Grimm Gesch. d. Spr. II, 798 und I, 85. An letzterer Stelle weist Grimm aus dem Jahre 1445 ein lawbreisz nach. Ein Hauensteiner Weist. b. Mone Zt. 9, 363 zählt nach „nűn loupris". In den Weistümern I, 158. 210: 10 jar loubrysinen; 10 jar und 8 loubrysinen; nűn loubrysinen (schweiz.) IV, 358: zechen loubrisen, — 393: nűn louprisen. Fränk. Laubfall; bei Adelung Laubfäller, scherzhaft = Herbst. fall-leaf, Irland. Bergrise, pers.

Echt volkstümlich erhielt sich bis heute alemannisch Hornung, „Hoaning" gesprochen. Erklärung bei Grimm Gesch. d. Spr. I, 83. Weinhold 14. Der Herbistmânôth Karls d. G. ist der November und heifst echt alemannisch Wolfmonat. „Herbst- oder Wolfmonat". Kellers Keyserbuch S. 131. Grimm Gesch. d. Spr. I, 85 führt aus Mone Zt. 8, 249. Schmell. IV, 68 (oben) Wolfmon an. Gersdorfs Feldbuch 1528 f. 17ᵇ hat es ebenfalls. Mangolts Fischbüchl. 17. Jahrh. sagt, der Leich der Gaugfische sei im Wolfmonat S. 35. In Constanzer Chroniken kommt der 1. und 2. Herbstmonat vor. Bei Miklosich S. 11: vlčí měsíc.

Nach diesem kommt der alemannische Weinmonat. Gesch. d. Spr. I, 87. Züricher Urkunden bringen viele Belege; rechtsrheinisch seltener. Vgl. Mitt. d. Zürich. Antiq. Gesellschaft 8, 418. In der Edlibach. Chronik oft Rebmanot. (S. 191).

Der Brâchet, Brachmonat, ist heute noch echtvolkstümlich für den Juni. Weinhold S. 13. Der lange oder kurze Brâchet wird oft genannt. Urkundl. 1331: nach Sant Bonifacientag in dem brachode. Freib. Urkundenb. v. Schreiber I, 1, 268. Vgl. die schweiz. Belege 1413: am 17. tag des manods Brachotz. Mitt. d. antiq. Gesellsch. 8, 418. uf den lezten tag brachot IV, S. 45. Gesch. d. Spr. I, 84.

Nicht mehr so recht volkstümlich ist der Heumonat, urkundl. hôwat „nach Jacobstag ze Hôwat" 1370. Mon. Zoll. „an dem donrestage nach dem zwölftentag bômanot 1282. Freib. Urkb. Bei Miklosich S. 18: kositi, howi mânôt.

Der Monat **August** greift tief in die Sprache der Alemannen und Schwaben ein. So heifst alemannisch **augsten = ernten; komęt im ougste zům schneida** (Memmingen) = **im Augst-** in der Ernte; **Augstler** frühreife und darum nicht so beliebte Sommerfrüchte. Vgl. Stalder I, 119. **Augstwisen**, Rotweil. Stadtr. Die Schreibung ist **ouwest, ougest**; sogar **ze mitten ochsten**. Mon. Zoll. I ad 1356. Im **ougsten** cgm. 736f. 3ᵃ. 6ᵃ. Augsb. Wb. 35ᵃ. Vgl. Gramm. II, 369 nnl. **ögst = messis** a. a. O. **ougstbom** 1477. Mone Zt. 8, 250 (Villingen). **ougstboum** bei Biengen im Breisgau. **Augstacker** b. Zinken 1341. Mone Zt. 13, 258.

Der **Mai** kommt alemannisch sehr oft vor in Zusammensetzung mit **Maiding**, op. Herbstding. „Uff den **Maitag**" ist immer der 1. Mai. Eine grofse Rolle spielt der „**Maigenanken**" Maibutter. Sieh **anke**.

Dem niederländischen **Graasmaand** entspricht der April. Diesem anpassend sind die Formeln **ze grase** gegenüber dem **ze herbste**, womit die Aprilzeit unzähligemal benannt wird. Alpirsbacher Vogtbch. b. Reyscher Stat. R. 37. Vgl. Diefenbach 269ᵇ. Gloss. Nov.

Zur Vergleichung sei noch der den Alemannen unbekannte Ausdruck **Hartmonat** angeführt, von dem Grimm Gesch. d. Spr. II, 798 sagt: er ist zugleich recht chattisch und batavisch, weil er noch heute von Hessen durch den Westerwald an den Niederrhein reicht. Er ist aber auch bairisch. Vergl. Weinhold, Jahreseint. S. 12. Der cgm. 223 fg.: November der **hartmân** oder **wintermon** und ist der **ayndleft**. in dem **hartmon** f. 21. Ebenso bairisch ist der dem alem. **louprîsi** entsprechende **laubprost**, das derselbe cod. p. 8 bringt: october ist nu der zehent **mân** und hayst zu taûtsch der **laubprost**. Ferner: october der **Laubprost**; in dem **laubprost** ist ain tag an St. Gallustag 21. Bei Schmeller fehlt es. — Der **erste** und **zweite Herbst** ist alemannisch und bairisch. Aber die **Herbstmähler** für die Rebdienstleute sind alemannisch. Das Wort **Monat** ist alemannisch **mânât** 1351 (Freib. Urk. und Monum. Zoll.) **mânêt** 1355. **mânôtt** 1363. **mânôdes,** genit. 1387. Freib. Urkundenb. II, 35. Im Augsburgischen spricht das Volk der maunet. Die Baiern haben noch das moned, was so durch und durch volkstümlich, daſs es in Münchner Localblättern zu lesen ist. Z. B. ein Inserat: „Henschels Telegraph für das Monat April". Urkundlich ist bairisch moneid häufig.

Was die Benennung der Woche und ihrer Tage anlangt, so bemerken wir mehrere echt alemannische Abweichungen. Das Wort Woche selbst schreiben die schwäbischen und alemannischen Denkmäler sehr häufig wuche, wuchentag. Eine viel ältere Form hat sich rechtsrheinisch, bis jetzt leider nur um Säckingen bekannt erhalten: wechtag. Franz Pfeiffer hat zu dem Worte im Habsburger Urbar (1335) folgendes (S. 364) bemerkt: ein Wort von dunkler Abstammung ist Wechtag, ein Grundstück von geringerm Umfang; denn während der jährliche Zins einer Hube in 2 Schafen, 20 groſsen und 60 kleinen Käsen, 1 Rinde und 5 Fasnachthünern bestund, zahlte ein Wechtag blos 1 Schaf, 12—15 kleine Käse und alle 47 Wechtage zusammen 3 Rinder". Rochholz, deutsch. Glaube und Brauch II, 15: der unter den Alpgenossen der Reihe nach jährlich wechselnde Betrieb der Alp- und Zinsgüter. Daſs Woche zu Grunde liegt und eine uralte Form an wëcha ahd. sich anschlieſsend vor uns ist, ist klar. Ist es einer Wandelung unterlegen in Feldmaſs wie das fränkische Morgen? Die Luzerner Handschrift des Säckinger Urbars liest Wochtag. Ich führe einige Beispiele des genannten Urbar's nach dem bessern Texte, den die Glarner hist. Zeitschrift Heft I, 94 ff. (1865) gibt. Diss sind die Wächdagen. disse Schaff gond von den wächdagen ze mitten Meyen. Humbels wächdag gilt ein Schaff, zwen wächdage der usser wächdag; der wächdage von Tenneberg. von Sol zwen wächdag. der Wechdag von Tabsingen. Hatzinger wechdag. Gundelinger wechdag. Tuginger wechdag. ze Mitlödi der vorder wechdag. diss sindt die wächtageen, die triebent die rinder zu Sant Martius dult. (99) diese wechdag tribent die Schäff' zu unser frowen dult ze herpst. Söllent nemen

von dem meigeramte den fal uff den wächdagen u. s. w.
Volküblich ist wechtag nicht mehr.

Im Tettnangischen, dem alten Lenzer Alemannengebiete, heifsen die Wochentage: Mentag, mentig; landvolküblich: Mätag, Zisdag, Miggda, Donnstig, Fritig, Sambstig, Sonntig. In der Baar (Trossingen): Sunna, Menna, Zia, Mitta, Donna, Freija, Samma. An der alemannisch-allgäuischen Grenze im Rottal schon Mentig, Aftermentig, Miggda, Donstig, Freitig u. s. w.

Der Montag lautet schwäbisch und alemannisch gleich mentig, mëtig. Urkundlich: an dem nebesten Mendage nach Sante Michelesdage 1309. Mon. Zoll. I, 124. mendag, Basler Rechtsquell. 1402. 1, 79. Ebenda von 1530 mentag.

Angelehnt sind die Benennungen: Kornmentage, Wst. IV, 41. Habermentage 41. einen mendag ackers 75. — Im Latein. fälschlich lunadia; sie gehören vielmehr zu menen, treiben. In den Monum. Hohenh. No. 172 ist eine mittelrheinisch-fränk. Form Meintag zu lesen (Speier). Der gelehrte Neugart hat Herrgott getadelt und zurechtgewiesen, der „den guten Tag" für den Montag ansetzte. Episcop. Const. I, 1, 443. Hirschmäntig heifst der zweite Montag nach Fasnachtsonntag. Altglashütten.

Der Dinstag scheidet die Alemannen genau von ihren Nachbarn: Zistag, Zeinstig kennen nur Alemannen, Aftermentig kennzeichnet die Schwaben. Es ist der dritte Wochentag dem Ziu zu Ehren benannt und konnte, wiewol unverstanden, vom Volke sich bis auf heute forterben. Es ist ein unschätzbares Zeugnis für die Verehrung des Gottes Ziu bei den Alemannen, für den sonst leider weniges beigebracht werden kann. In einer Wessobronner Glosse heifsen die Alemannen geradezu Ciuwari. Zu Mythologie I, 180 ff. W. Müller, Relig. 97 ff. Rochholz deutsch. Glaube II, 19 ff. Grimm Wb. II, 1120 mögen folgende alemannischen Denkmälern entnommene Beispiele als Bestätigung dienen. Zistag 1298 Mon. Hohenberg No. 167. Ciestag, Glarner Urk. 1344. 2. Heft der hist. Zeitschrift.

Zinstag 1305. Mon. Hohenb. Ebenso 1326. Villinger Archiv, 1348: in Mon. Zoll. 1352. a. a. O. 1356 a. a. O. an dem nechesten Zihestage 1320. Freib. Urk. I, 1, 237. an dem nechesten Zistage vor Sante Jacobsdage 1309. Mon. Zoll. 124. Zingstag 1498. Basler Rechtsquell. I, S. 229 und a. 1433 noch „am zinstag" in demselben Buche. Schon a. 1333 (Mon. Hohb. N. 351) erscheint Dinstag. Ebenso a. 1385 und 1387 in den Mon. Zoll. No. 396: Dienstag. Die Basler Rechtsquellen haben noch a. 1719 S. 769 von der Herrenfasnacht bis acht Tag nach dem Hirschzinstag, Pfingstzinstag. — Wir haben 1) den Wechsel des D für Z; was die ursprüngliche Abkunft des Wortes verwischte und man dachte an Dienst — Diensttag; flam. dynstach; holländisch dingstag; wobei gar an ding gedacht wurde. 2) Der frühe eingerückte Nasal trübte auch die Ableitung; es kam jetzt sogar ein dies census heraus. Vergl. Schmell. IV, 214. Robert Roesler, über die Namen der Wochentage, Wien, Braumüller 1865. Grimm Wtb. II, 1120. Rochholz II, 22. Haltaus Calend. S. 8. 7.

Die echten Schwaben innerhalb des alten Bistums Augsburg haben kein Ziestag mehr. Möglich, daß schon frühe durch Missionseinflüsse in diesem Gebiete der alte Gott, der noch im 3. Wochentage spuckte, ganz verbant wurde. Hier gilt nur „Aftermentig", das sich durch alle schwäbischen Urkunden hindurchzieht, wie ein roter Faden und sich selbst in alemannische Urkunden einschlich; aber so selten sind die Fälle, daß man fast nicht reden kann. In den Monum. Hohenb. No. 738 v. 1386 steht Aftermentag. Vgl. Roesler a. a. O. 21. Augsb. Wtb. 20. Der Memminger Chronist Schorer schreibt am Dienstag oder Aftermontag. — Ein altes Vocab. b. Diefenbach 134ª hat schon alem. dinschtag.

Verlassen wir die Grenze Schwabens gegen Baiern hin, so tritt der alte Gott Ziu mit seinem zweiten berühmten Namen Eor, Ear, Er (an Ares erinnernd) auf. Die Baiern kennen nur den Ertag, Iertag, Erchtag. Gesch. d. Spr. I, 508. Mythol. I, 183). In der Nova Nomenclatura per N. Duesium, Lugd. Bat. 1652 S. 18: Mardy, ehrig oder Dinstag, martedi". Dieser Name ist so spezifisch bairisch, tirolisch, österreichisch, dafs wo er vorkömmt in Urkunden, er als wirkliches Wahrzeichen angesehen werden darf. Vergl. Roesler S. 22. Im alemannischen Gebiete kennt man Erchtag nicht, wenn er auch noch durch spätere Predigtbücher aus bairischen Gegenden oder bairischen Verfassern hätte bekannt werden sollen. Vergl. Rochholz, deutsch. Glaube II, 20.

Ich will nur noch anführen, dafs Zinstag im Ravensburgischen auch als Familienname vorkommt.

Der vierte Wochentag, heute Mittwoch, lautet alemannisch Michda (Belsen), Miggda, Mitta, wie noch alte Leute in Wehingen es sprachen. Hier stimmen die echten Schwaben und Alemannen wieder zusammen. Ob Megedag, wie ich im Augsb Wb. behauptete, hereinzuziehen sei, weifs ich nicht sicher anzugeben. Es könnte ja zusammengezogen, Mitticha, Midchun, Mitcha sein. Diese abgeblafste Benennung, die dem öden Aftermontag zur Seite steht, hat sich schon frühe eingeschlichen. an der mitchun 1276. Freib. Urkb. I, 1, 88. an der mitchun nach St. Gallen mess a. a. O. an der nehstun mittewochen S. 286 a. a. O. an der nehstun mitchun vor St. Cecilientag. Mon. Zoll. I, v. 1349. uf die nähsten mitwochen 1399 a. a. O.

Eine Urkd. Mon. Hohb. 1383 hat Mitwoch; schon v. 1358 No. 335 gleichfalls nachweisbar. Eine Oberndorfer Urkd. 1375 (a. a. O. 628) hat Midchen. an der nehstun Midechun vor dem Balmedag 1340. Mon. Zoll. u. s. w. Ein hauensteinisches Weistum b. Mone 9, 360 steht auch „an der nehsten Mitwochen". Vergl. die mittawecha. Roesler S. 23. Anm. 2. Der alte gute dem alemannischen Volke vor allen neben den Sachsen verbliebene Name ist Gütentag; er ist noch spurenweise als heute volküblich zu finden und entspricht den westfälischen Godenstag, Gonstag, Gaunstag, Gunstag; dem aachenschen Gonesdag; dem niederrheinischen Gudestag, Gudenstag. Gunstag für Wodenstag, Gudenstag dies Mercurii. Grimm Grenzaltert. Kl. Schriften II, 58. Ich habe folgende Be-

lege für den Gûteutag zusammengestellt: an dem guoten
tage nach balmdage 1302. Mon. Hohenb. No. 196 au dem
guoten tag vor pfingsten 1310 a. a. O. No. 220. an dem
nechsten Gûtemtage 1312. Freiburg. Urkb. bei Mone,
Zt. 12,87. in dem ailiften jar, an dem Guotemtage nach
Sant Walpurge tak. 1311. Mon. Zoll. S. 126. an dem
nächsten Guotemtage vor unsers herren Gottes ufferttag
1337 a. a. O. S. 149. Ebenso Mon. Hohenb. noch vom J.
1330. 1339. 1341. 1384. Die Mon. Zoll. I, ad 1342: an
dem nehsten Guetemtag nach unserre Frown tag der
kerzwihi ad 1348. 2 mal. 1352. 1355. 1356. 1381. 1403. Von
1295 kenne ich den ältesten Beleg bei Mone, Zeitschr. 19.
80. — Vergl. die Sprache des Rotweiler Stadtrechts S. 50*b*.
Es kommt Gutentag in beiden Redaktionen des betref-
fenden Statutarrechts vor. In der 2. Abhandlung über das
Stadtrecht, Herrigs Archiv 38, 336 kommen mehrere Belege vor. Die Beispiele liefsen sich aus alemannischen
Urkunden in's Unzählige anhäufen. In Neugarts Episcop. Const. I, 1, 343 ist auch vom „Gutentage" die Sprache. „Verum quid obstat, heifst es, quominus Godentag,
Gudentag vel Gutentag Suevis et Helvetiis eundem diem
Mercurii significet? In nominibus enim propriis Guerneri et
Guillelmi solidum reperitur argumentum literam W seu VV
in Gu saepe fuisse mutatam; id quod de permutatione litte-
rarum u et o, d et t sine scrupulo adfirmari potest. Itaque
quum Goenstag et Woenstag in Wodano seu Vodano,
antiquo Germanorum tam australium quam septemtriona-
lium numine altissimam habeat radicem, plane non video,
qua ratione nomen compositum Gutentag (Gotentag)
seu ut alibi scriptum est Godentag, Gotentag Lunae po-
tius quam diei Mercurii sive Vodani attribui possit, vel de-
beat". Diese grammatisch feststehende Form Gutentag
hat, wie wir oben andeuteten, dem ausgezeichneten Herr-
got für Montag gegolten; darum enthält obige Stelle eine
Verwahrung dagegen. Im alten Passionsgebete, das ich
bei Frommann V, ?60 abdrucken liefs, ist übrigens ganz
getreu Montag darunter verstanden. Zur Erklärung diene
bei Rochholz, deutsch. Glaube und Brauch II, 17: „nach-

mals pflegte man nämlich jeden Wochentag, auf den stabil
ein lokales Heiligenfest fiel, mit dem Beinamen des Guten
zu bezeichnen". In Haltaus Calend. Med. Aevi S ist der
gute Tag = Mitwoch; in der deutschen Uebersetzung =
Montag; vgl. Allgem. Anzeiger der Deutschen 1818 No.
337. Frommann II, 583. In Baiern heifst es am „Mittwoch betet man für die Dåjggət'n (Dalketen, Dummen)";
in der Baar „ä də miggdə kommət de ōgschiggtə". Wurml.
b. Tuttl.

Der fünfte Wochentag lautet alemannisch und schwäbisch beinahe gleich: Donnṣtig. Duurestag b. Mone,
Ztschr. 19, 80 (1297). Duurstag 1312. Duurstag 1310.
Durnstag 1348. Mon. Zoll. I. Durnstag 1377. Donrstag 1369. Durstag 1380. Dunstag 1384. Duurestag
cgm. 6 f. 23ª. Tunstag, Voc. Opt. S. 57. Dornstag
1433. Basler Rechtsquell. I, S. 116. Vergl. Grimm Mythol. I, 151 Anm. Wie die fränkischen Alemannen daûrə
= donnern sprechen: daûrəwëtter, so sprechen sie Daûṣtig für Donnerstag. Die Allgäuer Alemannen vermeiden
den Nasal und man hört dorrə und durnə, dûraweatter. Die Baiern kennen bereits nur den Pfinztag (πέμπτη);
was voraussetzen läfst, dafs entweder Donar weniger Verehrung genofs oder dafs die Kirche ihn schon frühe zu
verbannen im Stande war, wie bei den Schwaben Ziu
weichen mufste. Berthold v. Regensburg predigt, man nenne
den Donnerstag „hie in dem lande ze Baygern pfinʒtag".
Es sind z. B. die bairischen Urkunden in den alemannischen Sammlungen augenscheinlich am „Pfinztag" zu
erkennen. So haben die Monum. Hohenb. N. 168 eine
Passauer Urkunde „in dem 98. jar des nächsten pfinʒtages". No. 816 steht eine solche v. 1403 von Bruck an
der Muhr datiert; sie hat regelrecht phinʒtag. Ebenso
da eine Wiener Urkd. 1350.

Im Wisental, wo Hebel daheim, gilt ein euphemistischer Fluch „potz Dunṣtig! Vergl. Rochholz, deutsch.
Glaube II, 29 ff.

Der 6. und 7. Wochentag haben aufser den schon
oben angeführten Formen aus der Baar nichts besonderes

Unterscheidendes. Der Sonntag lautet urkundl. „an dem Sunniudag nah Sant Martins mess" 1282. Freiburg. Urkb. I, 1, S. 106. an dem nähsten Sunnentag vor Sant Gregoriantag 1365. Mon. Zoll. am Balmsunnentag 1373. Was einzelne Tage des Jahres anlangt, so weichen die Alemannen, Schwaben und Baiern manchmal sehr weit von einander ab. So hat der Baier mit Vorliebe Antlafs = = Fest cum indulto und besonders hat er den Antlafstag, den Fronleichnamstag. Der Alemanne und teilweise der Schwabe hat nur Ablafs (indultum) indulgentia. Vgl. den herrlichen Artikel bei Schmeller; Haltaus Calend. 85.

Das uralte Wort Dult = Fest haben die Alemannen für Patrocinium bis ins 15. Jahrh. herein gehabt; sieh b. Wortschatze; für Markt, Messe gebrauchen es heute noch die Baiern, ohne im mindesten mehr an jene erste Hauptbedeutung zu denken. Gesch. d. Spr. I, 72.

Der Aschermitwoch lautet alemannisch und schwäbisch „an der escherigen mitwuchen" oder wie in der Hagenbachischen Reimchronik Mone, Alls. III, S. 324 ff. „an der Esch mitwuchen 328". Ebenda ist der Montag nach Sonntag Esto mihi „der feifste Montag" genannt (1474 S. 324*b*).

III.
Vocale.
A.

Kurzes ä und sein Umlaut. Hier gilt für unser Gebiet vor allem das Gesetz „altes wurzelhaftes kurzes ä hat grofsenteils seine Quantität erhalten im An- und Inlaut, sobald das Wort zweisilbig ist; selten im einsilbigen". Das Neuhochdeutsche hat längst, mit Ausnahme einiger Beispiele, die alten Kürzen in offener Silbe und geschlossener gedent, während die bairische und schlesische Volkssprache alte Kürzen noch in geschlossener Kürze aufbewahrt hat (gröbb, gröss, Tagg, Badd u. s. w.). Schmeller über Quantität in einigen südd. Dialekten 1830 teilt dieses Gesetz dem schweizerischen Dialekt besonders zu. M. Rapp in der Einleitung zu den portugiesischen Sonetten, Frommann Zt. II, 58 ist überrascht, dafs die Rotweiler Gegend die kurzen Wurzelvocale noch erhalten hat, wie sie die Schweizersprache zeigt*). Schweizer-Sidler in Kuhn's Zt. XIII, 374 findet die alten kurzen ä besonders als der Gegend von Winterthur eigen. So rein, so echt wie unser rechtsrheinisches Gebiet diese quantitätische Messung einhält, findet man sie selbst linksrheinisch nicht. Vom Feldberg bis Gernsbach; bis Rotweil; von da in die Baar, den Heuberg, bis Ostrach, im Hinterwald, Allgäu hört man das Gesetz mehr oder minder ausgeprägt sprechen.

---

*) Rapp bei Frommann II, 477: „das radical Charakteristische ist, dafs die Alemannensprache einen Rest der mittelalterl. Quantität an sich hat, die das Hochdeutsche in seiner gebildeteren Form verschmäht. Die alte rein kurze nicht geschärfte Silbe lautet da, wo sie im Inlaut auftritt, noch heute kurz; und da nach heutiger Schriftgewöhnung diese Kürze von der Schärfung nicht mehr zu unterscheiden ist, verlangt die Schrift schlechterdings Gemination — haffo, basso (Hafen, Hase)".

Ich führe von den vielen nur einige Beispiele an. Badde (Grofsherzogtum): Badder, Name des Karlsruhe'schen Archivrates; Assa (Ascu, O. N. Baar), Wadda, Bassa, Fadda, Wassa, Kaibawassa; Wagga in Rotweil wie in Krenkingen; Magga, Waddel, auch strafsburgisch. Addler, im Addler (Wehingen), Addlerwiert; Krapp bis Tüb. = Rabe. Ludda, am Fenster und an der Hose; Hagga, Ortsfarre u. s. w. Von Adjekt. magger, abgmaggert; Zeitw. grassa (grasen), nagga, badda (baden), tragga, sagga, gabbla (gabeln), grabba, ladda, schadda (schaden), jagga u. s. w. Adv. Partikeln u. s. w. abbi (abhin), abber, abberäzi (schleckig vom Vieh, Furtwangen) u. s. w. — Dem entsprechend haben die alemann. Schriftwerke: pfatten, eschpfatten = êfaden; Hassenschmid, hassenfahen im Lindauer Archiv. In Matte f. Made; nammen f. namen; hannen f. Hahn; lammen f. lahme u. s. w. die unzähligemal wiederkehren. Nicol. v. Basel, Felix Faber's Pilgerbüchlein; der Basler Spiegel der Behaltnus (Sigmar.). Die Documente des Schramberger Archivs, die Basler Rechtsquellen; die Rotweiler Schriften, die Schriften der Strafsburger stimmen in diesem Punkte überein [*]).

Dieses alte Gesetz gibt den Schwaben Anlafs zum Spott: Hass schalten die Schusseurieder die Aulendorfer; Hassa bei den echt alem. Ebenweilern fällt den Nachbarn auf, ganz wie den Franken das strafsburgische mörr (more, Mutterschwein) lächerlich vorkommt.

Weinhold gedenkt dieses so wichtigen Gesetzes nebenbei S. 75 und S. 34 und §. 156 a bei b. Ohne tiefere Kenntnis weist Hausleutner im schwäb. Archiv II, 258 darauf hin; Lauchert S. 3 bringt es. In der Sprache des Rotweiler Stadtr. S. 15 habe ich Beispiele angeführt.

Die Kürze hat statt nur vor einfachen Consonanten; folgt Doppelconsonanz, besonders liquida cum muta, tritt

---

[*]) Das Schlesische behält die mhd. Quantität ganz rein, blos in einsilbigen aber nicht in mehrsilbigen Wörtern. Zu den heute üblichen ä füge ich Belege aus einer Passion c. 1500 (incunabel), schlagk (ictus), nagk (naccus) u s. w. Tralles, Schles. Riesen-geb. 1750 schreibt noch Glafs u. s. w.

eine dem schwäbischen und bairischen ähnliche Denung
ein; ebenso vor m und n allein. Das l wirkt stark ein.

Vor l allein: stūl, stālbeasa, gangstāl; heustāl (St. Blasien) u. s. w. l mit Muta: bāld, schalta, ālt, kālt, schmālz
sālz; schmālzguss (in Beggingen) u. s. w.

Vor r: gārba (Pl. Garben), dārba, tārb, Schwārzwald,
z' mārgd, ārch u. s. w. teilweise alemannisch ist die förm-
liche Auslassung des r vor Dentalen. Am mittlern Nekar
sehr üblich.

Vor s, sz: fāfs, uās (nafs), ebenso vor z, t und besonders ch (altem k, h): ācht (acht); Āchn (Ahn, O. N. b.
Freudenstadt); endlich vor m und n. Diese Denung haben die echt alem. Gegenden das Allgäu, Ravensburg, Saulgau, Tettnang, Ostrach, der Heuberg, Schwarzwald. Von
Oberndorf Nekarabwärts ungebräuchlich; hier ist wie im
Neuhochdeutschen die alte Kürze beibehalten.

Während die Alemannen sich hierin von den Schwaben zwischen Alb und Lech nicht unterscheiden und z. B.
die Grenzschwaben von Geislingen, Gmünd, Ellwangen gerade so das ä denen, kennen letztere zum Unterschied von
erstern (Alemannen) ganz das gleiche Gesetz bei e, i, o, u.
Die schriftlichen Denkmäler zeigen diese gedehnten ā mit
aa, ah an: rossbaaren, Dat. Sing. (Forer), staal (Constanzer Schriften noch im 17. Jahrh.); fabl 1264. fahlrecht;
baals, naasentropf z. B. b. St. Meinrad.

Ganz echt alemannisch ist ā nach altnordischem
Brauche nach Ausfall des folgenden h (ch) mit t, s u. s. w.
nāt (Nacht); nātstubet Bregenzer Wald; hiet nāt (heute
Nacht) Waldburg. wināten (Dat. Pl.) zū wināts (a. a. O.);
gschlāt (geschlacht); Oberflāt (Oberflacht, O. N. alem. Lei-
chenfeld); āta (achten); flās, wās u. s. w. So am Bodensee, im Schwarzwald, Baar, im Ravensburgischen, Saulgauischen, auf dem Heuberg u. s. w.

Da dem Allgäuisch-Alemannischen die Nasenlaute ab-
gehen, so finden wir dort reines ā statt an: bā (Bahn);
Isībā (Eisenbahn); zā, Pl. zā (Zahn). ā (an); mā (vir); kā
(kan) u. s. w.

Andere Striche nasalieren, wo kein Nachbarvolk es
tut: nāt (Nacht); kält (kalt); bäld u. s. w. Dieses sind
eigentliche Idiotismen; es ist singulär. Altshausen, Ebenweiler, Ablachgegend. Es erinnert sehr an die alem. Formen senhen, jenhen, geschenhen.

Die Trübung des ä in o meist nasaliert (während bairisch reines o gehört wird) zieht sich bald stärker, bald
schwächer ausgeprägt durch unser ganzes rechtsrheinisches
Gebiet hin. Dem Immenstädtischen hõndzwehl, abstönd,
bönk, wönd.l, kolt, wold, solz, schmolz (neben ä) entspricht
im Lierbachtal onka (anken, im Allgäu (Wirtemb.) holunka;
im Sundgau glås, städt, årschkriesa (gemeine Waldweich-
sel). Ganz damit stimmen die alemannischen ältern volkstümlichen Schriften. Ich erinnere nur an won (wan), wond
in den Monum. Zoll. I. Basl. Rechtsq. Teufels Netz u.s.w.
Unsere Ortsnamen liefern zahlreiche Beispiele. Charakteristisch ist old, alder = oder. Auch Nagold O. N. urk.
Nagaltha, hat o für a. Weinhold §. 125.

Dieses o, ō bildet den Uebergang zum au, aũ = ä, äṅ.
Dem bregenzischen bauld (bald), sobauld, schmaulz, hoal-
gaschmaulz (zur Speisung des ewigen Lichtes); däumpfle
(Dämpflein) entspricht vor l, u besonders das aũ in der
Baar, Heuberg, Schwarzwald: gaũns (Gans), gaũnsèr, das
sich bis ins Illertal hinzieht; auf dem Heuberge gaus, gais
ohne Nasal; Lindau: gåsèr, Gänserich; gås, Gans; Pl. gäs;
bei dem fränkischen Herrenalb, Loffenau hörte ich es wieder. Ebenso in Rotweil. Hicher gehört das bregenzer-
wäldlerische schaupel, für Schapel, Weiberkopfbedeckung.
raũft (Ranft), saũft (sanft) klingt noch in Ulm nach. Im
Wisental: graussa (grasen), „graussa matta". Die schriftlichen Denkmaler schreiben demgemäſs nausspitz. Voc.
theod. lat. No. 57 f. 13ᵃ (Donauesch). Vergl. Weinhold
§. 52. In Pleier's Tandar. ist dagen (V. 1287 b. Haupt
12, 473) verdaugen; der Roſskopf heiſst urkundl. jugum
montis Flansen; 17. Jahrh. Flausen; in der Folge Flauser
und Flaunser. Mone, Zt. 21, 96. Daſs auch beim Umlaute au in äu übergeht, versteht sich von selbst; vergl.
unten en zu ein.

Ein im Bairischen sehr ausgedentes Gesetz o = ä zu schreiben und zu sprechen, haben wir spurenweise in ganz alten alemannischen Winkeln. Ist es bairisch in der heutigen Aussprache, z. B. bei Seon am Chiemsee dem å nahe (dåchter), so hat das a bei Alemannen einen reinen a-Laut: marga, warglen (orglen), „huita marga am walfe (11 Uhr) håt ma gwarglet"; Margarethausen zwischen Rotweil und Schömberg; moara marga = morgen früh. So sprachen die alten Steinlacher bei Tübingen, Belsen. Im Allgäu gibt es noch Ueberreste: warden, der Orden, in Wohnprechts; in Hopfenbach, Tann, Heimenkirch u. s. w, haben sie noch argel, wardele, ordentlich. Dieses stellt genannte alemannische Landstriche zum Montavoner Alemannisch. Weinhold S. 36, §. 34 und §. 11. Den Uebergang zu a vor r haben wir in Oargel, oardeli u. s. w. Immenstadt.

ä ist festgehalten in van, davan bei Nicol. v. Basel gewanen, gewöhnen in Altglasbütten am Feldberg: „i bås nett gwanet" ganz noch wie im Vocab. teut. v. 1482 bei Weigand Wb. I, 435. halen erhielt sich noch bei Brunswick.

Reines a für e 1) aus ä umgelautet, 2) aus i gebrochen, ist dem Alemannischen, wie dem Bairischen, nicht aber dem Schwäbischen eigen. Vor allem sei har (her) gemeint: „mundartlich nicht der höfischen Sprache gemäſs ist har; in schweizerischen und elsässischen Urkunden kann man dieser Form auf jedem Blatt begegnen". Pfeiffer in s. Germ. III, 66. Dazu bemerken will ich, daſs es ebenso häufig in unserem Gebiete vorkommt. schalm, halm lebt in der Baar; brams, Allgäu (bremse); schalmenäcker, schalmenhalden, schalmenriet u. s. w. im Stand Schaffhausen neben schalmabom, schalmawisli. St. Wandel, Flurn. bei Dornstetten; schon in Langendenzlingen unterhalb Freiburg sprechen sie a immer für ea echt baslerisch: nahel, da rachte wag = den rechten Weg u. s. w. In den Namen Wilhelm, Anselm spricht man in der Baar Ansbalm, Wilhalm. Die Lindauer Rechnungen haben noch im 17. und 18. Jahrh. Wilhalm. Gundthalm, Leenhart. 15. Jahrh. a.a.O.

So die Monum. Zoll. I. Mon. Hohenb. Vorarlb. Urkd. Basler Rechtsquell. (noch 1637: in Saus und Schlamm). Vergl. Weinhold, Alem. Gramm. §. 11. Bair. Gramm. §. 4. Zwischen Wirzburg und links des Steigerwaldes hin dieselbe Erscheinung (a rachte zeit).

Bei zusammengesetzten, besonders zweisilbigen Wörtern gibt oft das zweite den Ton auf die erste ab; vor allem Tag, Bach, Ach. Diese ursprüngl. wurzelhaften ä verflüchtigen sich und verdunklen sich in i, ein häufiger Eindringling oder in tonloses e, z. B. sonntig, metig u. s. w. es ist das nicht spezifisch alemannisch; nur der andere Fall bei -ach ist zu merken; a tritt hie und da in gedentes über, wie oben gesagt wurde: Ablä (Ablach), Ennetä (Euntenlach), Kanzä, Biberä, Unteruffä u. s. w. Bei Roggenzell, in der Seegegend darf auch ursprüngliches ä in den Zusammensetzungen: mätägg, zistägg, fritägg rein erscheinen.

Ein alemannisches Gesetz, wornach ä in ai übergeht wie in Aichalm, Mon. Hohenb. aichzig, ad 1281 No. 89, glaube ich nicht aufzustellen für ratsam.

An altes ar (ur) erinnert das ar im Anlaut: arfinden, armessen, arfechten, arsehen u. s. w. in Felix Fabers Pilgerbüchlein und arwachen in Liutgarts Leben 442[b] (Mone, Quells. III. Bd.). Man hört es heute noch auf dem badischen Schwarzwald.

Wir kommen an den Umlaut des ä. Man hat den Satz aufgestellt, dafs die ältere alemannische Sprache eine besondere Vorliebe für nicht umlautendes ä habe; allein ich finde im Bairischen dasselbe Gesetz und Weinholds Grammatik bestätigt es neuerdings. Auf der andern Seite liebt das Alemannische so sehr den Umlaut, dafs er auch unorganisch auftritt und zwar selbst in der heutigen Volkssprache üppig fortwuchert. Die Löffinger Flurnamen: die Leckerhäld, die Kirchbäld, die obere Häld (Halde); der Wäsen (Wasen); pfälhäp (Hape, oben gekrümmtes Messer (Beil); ängsten, die Angst; Gräs, gräsig (Gras); zärg (Zarg) gemein für Hals, Mundhöhle, „i schlä di in' zärga". Sämmlet (Sammlet, bevor der Schnitt in Garben kommt). Im

St. Blasischen, am See, in Lindau sagen sie längen (langen); säggen (sagen); träggen (tragen); fälgen (falgen, leicht den Boden schürfen mit der Haue); Hägel (Hagel) Ebenweiler; bräffeln (anfahren) Hundersingen; Mächelholz zur Anfertigung einer bestimmten Arbeit (Bregenzer Wald); Wämpen, der, Oberstdorf; Wärzen (Warzen) östlich von Feldberg u. s. w. Im ersten Gwänd, im zweiten Gwänd (Gewand) in Flurn. Schömberg. Dazu das wenden in Rotw. Urbarien = anwanden, stofsen; schef-fel f. 11^b, schetten, sinen, Acc. Spiegel d. Behaltnus f. 13^b (Basel), weschvafs f. 35^a, der gräba (!) Hauptplatz im Orte, öfters, Melchingen. (Weinhold's Beilaut.)

Galt- und Geltvieh, Gelt- und Galtalpen. Geltkäse Ep. Const. Neugart I, 1, 663. Wäsen, Torfstücke.

Häufig sind die Wengen als Flurn. die hohen, nahen und fernen Wengen bei Ulm; das Kloster selbst in Ulm trug den weitbekannten umgelauteten Namen. An den Wengen, Wehinger Pfarrurbar; Flurn. Bei Ravensburg erscheint ein urkdl. Wengin a. 1221 als Hof. Auf der andern Seite hat das Alemannische in vielen Ortsnamen im 13. Jahrh. noch keinen Umlaut: Nellingsheim (Rottenb.) Nallingesheim 1243. Mone, Zt. 3, 121. Märklingen, Marchilinga. Wb. Urkb. p. 279. Markelingen 1272. Biltachingen 1352 (Bildächingen b. Horb.).

Wälde bei Tepfenhard heifst urkundl. Waldō 1213. Mone I, 76.

Der Merkt = Markt ist am Ende lat. mercatus; gehört also nicht hieher; merkwürdig ist, dafs sich seine Form durch das ganze aleman. und schwäbische Gebiet hindurchzieht. Auch im Sundgau „ʒ' märt gei". Die schriftlichen Belege kennen kein a: so S. Brant, Weist. I, 7. Predigtmärlein; Oberndorfer Stat. 14. Jahrh. bei Schmid Mon. Hohenb. No. 925; cgm. 6 f. 14^b u. s. w. M. v. Lindau: ensprechen (ansprechen); entwart, oft; senftmüetig u. s. w.

Die Umlautsbildungen eī f. äun = än v. än gehören vor allem dem obern Donaugebiet an: reīk (Ränke); beīk (bänke); treīkn (tränken, das Vieh); zeī (Zähne); speī

(Spähne); schweik (Schwänke); weitel (Wäntel, Wandlaus); heitschet (heindschu, 1422. Schreiber II, 306) (Handschuhe); breiẑla (bränzeln, ignem olere) u. s. w. Gegen den mittlern Nekar ë: spë, zë u. s. w. Dazu die umgelauteten e mit folgendem n: scheikel (Schenkel); meisch (virago), Pl. meischer; deika (denken), scheika (schenken), schweika (schwenken, ûsschweika); Deikingen, Denkingen O. N. zu Danko, Personenn. heika (henken) urkundl. heinken wir unsere sigel 1281 Freiburg; scheinken 1282 a. a. O.

Diesem Doppellaute gegenüber hat sich das reine e vor den Gutturalen und Labialen, Dentalen selbst vor l, m, r in seiner alten kurzen Quantität wie ä erhalten, wenn es im Wurzelwort, dem eine andere Silbe anhängt, erscheint. Gegged (Gegend); Keffit (cavia), Ebbingen O. N. Wîweddel, aspergillum. Grebber Pl. v. Grab; Neggl Pl. zu Naggel; Eggesen, Egesheim O. N. Gresser Pl. zu Gras. Echt alemannisch ist kegglen zu kegen secum trahere, Teufels Netz; besonders ligga, legga haben sich im Volksmunde, sehr häufig in Schriften erhalten. (Stalder II, 163). Die alten ll (lj) in den sw. verb. werden scharf gesprochen, so daſs e alte Kürze zeigt: schella (schälen), wie bairischer Mundart es eigen. See. Gegen den mittlern Nekar hin gedent: schëlen, zëlen u. s. w. Nicolaus v. Basel: redden, reggen, scheddelich, schemmelich u. s. w. Hieber gehört auch hepp, hepp! = tolle, tolle! in der Passion, das die alem. Ausgabe des Specul. Salv. v. Basel 1476 hat; von dem Gesang in der Kirche blieb es denen, welche in der Passion die Juden vorstellen und später ward es Schimpfruf für die Juden überhaupt.

Uebergang des nicht von n beeinfluſsten e-Umlautes in ei, erhielt sich bis heute noch spurenweise; früher scheint es viel häufiger im Branche gewesen zu sein: leigen = legen von der Henne; brä leigen vom Acker; äleigen, älaigen (induere vestem); umleiga vom Webergarn; und vom Traschlegen in der Scheuer. Baar. Buhlbach. Furtw. u. s. w. Die schriftlichen Zeugnisse sind sehr zalreich. Ganz dem heingst, geinzlich, Leinzburg in den Züricher Jahrzeitbüchern 89, 78. 65 entsprechend haben wir keilber, in den Predigtmärlein; keigel, treigt (sich Hildebrand Wb. V, 387); eilzten sun, hantveisti, leizze (Letze) in Freiburger Urkunden; besteitigen Mon. Hohenb. 279 ad 1385. Es scheint ei = e mehr dem Rheintal, Breisgau und dem südlichen und westlichen Abhang des Schwarzwaldes eigen zu sein. — In leigen erstreckt es sich viel weiter nördlich, wo keilber, cheigelkugel unerhört ist.

Denung des umgelauteten ë zu ê in Folge Ausfalles von g in age, ege ist echt alemannisch, bevorab ist es heute noch vorarlbergisch; so in Joller's Urkunden (Feldkircher Programm) 1377. Liutgarts Leben, Mone, Quells. III, 449*b*; vor allem der cgm. 358, der cgm. 6, cgm. 384. Sagen, tragen, legen sind die drei Zeitwörter, bei denen es Regel; des Teufels Netz hat ai: gelait, trait.

Eine merkwürdige Wandelung des e findet in einzelnen alemann. Strichen statt; es wird ie, ganz bairischem Gesetze gemäfs, vor r: ierger = von arg; iermel (Aermel); wiermer, schwierzer; ierben, lierch u. s. w. So vom Allgäu bis Ebenweiler, auf die Alb bis Huldstetten herab; eben so in der Rotweiler Gegend, z. B. in Deifslingen.

Irrationales i schlich sich zwischen wurzelhafte Consonanzverbindung. Mon. Hohenb. 205: veronvasten 1305. zewai 1308 (No. 213), vorgescheriben, gescheworen u. s. w. was ganz an St. Gallisches terawid (minitatur) bei Kero; gerindela, cherefti u. s. w. bei Notker erinnert. Gramm. II, 702. 6. Kirewihe ist häufig; so auch im cgm. 6.

Schwäbisch-alemannisch ist unorganisches e im Auslaute: knehte, hienge, der hofe, der bischofe u. s. w. Pfeiffer, Germ. III, 67. Holtzmann Nibel. S. IX.

Erste Steigerung des ä — â. Beinahe wie reines o sprechen altes â (got. ê) die Baiern; â haben zum Teil die Schwaben und die Altwirtemberger; so ist den echten Alemannen in der Baar, wie den echten Schwaben im Illertal eigen. Von Rotweil, Oberndorf nekarabwärts kennt man ao gar nicht. Bis Rippoldsau hört man ao; ganz wie im alten Kempten. Dieses alemannische ao hat im vorigen Jahrhundert schon die Aufmerksamkeit des Herausgebers des schwäb. Archives, Hausleutner, auf sich ge-

zogen II, 247 ff. Er verzeichnet eine Reihe Beispiele aus
der Baar. â und ao wechseln oft auf kleinen Strichen
alemannischen Landes; gegen die schwäbisch-tirolische
Grenze, Füfsen zu, wird sogar ou gehört: noud.l, doucht,
afoucha (fâhan). Alemannisch im obern Inntal ist â: âfâcha;
schwäb. foucha, faocha u. s. w. ao mufs früher allgemeiner
im Gebrauch gewesen sein, weil man seine Spuren immer
wieder trifft; sogar die Durlachische Wachtordn. v. 1536
(Mone, Zt. 18, 52) hat schlaoffen.

Die alten Zeitw. gàn, stàn, làn heifsen altkemptisch
(ganz wie in Mülheim b. Tutttlingen), alem. gao, lao, stao
ohne Nasal. — â hört man bisweilen im Tettnangischen
sëll dâ (tân), sell hâ (hân.); überhaupt hat im alten len-
zisch-alem. Gebiete sich â heute noch vielfach erhalten,
z. B. râfs, rasch, schnell u. s. w. Die elsässischen breisgauischen, baslerischen Denkmäler schreiben ô = â; die
alemannisch-schwäbischen au; wieder andere aa, ganz wie
Diethelm Keller's Keyserbuch. Das Rotweiler Stadtrecht
und die Rotweilischen Akten und Urkunden wechseln zwischen au und aa. Nach dem alten Leiden Christi c. 1470
heifst der Dat. Pl. räuten zu raut, consilium.

Eine Verdumpfung in û findet sich öfter, vor n besonders. Der Name der Schaffhauser Veste Unoth heifst
urkundl. Annot 1392; in der Mundart auch noch erhalten
Aunaot für ein längst abgetragenes Huthäuslein zwischen
Wurmlingen und Jesingen. Die Citadelle Annot hiefs
schon a. 1522 Unot, wenn nicht altes unodi = steil, ar-
duus, haud facilis b. Hattemer I, 140 dahintersteckt, ein
Unuoth bei Meilen, Zürich. O. N. 310. Ganz so bildeten
sich die Formen von hân: ier bûnd, sie bûnd; gûnd, ite;
stûn, ufferstûn, gelûn, begûn, bestûn im cgm. 358. Heute
noch hört man sûma (samen), krûma (kaufen, kramen), jû-
már (Jammer, desiderium) u. s. w. Allgäu, während die
Baar ö, aû spricht.

Ganz alt klingen noch die allgäu-alemannischen Endungen ár, hell, voll, rein (ahd. âri): feblár, muotár, fischár,
schrinár, mûrár, sexár, sibnár, zwelfár, guggár, stopfár,
sesslár, und fesslár u. s. w. so im hintern Bregenzer Wald

holzlár, Holzschuhe; Pfarrár, krósar = Schwächling; guggár u. s. w. Auch die Ortsnamen: Siberawilár für Sieberatsweiler. Besonders schlagend ist milchár, Ochse im Gegensatz zu Stier; „erbár gaots" sagt der Kranke im Allgäu, wenn's besser wird.

Noch im Muckensturm bei Rastatt kewár = Käfer.

Reines â ohne Umlaut bezeugen noch roubar in des Teufels Netz 2144. Rotwilâr mess 1349. zobrâr cgm. 370 f. 99? 102ª. Ein Lindauer Urbar 14—15. Jahrh. hat Hans Feldar von Dobell; Schönbuchlar Flurn. mesmâr u. s. w. Ein Lindauer-Schönauer Spitalurbar 16. und 17. Jahrh. eine Flur: im Kemerlár.

Der Umlaut des langen â ist, dem au, ao entsprechend, äu, äi, ai: schaoff, schaiffli; bairli, straifsli, hairli (crinis) ganz wie das Wertach-Schwäbische es hat. Ein alter Umlaut ist in spaicheln zu Spâchen, Spâchen (die spâche, Scheit, Span b. G. v. Strafsb. Fortsetzer f. 6580) = mit Spähnen werfen. Hundersingen; ferner in jaimeren, Sehnsucht nach Hause haben. Im alten Linzganischen Gebiete bis in's Vorarlbergische gilt âmeren, desiderare; âmer, desiderium; tirol. ômer, ômeren „sä hâst n' brockcha, sonst frist d'r d'r âmer a loch im âsch"! Tirol. Sonst mit j. Die Schriftwerke geben den Umlaut stets mit ê rechts- und linksrheinisch. Das Rotweiler Stadtr. hat ee; das Zitglöggin ê; ebenso der cgm. 358. Ein altes ae hat der Pl. daecht = Gedanken; ganz mittelhochd. wie b. G. v. Strafsb. diu dâht, daehte 4 und 1774. Das ê ist in den alten Personennamen ae geschrieben: Blitgaerus, Rihegaero; Bertgaero 774. Wolfgaer(o), Gaervino 775. Hroadgaer, Gaerolt 783.

Gaerningas O. N. Gaersoinde 797. St. Gall. Urkdb. S. 10 u. s. w. Vergl. Weinhold §. 35.

Während auch bei â unorganischer Umlaut eintrat, wie bei ä; z. B. frâgen (fragen) im Südabhange des Schwarzwalds, hat sich in alem. Schriften ein gewisses Festhalten an â statt ê gezeigt: schwârlich b. Oheim S. 71. 18. Die Lindauer Urbare schreiben v. 14—16. Jahrh. jârlich, sâlig immer; die Basler Rechtsqu. swâr; das Zitglöggl. noch trägheit; des Teufels Netz sålig 1262 u. s. w.

Anlenend an die alemannische Kürze des å scheint sich auch auf à dieses Gesetz unorganisch bisweilen auszudenen, wie es die Baiern häufiger haben: jå wärrle = ja wahrlich! (Schussenried-Aulendorf); gnäddig u. s. w. (je merr in des Teufels Netz ist zu vergleichen). Das aus måne entstandene monn b. Mizaldus-Henisch, Basel 1574 gehört auch hieher. Hat bei den Schwarzwäldern das Wort Elsåſs sich in Elsəs (- ˘) gestaltet, wie noch andere unbetonte Schlufssilben mit ai u. s. w. so erhielt sich auf der andern Seite altes å in dannån (Predigtmärl.), vornån cgm. 384 f. 1ª. Die Freib. Urkd. v. 1273 I, 1, 73 hat von dannôn. Wie dem Elsəfs ging es dem alten latein. herübergenommenen altåre; das bald schon Altꬺr lautet 1352. Mon. Hohenb.

Zweite Steigerung des a-Lautes: uo.

Was die Quantität anlangt, bemerken wir auch hier eine rasche Aussprache, die den Diphtongen wirklich schädigt: hat das Elsässische teilweise, das Mitteldeutsche vorherrschend nur û, so bemerken wir bei unsern Alemannen häufig sogar ö dafür. In Lindauer Ratsprotocollen i. 15ten Jahrh. (1437) Pfroudt, Familienname. Gottig, hurtig, guotig, Nekar abwärts; „louff gottig" (Baar), modder, Motter, Mutter; die Präp. zů (urspr. Adv.) mit dem Artikel des Masc. Neutr. zomm bronna (Deifslingen, Rotweil.); i moss ich mufs; ir mond, wir mond, Modd (Mut); Moddissear, Muotisheer; es geht herum bis Ebingen a. D. Gauz so Mudd (Mut); Gmiss, Dille (Duole) u. s. w. (Baar); das Grofsdank = Gruofsdank! gegen den mittlern Nekar hin ist hieherzuziehen; selbst Schiller braucht es. Ganz zu i, e oder Mittellaut ə herabgesunken finden wir uo: bårfiss (- ˘) = barfufs. Wiesental. Dormettingen O. N. urkundl. 1228. Mone, Zt. II, 89: Tormûtingen; Sulmetingen, Sulmendingen heifst urkdl. 853: Sûnimûtinga; 1258: Sûnemûtingen Zt. III, 9. Emmendingen O. N. Anemûtingen 11. Jahrh. Bermatingen a. 780: Perahtmuatingas vicus.

St. Gall. Urkundenb. No. 109 u. s. w. Das Mitteldeutsch-
schlesische: klugg, gutt, genugk (Incunabel, Pass.), trugk
(a. a. O.), ruffte u. s. w. huttvieh b. Tralles; zu mutte (alte
schles. Leichenordnung 17. Jahrh.) blutt, geműtt, behűtten
u. s. w. kennt das Alemannische nicht, wiewol Anläufe
dazu in Modder vorhanden. Anderseits haben wir in der
Aussprache z. B. noch reines brűelen, brűllen; das ausge-
fallene ch (h) kann hie und da denen, aber nicht auffallend
wie bei ă: suət, Sucht; fruət (Frucht).

Auffallend ist der echt alemannische Umlaut űe (ie
gesprochen, da nur wenige südliche Alemannen ű haben).
Hat der Schwarzwald schon für jedes u einen dem Französischen ganz ähnlichen ű-Laut, so haben wir bis weit nördlich herein űe: mi brieder; mein Bruder; bliet, blűet, Blut;
blűeten; so in Ebenweiler, Baar fast bis Ehingen-Ulm,
gerade wie im Elsafs. Lauchert S. 13: „blieten ist noch
jetzt in der Rotweiler Mundart allgemein gebräuchlich". Im
Hinterwald: mei brűeder; Waldburg, Ravensb. ming brieder.
Damit stimmen die schriftlichen Denkmäler. J. Rueff
blűet: gműet in Adam und Eva 2564. brieder und fech-
ter, Sing. in der Ueberlinger Polizeiordn. Mone Zt. 12, 49.
Hadloub LVI, 7: wűetet: blűetet. „da man jetzt blűetet
nicht bluotet spricht". Ettmüller. Mitteil. d. Antiquar.
Gesellsch. I, 50*b*. 59*b*. Schmell. I, 231.

Merkwürdigerweise findet man blieten im bairischen
Walde wieder, ebenso im Duxertal, einem Seitental des
tirol. Zillertales.

Nicht umlautend: nao kűel! nur stille, sagt der Schömberger. muod, muad = műde, allgäuisch.

Ebenso alemannisch ist eu, ei f. uo, ue. Die Baar
hat bleiba = blűhen; breiha, brűhen; sogar in Tuttlingen
breiba, keiha (Kűhe); ganz so im Sundgau: wenn der baum
bleit. In Waldburg (Allgäu): des ist a guete brei =
Brűhe; breiknöpfle u. s. w. i lass a ben breita = brűten.
Dieser Umlaut stimmte beinahe zum fränkischen oberpfälz.
kau, Pl. keiha = Kűhe u. s. w.

Das groin (ahd. gruoni) bei Brunswick und grön im
cgm. 384 f. 1*b* weist eher auf den Sund- und Breisgau;

um Breisach heute noch oi gesprochen. Einige breisgauische, elsässische Schriftwerke setzen û = uo, ganz mitteldeutsch; um den Nasal zu vermeiden, hört man im Tettuangischen dû = tun. Wielandsweiler.

I.

Wie bei ă alte Quantität beibehalten wurde, so bei i und seiner Brechung ë. „der kurzen ĭ haben wir noch recht viele behalten" sagt Schweizer-Sidler in Kuhn's Zt. XIII, 376 vom helvetischen Alemannien; ganz so rechtsrheinisch.

Der badische und wirtembergische Schwarzwald, die Baar, zum Teil das Allgäu, haben diese Kürzen: birra (Birnen), birrabomm; rigg.l (Riegel); igg.l (Igel); digger (Tieger); gibb.l (am Dache); schmidde, schmiddebach noch in Wurmlingen; schidda (Korb); strigg.l (Strigel); widdhô (Wald); widdəm (dos; Pfarrgut); birra, stirra, wissa, fridda (pax); glidder, gliddet Partic. u. s. w. bissen (bisôn). Besonders sibba (siben); disser, disse, disses u. s. w. Dem alten Verb (+ ligjan), liggan entspricht immer noch das heutige liggen, ligg (Imperativ) u. s. w. Die alemannischen Schriften wimmeln von Zeugnissen für dieses beibehaltene ĭ. Nicol. v. Basel: unfridden, friddelich; bidderwe; nidder, harwidder. Die Weist. IV oft liggend gŭt, liggende gueter S. 275. wissboum 394. Also noch ganz wie in Amtzell im Allgäu und im entfernten Simonswald es üblich. Ganz besonders ist ĭ im alten alem. digge aus gedigene = Gau; sieh Wb. nidder und widder keren wie im Volksmunde, so in volksmäfsigen alemanischen Schriftwerken unzäligemal wieder. Die Pforzheimer Flöfserordn. v. 1501 (Mone, Zt. II, 270) hat Nidderlande. Das Habsb. Urbb. wissinen S. 113. Die Mon. Hohenb. die niddern veste 1395 (778 u. s. w.). Ganz so die schles. Sprache widder, nydder, u. s. w. (Passion).

Wie durch Kürzung neue ă aus â erwuchsen, so neue ĭ aus î. Vor allem nenne ich die aus lat. ê entstandenen ie, î in Ziegel, Spiegel die zigg.l, spigg.l, wie das obere Saartal sie ebenfalls erhalten hat. Vergl. Mone, Anzeig.

VII, 120. Ferner Hille (ahd. huliwa) vereinsamt; bill (ahd. buhil) „im holzbill" schreibt das Wendelsheimer Urbar. 17. Jahrh. frittig (Freitag); witter (weiter); Nicol. v. Basel belegt dieses Gesetz oft: friggen willen; darwillent; onne lĭdden; sĭddar, sĭdder; von dem wĭbbe lidden u. s. w. Mündlich hörte ich dĭssel (Deichsel); ghĭtt (gheit, gereut verdrossen, Part.), zĭtt, wĭtt, diewĭll u. s. w. Baar. bĭtt (Beicht) ist häufig.

Die Worte milli und killi, zwill (Ebenweiler), kille (Nendingen) = Milch, Kilch, Zwilch sind echt alemannisch verkürzt (milli ist auch bairisch).

Diese Kürze hat aber wieder als Gegengewicht eine Denung, wenn n folgt; den Nasal vermissen die Allgäuer, daraus entsteht ī: zīs (Zins); i bī (ich bin); schībūt (Schinhut); gwī (Gewinn); kī (Kinn); zī (Zinn); fīster (finster); wīssela (winseln); līsa (Linsen); bīsa (Binsen) u. s. w. So im Allgäu, in der Baar spurenweise; Deifslingen, vor m: fīf (fünf); „dear kā mè afs fīfe zella" Tettnangisch. Ein Teil des Seegebietes, des Allgäus bis Saulgau (Königseggwald) sucht bekanntlich die Nasalierung durch angehenktes g an n zu verhindern und reines ī bleibt (mīng, dīng, sīng zu vergl.): zīngs (Zins); līngsa (Linsen) u. s. w. Das Gebetbuch von 1454 (Kloster Stetten b. Hechingen) hat anbeging, was vielleicht ebenfalls auf diesem Gesetze beruht. Ein dritte recht alemann. Fall ist die Diphtongierung des in, so dafs weiter (Winter) Nendingen; reīsa (Rinsen); keīd (Kind) a. a. O. Tuttlingen; beī*) (Bine) erscheint; i beī = sum geht vom Heuberg bis in die Nähe von Rotenburg und Horb.

Daneben besteht alemann. und fränkisch-alemannisch ē: kēd, stēmm, dēnta, sēmmerĕ (Simri), lēnk; wēter (Winter) u. s. w. Das Saulgauer Gebiet versteigt sich bis zu ä: fänster, känder und vor r: kärcha, kärbe u. s. w. was einem beinahe fremd klingt.

---

*) Neben mhd. bĭe, ahd. pĭa stf. gab es nicht nur die im Althochdeutschen neutrale Nebenform mhd. bin, ahd. piui, sondern weiter auch mit sw. fem. Form ahd. pinā (binā! Lorscher Bienensegen). Pfeiffer Germ. Neue Reihe I, 81.

Ebenfalls wie bei ä schädigt ausgefallenes h, ob die alte Kürze: rĭta (richten), bĭta (beichten), bĭt (Beicht), gsĭt (Gesicht), grĭt (Gericht), s hĭt (hieht, sonst) zu jehan (haihan +), brĭta (berichten), schlĭtn (schlichten), gĭter (Gichter), gwĭt (Gewicht) u. s. w. Deifslingen. Rotweil. Baar. Vor ausgefallenem r: wĭt, wĭtl (Wirtel) u. s. w. mehr bekannt.

Man suchte vor r die Denung mit ie zu geben; daher die alemannischen hiern, hierzin (Adj.) schmierb; geschierr, gierstin u. s. w. cgm. 384. ierrung in Vorarlberg. Urk. (Joller 20) ad 1388. Ob mit dem ü statt i vor r wol auch eine Art Denung oder eine Verdumpfung angedeutet worden sein dürfte? Alem. Denkmäler lieben es. — Vgl. Rotweiler Stadtr. 31. 32. Ebenso in Liutgarts Leben: würt. Weinhold §. 32.

Eine echt alemannische Eigenheit ist ě für i zu setzen in vech, veah = Vieh (faĭhu got.); es lassen sich so ziemlich die Grenzen darnach abstecken. Ganz entsprechend haben es die rechts- und linksrheinischen alemannischen Schriften, z. B. Jünger rech 1322. Mone Zt. 13, 241. veche, Mon. Zoll. I, 1379. Müllifăch 15. Jahrh. Züricher Urk. v. Frauenmünster. Weist. IV, 305. 309. 317. 339. I, 205. Hadloub XXII, 2: vê : ê. Die Edlibacher Chronik: fech (70). Die Constanzer Schirmred 1524: fäch. fê und fäch, Schweizer-Sidler in Kuhn's Zt. XIII, 375. Dieses bildet den Uebergang zu der

Brechung von i—ĕ.

Dieses ĕ sprechen die Bewohner des südlichen und westlichen Schwarzwaldabfalles wie a; sieh oben; z. B. echt: ŏbrangete gierşta, unberegnete Gerste; i will dier zŭgsangotta = Gesegne Gott trinken u. s. w. Frafsa (Krotzingen), die auf der Höllensteig (Staigemer): „du bist a Drack", worüber sich die östlichen Nachbarn lustig machen; also hier die Grenze zwischen ea und a. Auf der Alb begegnet uns heute Zwifalten O. N., das urkundl. Zwiveldea 1255, Zuwivildea 1274 lautet. Mone Zt. III, 199. Man kann die Breisgauer und Markgräfler nach drak, nabel und spack abgrenzen.

Die zweite echt alemannische Aussprache ist in: mial (Mel), Rotweiler Gegend: mialverderber, Spottname des Bäckers; iassen (ītan) im Allgäu, Ebenweiler, Waldburg und von Tuttlingen bis Ehingen; iassbeeri, Erdbeere. stiarnli; dåhiar; wiart (wert), giarn; wiar (quis), siazgi (sechzig), niana (nirgends), diar (der); hiard; zů gschiana Sacha u. s. w. biarhämmisch (sieh Wb.); fiald; all wiag; es iacht m'r nūt (Bodensee), stimmt mir nicht, iabba, eben; überzwiarets (überzwerchs) u. s. w. Daran lent sich derselbe Laut für ä aus a in iägger, jägger (agri), Nendingen.

Die dritte Aussprache nicht mehr spezifisch, aber doch vorherrschend alemannisch ist ea, während die Schwaben und die Baiern reines é; die alem. Franken am mittlern Nekar meist ä sprechen. ea bekommt alte Kürze wie ĕ, ĭ, ă; daher weabba (weben) leabba; seagga, eassa, neabbl, neabbl mändle, geabba u. s. w. neben dĕgga (Baar), seggiss (Sense); beattler, residuae mensae; Oberstdorf. schwäb. loibete. gleanna (Gleve, glāne, lancea) hat sich diesem Lautgesetz unterzogen, als ob i zu Grunde läge; die Hotzen gebrauchen das Wort für Spiefs bis heute. schëffa (siliquiae), Weingarten; ĕbba nia, ebba woll; lebba, lessa, bessa in Engen; sureggert, Flurn. von Asen; 'n lebbiga schobba (schäumendes Glas Bier), in Oefingen (Baar). „Zum ebba hin" auf Besuch (Lichtstube) lene ich hier an. Bei folgendem n: i hās gsenna = gesehen. Tuttlingen. Die schriftlichen Belege für ĕ (i-ĕ) sind zallos. Z. B. vessen, Villinger Chronik II, 90ᵃ (Mone, Quellensammlung); lessa, Monum. Zoll. I, S. 110 (ad 1302), verwesser bei Joller S. 107 ad 1423. Scherr, talpa, Incunab. Voc. 429. Regensb. alem. Diefenbach Nov. Gloss. 126 u. s. w. Lebba, gebba Nic. v. Basel.

Für ia, ie: die Mon. Hohenb. bringen gieben, miesses (Messes) siebzehn, gieltes, riechtes; in diem riecht, wieltliches geriechtes; Wiermenwag, gegieben u. s. w. (vgl. Weinhold S. 61). Aus einer Kirchberger Urkunde von 1304.

Das alem. Steag = Stiege (Tandarois und Floridibel. Hamb. Hs.) ist der Ref. Schrift, Schirmred von 1524, Constanz, auch eigen „Stegenfetz" = Stiegenhader.

Der Brechung entgangen gibt es alemannisch mehrere

i: liderìn sehr häufig; im Rotweiler Stadtr. lidern, gerben; liderer, Freiburger Kürschnerordn. 1510. Mone Zt. 17, 55; sticken, Stickholz = Stecken, Rebpfäle. Breisgau. Lindau „Stickelzoller". Forer hat Gefüll v. Fuchsfell f. 56ᵃ. wichseln, verwichseln. Freib. Urk. 1327. visiner Garben in der Constanzer Chr. Mone, Quellens. I, 337ᵇ. — Oestlich vom Feldberg haben sie Schmirzeler, geiziger Mensch, zu Schmer.

Die Brechung in ei, ai ist vereinzelt. In den Weist. IV, 311 erscheint fey (Vieh); der baslerische Spiegel der Behaltnus (echt alem.) hat „smeylzet" (schmilzt); die Baar spricht sogar noch bairgli, Berglein; schmale waigle; beim hairter (Hirten) u. s. w.

Erste Steigerung des i—ï.

Das alte ï erhielt sich bis heute mit kleiner Ausnahme in unserem ganzen alem. Gebiete. Die Baar gibt auch hierin wieder den Ausschlag. wînâta (Weihnachten); bîta (beichten); in Loffenau noch hufîsen als Flurname; schnîder in Rotweil wie im Allgäu und westlichen Schwarzwald.

wî, Rhî, dî, mî, sî neben wing, ding, sing u. s. w., das selbst noch Tuttl. in minger zu haben scheint = nicmer. 'n âwis gea (Anweisung geben) Heuberg, Wehingen. gîger, Weingarten, zît, wît, ghît (verdrossen) lîbli, lîblisdasche (Westentasche); rîbe (Walkmühle) majapfîfa (Engen); wîchseln, Weichseln (Schramberg), bîgl (Beil); rîsblî, birkarîs (Waldburg) u. s. w. Eigentümlich ist die Abwechslung: gsî Tuttl.; gseî schon in dem eine Stunde entfernten Nendingen.

Merkwürdigerweise spricht man alemannisch lieber Eisna für Isny, O. N., urk. Ìsinun, ze Isinin (1300). Wie nachhaltig dieses î in den Schriftwerken und Volksmund Alemanniens wirkte, ersieht man aus der Tatsache, daſs es sich spurenweise bis Rastatt und Baden-Baden, linksrheinisch sogar bis in die obere Saargegend hin sich bewahrt hat. Hier ist noch mîde, nîd, îfer, bî, schîn u. s. w. volküblich. In Oberschwaben reicht es bis Aulendorf, den

Hinterwald. Auf dem Schwarzwald ist ohnedies î erhalten östlich bis Oberndorf ins Nekartal; die volkstümlichen Schriften weisen es bis in's 18. Jahrh. herein auf. Die Rotweiler Urb. strotzen bis an's Ende des 16. Jahrh. davon: das Stadtr. 2. Redakt. 1545 wechselt schon mit ei. Bis Kempten erhielten sich die langen î, û; nördlich davon im Schwäbischen kommen frühe ei, au an deren Stelle.

Im allgäuischen Gebiete vermied man die Nasalierung des î durch Auswerfung des folgenden n oder Anhängung des g an n, wodurch eine Kürzung entsteht, wie oben angedeutet ist. Die Alemannen des westlich vom Allgäu liegenden Gebietes machten gern aus în = ein ĕ(n): drē, ēkouffa; ēfaſsen; wē (Wein); (gwē Gewinn läſst ein Volksreim der Baar reimen); fē (fein); oder aber, es wird reines ai gesetzt, das einen groſsen Teil des Schwarzwaldes sogar den Hinterwald bei Aulendorf beherrscht; beide sind oft neben einander landüblich: mî vadder und mai vadder; wai (Wein), gsai; ganz so in Königseggwald, Waldsee, wie in Triberg; bai Gott und bî Gott! rai, herein. Diesseits des Hinterwaldes wib, gsî, jenseits waib, gsai. Das alte gesîn, der Merker für alem. Sprache, machte also die Gestaltungen in gsî, gsai, gsē, gsēi durch; wo gsi aufhört nördlich und gwea anhebt ist alemannisches Idiom zu Ende. Daher muſs man einzelnen echt alemannisch gelegenen Orten wie Oberstdorf d. Markt ihren reinen alem. Charakter absprechen; es sind Mischleute schwäbischer und alem. Zunge. Das ai für î auf dem westlichen Schwarzwald und im Sundgau intoniert fast fränkisch. Das Neuw Testament (vor 1521) von Christoffel Froschouwer gedruckt hat dem gemäſs: auf baytt f. 7[b], glaichnuſs f. 41[b], wayn (vinum) f. 82[a], raych f. 124[b] (dives) u. s. w.

î tritt im Schwäbischen bisweilen, im Alemannischen häufig in Schriftwerken als ie auf: wienachtbrot Wst. IV, 285. tiechsel 117. 415 (ad 1469); diechsel, Keyserbuch D. Kellers. viertag, des Teufels Netz; ziett cgm. 384. wieche (Weihe), Spiegel d. behaltnus f. 27. Vergl. Gramm. I (3) 163. 223. Mündlich: diessel, diechsel, diexel oft, südlich.

und westlich. Schwarzwald. In der Höllenstaig reines dîsla;
wie dîseln Wst. IV, 509 (ad 1432). Vgl. Schweizer-Sidler
in Kuhn's Zt. XIII, 380.

î statt ie bei den redupl. Ztw.: verfing, ging, empfing,
hing u. s. w. weist mehr auf breisgauische und linksrheinisch-elsäfsische Schriften. Sieh Flexion.

ie haben die Fremdwörterendungen im Rotweiler Stadtr.
und egm. 6: gestudiert f. 20 ^{b}.

Die bekannten î leben noch vollauf im Schwarzwald
bis Oberndorf, Rotweil. Z. B. Schnuderbeerî (Mehlbeeren),
Steinbeerî (Preisselbeeren), Nusterbethlî (Rosenkranz) in
Höchenschwand. Sûblî, echt rotweilisch; Franzilî, Kilklî u. s. w.

î wird oft sehr kurz gesprochen, als ob es ursprünglich ĭ wäre. gîttig (mhd. ebenso) gierig, rasch, schnell im
Essen; der gît, Gier, Geiz. Altglashütten.

Zweite Steigerung des ī—âi.

Die Baiern haben mit den Alemannen die Aussprache
oa für ai gemein; während die schwäbischen und fränkisch-alemannischen Sprachgesetze oi aufweisen. An der oberschwäbisch-alemannischen Grenze wechseln oa und oi.
Spricht der Alemanne oa auch noch so gut, so echt wie
der Baier bringt er es nie über seine Lippen. — Beispiele:
Oach (Eiche), Soach (Saich), woach, Loach (Fischlaich);
Schloach, Handel (Heuberg), wetterloachna, bair. himmlizen.
Waldburg: Roas, Rinne von Wagenrädern, Geleise; Ringraben als Wisengrenzen. Häufiger das Diminutiv Roasle.
roasa, solche Rinnen ziehen; groaslet gefurcht, besonders
von Zeugstoffen auch üblich. Horber Gegend. bloata, begleiten. floaschlaos, einen immerwährenden gierigen Appetit habend (Horber Gegend). Oacherle (Eichhörnchen)
Moassaschlagg (Maisenschlag); Hoaterbach, O. N. koab;
koaba-wetter; Hoaddla (Heidelbeeren), oaschen (eiscôn
ahd.) Gitzastoag, O. N. bei Laimnau; im Riefs ebenso.
Diese oa werden alemannisch sehr kurz gesprochen. Folgt
n, so ändert sich die Aussprache. Ein Teil der Alemannen haben ŏä, nasaliert roä (Rain), boä (Bein), stoä (Stein),

alloā (allein), i moā (meine), koā (keinen), gmoād (Gemeinde) u. s. w. Laimnau der O. N. heifst Lomma. Die Wasserburger sagen bôa (Bein), stôa, klôa u. s. w. ohne Nasenlaut.

Echter alemannisch ist ua = ài: duag (Taig), kibûa (Kinnbacken), schībûa (Schinbein), Wielandsweiler. kuan, nullum, da gmûana a. a. O. duaget (taigicht), zuachnet (zeichnet); fuass (faifst), fluasch (Fleisch); ua (Ei), guassa (Gaifsen), huafs (heifs), huam (heim), muaster (Meister); wuafsta (weifst es), wuassa (Waitzen) u. s. w. So die Baar, die Rotweiler Gegend. H. Wolf tadelt den Suevus, dafs er nua (nein), nagga spricht. Pfeiff. Germ. I, 162. Aus der schnellen Aussprache des ua mit oder ohne folgendem m, n gestaltete sich gar ô allein und â, z. B. hôggāta, hàggāta = Heimgarten „z' hàggāta gau". Ebenfalls â: bàllaos (heillos), bàlgle; mit folgendem n: kô hurig hâsli; kô schand; kô pfaffer; we onn (ainer) ist, schafft'r u. s. w. Dieses ô, â lebt neben ua in dem östlich vom Schwarzwald gelegenen Lande.

Wo kein Nasenlaut statt hat, im Allgäu treffen wir ui = ài. Uidirna, Einthürnen. O. N. bui, stui, allui, rui (Rain): a ruile nâ trola (hinabrollen); a hûsli am rui, nui, uifältig, kui, muitweaga, huigadda, verbuit (verbaint), huinza (Heinzen, zum Kleedörren), zuina (Zaine) u. s. w. „Ulam ist uyna, kempta die and" sagt der Schwab in der Wette zu Frankfurt. Schorer Chronik v. Memmingen S. 7. In dem Kletgauischen treffen wir â — ài. Flurn. aus dem Schaffhauser Bezirke: Âchberg (Eichberg) in Unterhallau; Âtlingen (Eitlingen), Râ (Rain), Hângarte, Lâgrueber in Trasadingen, manâd, fâl, lâtere, beim Hâdabom (Beggingen) Stâmûre, Stâwise, Schlâpfe, Gmândhus, Stâg u. s. w. Die Talkletgäuer so, während die benachbarten Schaffhauser ai behalten. Im Loffenauischen, in der Gegend von Heiligkreuztal noch Anklänge von à: râniga (reinigen), i wâfs nett (weifs nicht) u. s. w., wozu die Stellen kânam brûder, an âner wisun; hâmstûr, mit ânander. Mon. Zoll. 1310. 1319. zum bâlgen römschen rich, Hist. Volksl. II, 26, 20. Des Teufels Netz 1541. 2382. 2593 ebenso. Vergl. dazu die elsässischen hålig, urtål im Hohenlied v. Haupt; Feodor Lech Germ. l. c. Weinhold S. 37. 98.

Echt alemannisch ist ê — âi, obwol fast nur mehr aus Denkmälern erhalten. Das Vorarlbergische und spurenweise die Baar haben heute noch ê: gmê (gemein), dahêm, gmênt (gemeint), êmer (Eimer, z. B. Milch) rê (Rain) alpmêster u. s. w. Frommann II, 565. hêlgle, Heiligenbildchen noch da und dort. klên, klein Wielandsweiler.

Felix Faber's Pilgerbüchlein hat à neben ê: loid, hoim, stoin, geschroi, noin neben hôlig, vom hôlgen stûl u. s. w. und ê: hêligfart u. s. w. Das Zitglöggl. hat hêlige Schrift, die hêlige cristenheit u. s. w. Agnes Hêligenstain Mon. Zoll. 1258 S. 73. Wecelo comes de Hêgerlô. S. 7. Das Dienstmannenrecht v. Basel hêlig; Rotweiler Urkd. 1487: Hêligencreuzort. So die Weist. I, 43. 128. Züricher Mitteil. d. Antiq. Gesellschaft III, 4. IV, 1. Die Stralsburger lieben ê in hêltum (Geiler); Brunswick schlêger (Schleier) schwêfs, dryelêg u. s. w. Das Rheinfelder Stadtr. gelêch (Glaich), geschêden, bescheidenhêt u. s. w. zanflêsch, Vocab. (Donaueschl.) hs. No. 56.

Âi in den Zeitwörtern såjan, dråjan, måjan erhielt sich alemannisch und schwäbisch; im Alemannischen gegen dem mittlern Nekar zu erscheint å, im Schwäbischen wechselt ai und å oft auf ganz kleinem Gebiete.

Die echten Alemannen legen den Ton auf å oder åi: drå-ja, nå-ja, må-ja, så-ja oder dråi-ja, såi-ja u. s. w. So z. B. in der Gegend von Allerheiligen, in Buhlbach, auf dem Allgäu, Waldburg u. s. w. Man meint darum in Baiersbronn schon, man habe pfälzische Anklänge und Intonation dort. nå-in wird ganz wie så-ja gesprochen. In Altheim bei Horb ist noch âi zu finden, während in Wurmlingen schon å vorherrscht; dafs es aber auch hier gewesen, ersieht man aus Saigoafs.] = lange Gaisel beim Pflügen; Saigåt = Så-egert. Auch die Aussprache um Lindau stimmt ganz mit dem Rotweil. gnaiet, s waidd uffer (Westwind) u. s. w. Aber kaum eine Strecke westlich am Bodensee haben sie reines eij = sei-ja, mei-ja.

Die schriftlichen Zeugnisse fließen zahlreich. Geiler

schreibt ey: anweyen, umhweyen, seyen, kreyen; im Kirchbergischen bei Haigerloch mufs ei vorherrschend gewesen sein; eine von dort stammende Aureliuslegende 17. Jahrh. hat geseiet. Die Weist. IV, 82, 212 = ey. — ay ist so ziemlich den meisten Schriften gemein. Rotweiler Stadtr. I, 33.

Das tonlose -heit ist bekanntlich zu et herabgesunken; alem. Schriften und Landstriche haben volles á dafür, wie Vorarlberg und andere: krankát, hoilkát, foulkát, waorát, bosát; oft ó: krankót u. s. w. Ganz so der cgm. 358: warhát, hailkát, hailkáta, gotthát u. s. w. Sprache des Rotweil. Stadtr. I, 33. Die Predigt im Archiv f. neuere Sprachen 49. Bd. S. 357 ff. hat diese Gesetze. Ein Gebetbuch v. 1454 aus Stetten bei Hechingen hat -ke: süfsike, miltike, hochwirdike, gerechtike u. s. w.

Ai, unorganisch begegnet alemann. für uo, o: Sairg, Liutgarts Leb 452^a. tairggel, torcular, Constanz. Chronik. Mone Quells. I, 347^a und Vocab. hs. 57 f. 9^a (Donauesch.); kairn, Ueberlinger Statut 15. Jahrh. Mone 17, 159. gebairen (geboren) 1467. St. Blasien. Mone 6, 111. herbstbain (no), vasnachtbain. Weist. I, 406. (Burbach); die Lindauer Fischerordn. 1574 haben zainft (Zunft) u. s. w. birz hairn. hs. 20291, Germ. Mus. f. 9^a. Unser Vaihingen (Enz) heifst 1297 Vogingen. Pfalzgrafen 309^a. (Vergl. Augsb. Wb. 362^b). Unsere Staatswaldung Schönbuch, oder wie der gemeine Mann sagt Stoābach hat ursprünglich ein ai: in Silva Schainbuoch 1191. Schaienbuch 1298. Schaigenbuoch 1304. Scainbúch 1301. Schaienbuoch 1334. Schonbuch 1320.

Der Schaichhof ebenda hat ai aufbewahrt. Das alte ái (schon ei im 9. Jahrh.) in Spaichingas 817. W. Urkb. No. 79 soll nach Stark, Germ. Neue Folge I, 116 auf Specius (colonus) einen Personennamen gehen. Heute oa entsprechend altem ái: Spoachinga.

U.

Kurzes ŭ.

Auch hier alte Kürze erhalten gleich a, e, i: gluffa, buddili (Hündchen), tugged (Tugend), nuddla, Seela-nuddla, ein Art Backwerk, am Charfreitag um den Gekreuzigten gelegt, um so die Weihe zu erhalten; ruffa (pustulae), stubba (Stube); strudd.l, strŭddele, uffer (Ufer), kugg.l, kŭggele; ebenso die Umlaute, um sie hier abzumachen die Quantität anlangend: dürre (porta), schŭbble (Schub), ŭbber; Mŭlla O. N. Mŭlheim a. D. Der O. N. Thŭrheim (Baar) lautet Dürrheim; Fürrhopfa ein Oeßnger Flurn. Baar. Leirakibb.l (Kŭbel), Spitzname mehrer Orte. Daher gehört das hauensteinische hŭrren (mhd. hŭren, hier ŭ volksetymologisch angesetzt) = niederkauern. Elsässisch tritt auch bei einsilbigen Worten Kürze noch ein: stubb, kunkelstubb, Maistubb, Gweltstubb u. s. w. Aehnlich bair. stubbn. Zu Stubbe sieh Weinhold §. 156ᵃ.

Dieser beibehaltenen alten Kürze gegenüber gibt es ursprünglich kurze u, die einer auffallenden Denung erliegen, besonders vor ausgefallenem h, r: frūt neben frūet (Frucht); zūt neben zūet (Zucht), sūt und sūet (Sucht); brū (Brauch, usus) bū und būo (Buch, Wald) sieh unter ch (Baar).

Im Allgäu muſs der Nasenlaut vermieden werden; n fällt weg und ŭ wird ū. Dieses Gesetz herrscht sogar noch um Rotweil. „ūversŭcht schmeckt itt" Red. Art. (Deiſslingen). ūglaiti uar, ungelegte Eier. du ūflāt! im obersten Schwarzwald, Schelte. ūbṣtändig, schū (schon) ūverständig; nūz, nūəz (nunz, nichts) ūheil, ūglück ūvernünftig, ūwealtle (Allgäu) superl. Adj. = sehr; ūdreaſser kneat, wilder, roher, unzufriedener Knecht (Tettnang). ūmenschlé, nū (nun), ūruhig (unruhig); d' sūsfrou des Sohns Frau (Donauesch.). Die Wasserburger sind d' Nūaza. Spott (nunz). Wielandsweiler. Oder aber ü bleibt kurz und an n tritt g wie bei ming, ding, sing u. s. w.: ung-gschickt; ung-verläſslich u. s. w.

Alemannisch-schwäbisch ist die Denung des ü, wenn

folgendes r ausfällt, dann vor r überhaupt, wenn es stehen bleibt: hūt (Hurde); besonders von Feldgrenzzäunen alem. üblich; būt (Burd, Bürde), i hö mər gfûcht, gefürchtet. Guotachtal, Triberg. Rein bleibt u wo andere ō haben in sumpf, strumpf, hung, suma, gwunet, sogar Kūnrad das vom Volke für ü betrachtet und nordalem. öə gesprochen wird: Kōaret. Anderseits hat selbst die Baar ō = ün: pfōnd, hōd, stōn; ōglik, ōheil, hōəuer (uo) Tuttl.

Eine Denung des ū in Position hat das Alemannische mit dem Schwäbischen und Bairischen gemein, wogegen nordalem. Gebiet nichts mehr aufweist. grüsten (in der Rumpelkammer herumarbeiten), grüstkammer; grüşhess; d' schūsa (die Schussen, das Wasser) kūza (Kotzen), Tettnang. s' dūrnet, donnert.

Der Eſslinger Druck von Peter Nigers Stern Meschiah durch Conrad Feiner 1477 gibt diese echt schwäbische und nur teilweise alemannische Eigenheit mit ue, wo e die Positionslänge andeutet: luest, gekuest, suest. thūer u. s. w. Besonders bei e und i betonen es die Schwaben.

Wie bei a so fehlt auch bei ü der teils organische, teils heutige unorganische Umlaut: g'schmuckt, g'schupft, verrūckt. Altglashūtten. mugg, muggagift, muggaschnapper, nuſsa (Nüsse), stuck, krugga, rucka, lufta, drucka, nutza, kuche, ruckroaſs (Rückreise); alem. burdi = Bürde (Sonthausen, Baar), Personenname in Saulgau; ruckweg, ebenfalls im Wisental. ruckenwald b. St. Blasien; ruckakrebs, Rotweiler Urkd. 1567 (militärisch); a-n-alte krugga in der Baar = altes Pferd; fanen, kreuz krucken getragen. Rotweiler Gültbuch 17. Jahrh. by zwayen rugken 1579. Waldbuch a. a. O. der stain hat ain krugken a.a.O. ain alt stainlin mit ainer krugken a. a. O. Muckenloch, Flurn. Alpirsb. Urkd. ain brugk über die Eschach 1526. Schramb. Urkd. Ebenso des Teufels Netz und das Zitglögglein. Augsb. Wb. 418. 8. Vgl. Grimm Wb. II, 415. Mhd. Wb. I, 266. Anzeiger für Kunde d. Vorzeit, Nürnb. 1858. Sp. 81 (Keller). Als Flur- und Waldname heute noch sehr üblich ist Saurugga. (Deilingen). Der Umlaut

tritt oft ein, wo die Schwaben oder sogar Alemannen selbst
ihn nicht haben: das klunsen heifst im badischen Schwarzwald glümsen. Gülde (Gulden) Kinzigtal, wie bairisch
(gildej); in Rastatter Gegend gilt Gülde schon als fränkisch. Ueberhaupt sprechen die badischen Schwarzwälder
u gerade wie die Franzosen ihr u; es däucht jedem als
Umlaut. Der die Alemannen kennzeichnende Umlaut üns
(uns), ünser, îs, eis beschränkt sich nur auf unser Gebiet,
nicht auf Schwaben; noch bei Landeck im obern Inntal
haben sie üns, ünser. Wackernagel in s. Bruchstücken
„Nibelungen" macht auf die Umlaute Günther, kürzewile,
sünwende, üns u. s. w. aufmerksam S. 42.

Folgt n auf ü, so muſs entweder i daraus werden
oder eī: deīkle (Tünklein) in d. Baar = Suppenschnitten;
keīsta (Künste); was zu Graund, Flurn. in Grosselfingen
(Grund), aünner (unser), Muggensturm; raünsen (Rinsen),
braüst, kaüst gehört, das mehr der nördlich alemann. Grenze
zu üblich. Oder ün = ēn: ṣprëng, kēnstle, sēd (Sünde)
u. s. w. Sogar ü zu e: zwao therra (Türen) Tuttlingen,
ferrfueſs, schelten die Lautenbacher die Schramberger =
Fürfüeſs! ür — eir in deyr birra = dürre Birnen. Ganz
wie in dem Neuw. Test. (vor 1521) feunf, feünfzig 101ª.
zukeunftig 17ª. 29ª. Kiſslegger Klosterrodel; zu ie, iə:
dier, dürre, dem entspricht türe, = dürre b. M. v. Lindau; sonst auch scherb in der alemann. Küchensprache
(Berner Kochbuch), gfiət (gefürchtet) fiəta, fiərta Zeitw.

Einige unorganische u statt i, o treffen wir alem. in
bussen (Bissen, Brotbissen) vom obern Nekartal bis Wurmlingen, Rotenburg; kunder (Kinder) zerstreut alem. furella
(Forellen) Weingarten, Ravensburg; vor r treffen wir u f. o
auch bairisch oft sehr rein gesprochen. Die Rotweil-
Schrambergischen Urbarien und Gültbücher haben krundte
f. krinne, fissura häufig. Sieh Wortschatz. Wuche, wu-
chentlich ist so gut schwäbisch wie alemannisch. Eine
auffallende schwäbische Analogie haben wir in füsch, Fisch;
bis Böhmenkirch heraus üblich.

Das Wort Zollern heifst schon a. 1111 Zulrâ. schmur-
ris neben schmorris, sieh Wb. Echtalemannisch ist hug-

gen = sich niederkauern, niedersetzen; Schwaben kennt nur hocken. Schmeller führt ein hucken aus dem Gebirg an; niederdeutsch auch nur u. Besonders ist alem. einhuggen, eingehuggt von Liebschaften landläufig. Im Hinterwald bei Gutt! Gupfer sprich, d. h. Gutt (Gott) versprich (ut ita dicam) in Deifslingen, Rotweiler Gegend; dusa (Dose) bulla mä (Geist) = Bollenmann; bis nach Ebingen auf der Alb hinab. futt (fort), gunna (gönnen); wulken noch spurenweise, ganz wie Weifsenbach und D. Keller's Keyserbuch schreiben: schwum im St. Gallischen und im Stand Schaffhausen, sowie im cgm. 384 f. 85^b. Vuggel, Vuggele, gerne in der alemann. Kindersprache für alle gefiderten Haustiere. Unser Spur heifst alemannisch noch alt gspor (Ebenweiler); hudderlen neben hodderlen, niedersitzen, Kindersprache. busch und bosch; schmutz und schmotz; Forenboschen Bettenreutner Flurn. Wolfsbosch, Königeggwald. Schork neben schurk, Göge. blutter neben blotter, Mistjauche. Sich Wb. vermurggeln und vermorggeln (verrunzeln); burzerle neben borzerle (Aha); schnuderu neben schnodern; urbet und orbet (Oberling, Gmünd, oberster Scheuerteil) urbetenloch; alemannisch ist schupf; fränkisch schopf. wagenschupf.

Urkundliche Belege: der urkundl. Ortsname Mosberg heifst Musberg und Mosberg. Wormelingen (Tübing.) in Mone Zt. 14, 373. 1275 jetzt Wurmlingen, wogegen das Wurmlingen bei Tuttlingen schon im 8. und 9. Jahrh. Wurmaringas lautet. Das echt alem. Hofskirch oberhalb Saulgau heifst Hussenkirchun, de, Pilgrin 11. Jahrh. Mone, Anzeiger VI, 6; neben Ussenkilichun S. 7 a. a. O. praedium in Hussarchirche 1143. 1153. Das züricherische Huzikon hat u bewahrt (Huzzinhoran 873. St. Galler Urkb. No. 571). Grieshaber's Oberh. Chronik schreibt Frankenfort. Dutzend haben alemann. Belege mit o: von eime totzen pherret gürtel. Freiburger Seilerordn. 1378. Mone 15, 284. Ebenso Forer f. 32^b. So im Wisental. Das Badener Stadtrecht v. 1507 hat Kottelbenke. Mone Zt. 4, 295. Bodnegg spricht das Volk Burnegg. Trochtelfingen spricht man gemäfs der Urkunden Truchtelfingen.

Mon. Zoll. I, (1309). Truhtolvingen. Das alte o f. u hat heute noch vielfach das alemannische forcht = furcht; die Schriften weisen es bis 16. Jahrh. herein auf. Die Constanzer Schirmred 1524 hat groch, wolgroch (Geruch, odor).

Anlautendes un und -ung im Auslaute werden in alem. Schriften der Aussprache vieler Gegenden gemäfs mit on- und -ong gegeben. Besonders haben die linksrheinischen Städterechte on-, ö-; wie das Stadtbuch von Baden (1364) in der Argovia I, 38 ff. beweist: onvertreibenlich, onschedlich, onclaghaft u. s. w. Rueff's Adam und Heva führt on ganz durch, z. B.: onstärblich, onergründtlich, onbstendig, onentlich u. s. w. Oheim in der Reichenauer Chronik ebenso: onformlichs, onwarhaftigs, ongevar, ongehoramy, onwissenlichen u. s. w. (Zu Weinhold S. 27). Ebenso die Freiburger Statuten onwissend u. s. w. Das alte alemann. Leiden Christi (c. 1470) hat durchaus -ong: erfillong, verhaissong, uffrichtong, nidertruckong, hinderong, kronong, belonong, rechnong, ubertretong, staphong, wainong u. s. w., sogar jezond, fonden u. s. w. — Auch M. v. Lindau hat: wondern, verwont (S. 78), wortzelen u. s. w.

Eine grofse Ausdenung hat in unsern alem. Schriften das irrationale u (Weinhold §. 30. 32) und sein Umlaut ü. Eine Urkd. v. 1310 in den Mon. Zoll. I, 124: guwesan, gumanlichan, gumachale, gusetzet, sêl-gureth, vor-gunantes conventes, gudinge, guswechern, guminran, guvellet, guwonlich, guhangeth, guborn u. s. w. furgihe, fursigelt u. s. w. bugau, buliabe, bukerth u. s. w. Ebenda Urkd. 1334 (S. 148): furjechen, furkophene, zü fursetzene u. s. w. Churrätische Zeugnisse v. 1359: büschaiden, gühebt. Mone 20, 149. Auch der alem. cgm. 6 (elsäss.) hat fürgezzen, fürderben, fürslinden, fürsenken, fürfluochen, fürbrinnen, fürblichen. Grieshaber's Oberh. Chronik: zubrach 39. Schon so der Engelberger Hofrodel 13. Jahrh. Wst. I, 1: gübieten, güschriben, büklagot, huegünossen, güslehte u. s. w. Ebenso die breisgauischen Urkunden. So v. 1322 (Freib. Urkb.): vorgünanden, bülibüt, gümachot, gümainlich, gülobt u. s. w. Endlich führt dieses Gesetz Nicolaus von Basel durch: fürlorne, fursuomete, — urhoerte, urschrag, ur-

kuele, urfror, urgangen, urtrenket, urbarmete u. s. w.
Dieses ur ist wol kaum eine Fortführung des alten ur
(us), sondern erst wieder aus er verdumpft, wie Felix
Faber's ar aus er.

Als Zwischenlaut erscheint u im St. Gallischen Urkundenbuche aus dem 9. und 10. Jahrh. öfters. Wolfbu-
ruc (soror) II, No. 384. Wanpuruc 851. Purucharti co-
mitis (906). Clatapuruhc (788). Wurumheri(o). Hasab-
buruc (824). Wazzarburuc (784). Theolvestoruf O. N.
(861) u. s. w.

Verdumpfung: Epurhart (779). an St. Michels abunde.
Mögginger Urkd. 1307. an dem palme abunde 1316
Freiburg. Urkdb. I, 1, 210. an Sante Michels abunde 1317
(S. 222). an Sante Bartolom. abunde 1321. an St. Ambro-
sien abunde 1326. an Sante Mathias Abunde 1324. Mone
12, 373. Diese Formen erinnern an die bair. Part. Praes.
(-und). Ferner antwurch (Freib. Urkd.), schultussen. Mone
18, 53. bedunthalp 1302. Mone 4, 56. Dazu das volks-
übliche munzig, klein munzig f. winzig. Echt alemannisch
ist der Name Einunger und Eininger, heute noch Strafherr.
Hotzenwald.

Kurzes o, die Brechung von u.

Hier ist die alte Kürze bei weitem am häufigsten
wahrzunehmen. Das Allgäu und Schwarzwald wetteifern
hierin. Offa (Ofen) Offabänkle bis nach Gernsbach und
Loffenau.

Galle mit 'm Offaglotz
bringt dä winter uff'm kopf. Baar.
Voggel, voggili, voggelbeera; bogga (arcus); in Wehingen
zum Gras heimtragen; bodda, boddahirra, — salåt; mar-
rabodda, guter, feuchter Boden. Waldburg. Boddasea.
Hoffa O. N. Hofen b. Spaichingen; Koller, Köhler: so der
Dr. Koller in Tettnang. s' domm (Dom), Göge. Bolla, Po-
len. lobba, laudare; nobbel; der bott noch bis Tübingen
hin; modde, Wehingen. krossaier, Aldingen; im Obbir-
land, Schramberg u. s. w. hobbel, gstolla, holla (noch bis
Wurmlingen) woll, woll = ja, ja; allgem. hossa, dobba,

bschworra; flodderheassa z. Bachofen ablöschen (pflödern
sonst); trogga, trogga, Viehruf, d. h. zum Trog (Amtzoll.).
loss (audi), dossa (horchen). Andere Zeugnisse für die
noch lebende Kürze: z' bodden üfs. Rochholz S. 240.
Alem. Kinderl. Rapp schreibt in seiner alemann. Uebersetzung portugies. Sonnette: foggol, oddor, drobbo, her-
zoggo II, 60 b. Frommann und III, 71: lobbo, lobbst,
lobbt u. s. w. Die Kürze hat sich gerne in zweisilbigen
Wörtern erhalten; spurenweise in einsilbigen. Am Mittelrhein, im Bairischen, Fränkischen finden wir zerstreute
Anklänge an das alte Gesetz, das die Alemannen noch
ziemlich rein bewahrt haben. (Vgl. Schmell. §. 397. 439).
Zahlreiche schriftliche Belege vermag ich aus alem. Schriften
seit dem 13. 14. Jahrh. beizubringen. Offen in Liutgarts Leben S. 448*a*. Predigtmärlein. bonnen cgm. 384 f. 21*b*. Nicol. v. Basel: ohbe, odder, Ossewalt, gelobbet u s. w. hossen
Weist. I, 290. zù dem roggen (Fischrogen) 1428. Mone
12, 305. Ganz damit stimmt die linksrhein. EdlibacherChro-
nik, offenwüsch, geborren, geschworren u. s. w. Die Ueberlinger Schneiderordn. v. 1426 (Mone 13, 296) hat hossen.
ellenboggen, Vocab. Hs. Donauesch. No. 56 f. 47*a*. Gerne
ist bei kole, die alte Kürze angezeigt: kolls, Gen., der
koll. Mon. Zoll. I, 412. (1410). uff dem Kollenberge; Basler Rechtsquell. 1469 (S. 199 I.). Im Sollesch, Trossinger
Flurn. 1626. uff kollen, Brunswick f. 217*b*. — Kurzes o
hat dobbla, der, 22 Fl. Stück. See. Wielandsweiler.

Der Umlaut bewahrt dieselbe Quantität: böggle, der
Vogelfangbogen, gebogene Rute; bölle (Höhle) böffle z.
hoff; Mörringa O. N. mögga, mögen; ausbölla u. s. w.

Diese Kürze wird beeinträchtigt durch die Denung
des o, wenn folgendes ch ausfällt: ösa (Ochsen), ösnen nach
dem Stier verlangen (Sprache des Rotweiler Stadtr. 59);
Bulbach; glöta (geflochten), göta (gefochten), i möt (ich
mochte), mi döter (Tochter) u. s. w.

Der Umlaut des ö, ö tritt alemannisch sehr häufig
ein, wo ihn die Schwaben nicht kennen: göller (Goller
Brustlatz mit Halskragen), schwarzwald-alemann. schöber
(Strohhaufen) Hunders. Delle, dölle als häufiger Flur- und

Waldname bekannt in Rotenburg (i der dölle), Southausen (Baar), Aarau (Delli) bei Freudenstadt (Löffingen); in der Regel sind römische Ueberreste da; also = Dohle, Aquaduct. Am auffallendsten sind die Umlaute des rechtsrheinischen Gebiete mi döchter, döter, das bis Marchtal, Ehingen hinabgeht.

Schweizer-Sidler macht in Kuhns Zt. 13, 377 döchter, frösch namhaft. Man findet es im Hotzenwald, wie auf der Leutkircher Haide; am Feldberg bis nach Landeck im obern Inntal. Die Binger b. Sigmaringen und die Gegend v. Rotenburg, Hechingen kennen ö nicht; jene sprechen noch dochteren. Vom Umlaut durchaus aleman. ergriffen ist neuhochdeutsch dort: dert, dört, dèt. Schweizer-Sidler dèt und dört 13, 375. dört (dart), dert ist ahd. tharot, thorot, deret in darawert seinen gemeinsamen Ursprung. dört in Wackernagels Nibelungen Bruchstücken öfter; ebenso in den Predigtmärlein; Schmid 524 verweist es in den Schwarzwald. umedört immerfort erscheint in Zusammensetzung ebenso echt alemannisch; des Teufels Netz 126. 4259: doert. Sogar o in so (sö) wird bisweilen davon ergriffen und das sothaner lautet sotter und sötter; ebenso ob — öb. Auffallend sprechen sie in Höhenschwand ö wie ä: Mäsle = Möslein. — Eine Anzal ö datieren bekanntlich auf e (Umlaut von a) zurück; auch im alem. Oelkofen in der Göge finden wir urkundlich e, a: Ellinchouin. Mone Zt. I, 338. Alchouen 1235, II, 90. Ellinkovin 1254. Elnhoken 1282. Die Oe in Oedenburg bei Oberstetten (Münsingen) und bei Hirschau haben sich aus uo verschlimmert. Sieh wirtemb. Urkb. v. 1134. Mone Zt. III, 101. Letztere Oedenburg urkundl. 1323: Oudunburg; schon 1291 Odinburg. 1370. Schmid Pfalzgrafen. Der O. N. Oedendorf b. Mone Zt. III, 101 urkdl. Uodendorf. Oetwyl ist Uttinwilare. Zt. III, 101.

Anderseits hat das Volk manche o dem Umlaut, wie ihn das Hochdeutsche hat, entzogen. köstli sagt man um Rotweil; ganz wie Faber's Pilgerbüchl. hat; ebenso das Zitglögglin. Heustoffel und Heusteffel wechseln stets.

Die oe (von ö, au) schreibt Nicol. v. Basel mit e:
frellicheit, detlich, serclich, schenne u. s. w.
Folgt auf o ein r und entspricht das o dem got. aú,
so sprechen die Schwaben oar, -oan: zoara, hoara, doan
u. s. w. soarga, oarning, oargel, foarm, moara u. s. w.
Ebenso die Alemannen im Grofsen und Ganzen (Baar). In
Ebenweiler waltet diese augsburgisch-schwäbische Aussprache ob; sehr oft tritt Schärfung ein: mönn (morgen), könn
(Korn), zönn u. s. w. Allgäuisch oft rein: zorn, sporn,
morn (Waldburg); gleich 1 Stunde davon sporra, zorra u.s.w.
(Der Umlaut davon e und ea). Echt alemannisch ist auch
ua dafür: duarsa (Dorsen), Baar. Heuberg; kuarn (Korn),
wuara, vuar, souuarning; âfuadra; so um Rotweil, Baar.
Heuberg spurenweise im Allgäu.

Eine den alem. Schriften bekannte Erscheinung ist der
Dopppelaut ou für ö, vor l, p, t u. s. w. Im Ulenspiegel:
soud, bout u.s.w. In Geilers Evangel. Buch f. 189ᵃ: koupf.
Nicolaus von Basel voul (heiters lichtes) 146 und oft Ein
handschriftliches Gebetbuch des Klosters Stetten bei Hechingen aus dem Jahre 1454 hat hochgeloupte. Der Spiegel der Behaltnus (Basel): von dem houltze letim f. 36ᵃ.
koupf, Antiq. Gesellsch. Mitteil. Zürich III, 4. Die Dorf-
ordn. v. Achern 15. Jahrh. (Mone 14, 285): houlz, vougt.
In einer Urkunde aus dem 13. Jahrh. (1297 Mone 14, 449)
fouthag. Vergl. des konigs koupf cgm. 259 f. 7ᵃ. loubsang
cgm. 454 f. 15ᵃ.

Das Herabsinken des urspr. i, ö zu einem Zwischenton von a und e oder zu e ist in unbetonten, in der Sen-
kung stehenden Silben häufig, wiewol das Alemannische
die vollen a, â, o, ö gerne beibehält. So der Bregrenzer
Hinterwäldler; er macht die tonlosen e zu o: bindol (zum
Sackbinden), spindol und die Infinitive lauten vergeasso,
gsungo, gsprungo, ganz wie Rapp sich die Sache dachte.
Auch die Baar liebt diese Infinitive. Das unbetonte o in den
Eigennamen (-olf), ist längst e oder ə geworden: Winol-
fisbeim O. N. Wendelsheim; Antolvingen O. N. Andelfingen (843); St. Galler Urkundenbuch. Galloni, Glaroni,
Oberoueswungen (864) haben längst o eingebüfst. Ebenso

Andelspach b. Denkingen urkundl. Andolfslach; Mone Zt.
II, 76.

Langes û.

Den Baiern, Franken und Schwaben heute fremd.
Ganz frühe, erweislich schon im 12. Jahrh. von den Baiern
und Franken, in ou, au, ao, von den Schwaben im 15. und
16. Jahrh. in ou verwandelt. Das û geht noch bis in die
Nähe von Oberndorf bis Schramberg, sogar spurenweise
bis Gernsbach; merkwürdig hört man es noch 1 Stunde
von Rastatt, in Muggensturm, wo sû (Sau) volksüblich.
Ferner habe ich es in den zollerischen Landen bis Haigerloch
stellenweise gefunden. Der Heuberg, die Rotweiler
Gegend bis Saulgau und von da hinüber in's Leutkirchische
hat es sich erhalten: sûr (sauer), lûra (lauern),
trûr (Trauer), bûr (Bauer), bûrahoff; schûr, bû (Bau), rûh
(auch), bûch, brût, brûch, dûra (dauern), fûl, hûs, jûchert,
hûba (Haube), krût; krûtschisser (papilio), lûs, mûl, mûs,
sûga (saugen) u. s. w. Diese Wörter hat Hausleutner II, 249
aus der Baar verzeichnet. Krût im garda (Weingarten);
dûbaschlagg a. a. O. sûstall um Saulgau; dûchentle (Tauchente)
Tettnang; Clûshund, der gespenstische Hund bei
Bregenz, um den ganzen See bekannt. Tettnang. Clûsawald
b. St. Blasien; Flöfsercireservoir. Clûsgarn, clûsfische,
Gangfische am See, Lindau. Sûrcassa, Saueressen
Wehingen; ruggûssa neben ruggoussa (bis Tübingen) v.
Turteltäuber. mit 'm mûl, mit deam ma beatet, bis vor
Freudenstadt hin. Gûren, sonst gouren, das Knarzen der
Wagenräder auf dem gefrornen Schnee. Kût (Wildtaube)
noch in Schwenningen; in Villingen schon ou; in Rotweil
der „Koutenwald". In St. Blasien: kchrûshâr, Lockenhaar;
tûbustöfsel, Raubvogel, hûsli, weidli! schnell! a. a. O.
bûseri, Haúshälterin; sûre schwemm und rehling (See. Tettnangisch).
Sûwinkel, Flurn. in Wielandsweiler; bûrler
Kleinbauer, Kleinhäusler (Hinterwald). Während die
Schramberger schon viele û zu ou umgestalten, haben die
1 Stunde entfernten Lautenbacher fast alle û, ü beibehalten.
Daher schelten jene diese Lûtabacher stumphosl und

diese jene Schramberger ferrfuefs! d. h. blos in Strümpfen.
In der Gegend von Herrenberg und Nagold erkennt man
die Altwirtemberger an dau, dû! Es wechselt an der fränk.
alem. Grenze au mit û in diesem Worte stark. Während
die Jesinger dau sagen, haben die Wurmlinger dû; ganz
alte Leute sprachen auch hier noch dou. In Wendelsheim
hat dou schon eher sich erhalten; ebenso in Hailfingen;
Nagold dû, das nahe Mätzingen dau.

Die schriftlichen Belege unseres Gebietes gehen noch
bis ins 17. und 18. Jahrh. herab. Die Schrambergischen,
Rotweilischen Denkmäler haben noch spät ûrhauen, nach-
bûrschaft, hûsgenossen, ûsgenommen, bûsfrowen, bûsrat, ze
Hûsen uf Verenen. Das Rotenmünst. Urbar hat noch
a. 1551 alle û; das Zitglöggl. ebenfalls. Ebenso Wendelsheimer Urkunden; auch Walter Ryff gebrauchet noch häufig
û neben au.

Eigen ist es mit ûcht, ûchtwaid, auchtet u. s. w. dem
echt alem. Wort, dessen û got. û entspricht. Nebenbei erscheint ue, uo: Uechtland; mhd. uohte, ahd. uohta. Ich
setze für das rechtsrhein. Gebiet û an; denn die nördlich-
sten Belege lauten Auchtet, Auchtert.

Grieshabers oberrheinische Chronik hat Friburg im
Ouchtlant und Oechtlant (S. 34). Vergl. Weinhold S. 85.
Schmid 31.

Der Umlaut von û ist û; eigentüml. Umlaut in der
Baar ist: mi deuret etwas, mich dauert etwas; də dûreşt,
mi, am See.

Der badische Schwarzwaldalemanne spricht û und sei-
nen Umlaut beinahe wie û also gleich aus. Der echte
Schwabe hat ou, der fränk. Alemanne au. Kurze Aus-
sprache des û tritt oft ein, wie bei i: a sûbbers Mensch,
Waldburg. Sieh oben bûrren. Kûtter, kûtti (Bodensee.
Breisgau), sieh oben Kût.

Die erste Steigerung von u — iu.

Im Mittelalter dürfte dafür nur û höfisch gesprochen
worden sein. Bis heute erstreckt sich dieselbe Aussprache
spurenweise bis an die fränkisch-alemannische Grenze: stûr

(Steuer), fûr neben fûr (Feuer), schûr neben schûr (Scheuer), g'sprûr (Spreuer); das Adj. fûrig neben fûrig. In Waldburg im Allgäu ebenso: fûrgabel; in Lautenbach bei Schramberg echt linksrheinisch Krûzer, wogegen die Schramberger Kreuzer eingeführt haben. Die Villinger (b. Rotweil) heifsen im Volkswitze Kchrûzvogel; Schrambergisch aber Kreuzvögel; duor itt so grûle! (gräulich) Allgäu. Waldburg; s' grûlet mir, eckelt mich an a. a. O.; schû (scheu, schüchtern) a. a. O.; arme lût sûfzə in krûz und lida gar grûle a. a. O. Ganz ebenso auf dem kleinen Heuberg und auf dem grofsen bis nach Horb. In Altheim sagen sie noch drû (drei), fûcht (feucht), lût (Leute), dûr (teuer), grûba (gereut), lûten u. s. w. verlûmbda (verleumden) Horgen; das allgäuische sûra (pustulae) erstreckt sich herüber bis Rippoldsau. Das alte Bûren in Ortsnamen: d'Meggabûrer (Tettnang), d'Oberştbûrer (Oggelsbeurer) u. s. w. Charakteristisch ist zûstig (Zius-tag), zistig, zeistig (Tuttl.), zeĩstig schon nasaliert in dem eine Stunde entfernten Nendingen. Freilich läfst die reine Aussprache nördlicherseits viel zu wünschen übrig; es gleicht mehr dem û. Auch hier macht sich öfter unorganisch alte Kürze geltend: hûlla (heulen) Höhenschwand; grûlle (gräulich), fûrrli (Feuerlein) u. s. w. rûtti (Feldberg), Almandstück. Die Constanzer Schirmred hat birren (heuraten), unverbirret. Die alemannischen Schriften, besonders Urkunden belegen û zallos; man darf nur die Monum. Zoll. und Hohenb. aufschlagen. In der Regel die alten Kürzen darin gegen das Gesetz erkennbar. gezûggnûst 1347. ze Bûrron, ze Bûrren 1348 neben Burron (Beuron im Donautal) 1306. Mon. Zoll. bûllen (Beulen) cgm. 247 f. 7ª. sûren cgm. 736 f. 7ᵇ. was nût und nagel nitt heit. Schramberg. Briefe 16. Jahrh. der cgm. 384 hat trûben, sûden u. s. w. Zûnstag schreiben schon alte Urkunden. in ein sûttig heifs bad, Dieth. Keller, Keyserb. 334. knûbs hoch, Weist. IV, 51.

Andere alemannische Gegenden, wie Ebenweiler der Ausläufer des Allgäus haben noch einen Nachlaut ə; also diphtongisieren sie: ziəg (Zeug), hiər (heuer), schiər (Scheuer), fiər (Feuer), friənd (Freund), niənzē (neunzehen), schiə (scheu) auch in der Rotweiler Gegend (Horgen); in Saulgau kníel (Kneuel) u. s. w. liechter (Leuchter). Reines ia sagen die Leute sei pietistisch um des Wortes Nachdruck recht zu äufsern: z. B. liabe. — iə entspräche also der Schreibung io, iu mehr.

Echt alemannisch ist û, verdichtet aus iu. Noch in der Rotenburger Gegend sagt man fûr, schûr, dûfel (Teufel), fûrloch, fûrgabel; besonders in Zeitwörtern. mi frûts (friert's), i bût 'm s' ä (biete es ihm an); knûbla (knien); in Binsdorf knûb (Knie); noch in Bondorf sû (sie), drû (drei); in Deifslingen schnûza (schneutzen), nûbbacha (neubachen) bis Wurml. in Hailfingen oberhalb Rotenburg blûmûle (Walkmûhle); ja sogar so alt herkömmlich ist dieses û zwischen Rotenburg, Nagold, dafs benachbarte Ortschaften seit Alters spotten: a Bondorfer Weib ist a Sû; ein Wortspiel zwischen Sau, Schwein und dem Demonstr. pron. sie (althd. siu); flûg, Fliege, Binsdorf; in der Baar und an andern alemann. Orten haben sie schwäbisches ui wieder: fuir, gruiba, nui u. s. w. So hat das Allgäu ûr = euer neben luiga, lûgen. a nuis hûs, Amtzell, Allgäu; zuig, fluig, gruiba, Suira, struir, buitst u. s. w. Der alemannisch häufige Ortsname Neufra b. Rotweil, bei Leipferdingen, an der Enz, bei Salem, bei Gamertingen u. s. w. wird bald Nûfra, bald Nuifra, bald Nûfra ausgesprochen. Für das N. an der Enz hat der Cod. Hirsaug. Nieueren, Nievern pag. 33. 35. 95. 96 (1186 Mone Zt. I, 106) de Niuferon 1189. Andere Formen: Nivurun, Nuivran, Nûfron, Nûfren, Nifren (1171—1299). Mone I, 323. Nvferon 1204. 1225. Dietr. de Niunveron 1244. Mone II, 217. Nievern 1281. II, 217. Auch im Thurgau oberhalb Stammheim ein Geschlecht de Nûfron. Mone Zt. III, 230. Nûvron 1283. Ueber diese Verdichtung û f. iu sieh Weinhold §. 47. Pfeiffer Arzneibûcher S. 5 ff.: rûden, zûhit, crûtern u. s. w. Vorarlberg. Urkunden bei Joller: drûzchen hundert 1309. in dem nûnden-jare 1218 (S. 31) Lûtgart öfter; noch in Bebenhaus. Urkd. Mone 13, 103. Das Rotweiler Stadtr. hat û.

Das Habsb. Urbar hat die pron. und adjekt. iu sorgfältig bewahrt.

Eigentümlich ist Nuakilch f. Neukirch b. Tettnang. Die alten Urkunden und Texte alem. Ursprungs bezeichnen die u mit ů und die iu mit ů; so der cgm. 6 (1362 Legenda Aurea).

Der neuhochdeutschen Aussprache des iu — î entsprechen schon die Formen: genissen bei Brunswick f. 312ª und eine Reihe anderer, die sich jedoch meist auf das Elsafs beschränken. Das heutige Liptingen b. Stockach heifst urkundlich 806 (St. Gall. Urkdb. 190) Liubdeinga. de Luobtingen, Mone Zt. I, 335. Liubitingen 1220. Luptingen 1240. Lippertsreute (Salem), Liuprechtsriuti Mone Zt. II, 75.

Allen übrigen Alemannen klingt als unerhört ui in luibst mi; 's gschicht 'm a luih = Lieb (= bequem); O. N. Luibistoï Liebenstein, im Allgäu. —

Ganz zu e, ê herabgesunken begegnet iu z. B. hie und da um Rotweil: knê (genu), nê (neun), schnêza (schneuzen), frêd (Freund). Ganz besonders trifft die Regel das wie (alt hwêo): we v.l sond'r kind? ear haot geld we loub u. s. w.

Eine durchaus echt alemannische Eigenheit ist, dafs mittelhochd. iu in ei, eu verwandelt wird. Vgl. Schweizer-Sidler in Kuhn's Zt. 13, 380. Schlagwort ist kneu (genu), Höhenschwand; uff da kneia im Sundgau. chneupletz, ein dünner Kuchenteig. Rochholz, Kinderlied 127. knöu Schweizer-Sidler a. a. O. Um Rotweil knei, kneiben (Deifslingen), fleiga (Fliegen), fleigawadd.l; steiffvater (Baar), daher gehört neisen (naschen), neiser, neisig u. s. w. Im Davos: dem d' chneu gezittert hain. Bergmann Beiträge (2º) 138. Ein Wort bietzen = nähen, flicken, echt alemannisch heifst um St. Blasien daneben beitzen, beutzen; Bettziech heifst da bettzeucha Daher gehört der alem. O. N. Beitzkofen (Göge) urkdl. Buezekoven 1263. Mone Zt. I, 76. Bûzikoven 1295 (80). Bizinhovin, Biucichovin (I, 338), Biuzekouen 1282. — Ganz so im Wisental: anechneut.

Schriftliche Zeugnisse. Forer hat kneuw, steir (Stier) f. 116ª. auf die kneuw. Keller's Keyserbuch S. 50. Die

Strafsburgischen Polizeiorduungen und andere Schriften bewahren ei: fafszeiher u. s. w. Noch Reuschel, Hippopronia, Strafsb. 1599 hat zeihen = ziehen, zeihe die inn die höhe u. s. w. In den Jahreszahlen der Urkunden erscheint frühe dreuhundert, dreuzehen; allein die Fälle sind selten und die zwei Documente in den Mon. Hohenb. 326. 327 gehören über die Grenze nach Augsburg. Der cgm. 736 f. 36*b* hat creucifix. Das Neuw Test. (Froschouwer) hat verleuren, verlieren 77*a*. kneuw 83*a*. kneuwet 54*a*. zerbleuweten 74*a*. schreuwen 63*b*. sic schreuwen und sprachen 12*b*. verleurt, III. Ps. Sing. 6*a*. nateurlich 25*b*. Die Legende von Karl M. 16. Jahrh. Mitteil. der Antiq. Gesellschaft in Zürich III, 4 ff. hat leybe (Liebe), vodreissen (verdriefsen), zeirt (Zierde); sogar die redupliz. Verba weisen statt ia ein ei auf, was zur Vergleichung hier genannt werden soll: leyss (liefs), heyss (hiefs), heyltend (hielten), steiss (stiefs) u. s. w. Vergl. Fedor Bech z. Hohenlied (elsäfs.) in Pfeiffers Germ. 9, 359. Hildebrand im Grimm'schen Wb. V, 1661. 2, *c*.

Dem alten eo (eu, iu) entspricht ô in Dôdriss = St. Theodorichs, d. h. Kapelle b. Rottenburg. Dödrissäcker.

Die bairische Sprache hat schon frühe iu in ei und jetzt in ai umgewandelt.

Zweite Steigerung des u — áu.

In der Aussprache des alten áu gehen Alemannen und Schwaben mit einander. Einerseits wahren die Alemannen den alten Doppellaut, wo ihn schon das Althochdeutsche einbüfst; anderseits entbehren sie des Doppellauts, wo ihn die Schriftsprache heute noch hat, sowie das Althochdeutsche und Mittelhochdeutsche. Steht das wurzelhafte áu vor h, r, n und den Zahnlauten d, t, z, s, so wird es althochdeutsch schon ô: ôdi, rôt, kôz, lôs, hôch, ôra, lôn u. s. w. In diesem Falle haben wir alemannisch und teilweise schwäbisch den Doppellaut gewahrt: d'fraû die Frohne; Frohndienst; fraûna, frohnen; laû, Lohn; laûna, Ztw. baûna, Bohnen; sûbaûna, Saubohnen; ûdank ist der wealt laû; baraû, Baron, der schuoster ist a bechbaraû.

uff der ebni schaůu-mi nitt und da berg nab dreib mi nitt,
sagt das Pferd. Deifslingen.

Noch die Durlacher Ordnung v. 1536 (Mone Zt. 18,
52) hat loun, Lohn.

Wo man den Nasal vermeiden will, sprechen die
Leute fraona, schaona, baona, lao; im Allgäu oft geradezu
reines ô: lô, Lohn (Tettnang). Oder man hört u, uo,
zům, růmma, bům Pl. zům, bům, trům. Im Bregenzer
Hinterwald luo, kruo, Lohn, Krone (Felder).

- In diesen Fällen haben die Baiern geschärfte an altes
kurzes ŏ erinnernde Aussprache: kronne, lonn, baronn,
bonna u. s. w. oder a.

Vor m pflegt stets alem. o zu stehen und ganz geschärft kurz wie bairisches o (áu) vor n gesprochen zu
werden. Ich nehme als Schlagwort alem. bomm (Baum),
das urkundlich und mündlich besonders hervortritt. Es
geht vom Feldberg bis Gernsbach, Loffenau, Wildbad, wo
ein Wald bei da sibba bomm heifst; ebenso im Allgäu:
wisbomm und wizbomm, Waldburg, Weingarten; bomm-
stark, ebenda. Bommwirt (Wangen), griefsibomm, äpfel-
bomm a. a. O. Bommen heifst ein Weiler b. Sonthofen;
Bomms, Bommsland, sind um Weingarten sog. Růtina, d. h.
mit Obstbäumen bepflanzte Almandstücke; endlich heifsen
so die Baumpflanzungen überhaupt (Schmalegg u. s. w.).
Der O. N. Bomms bei Saulgau wird dasselbe sein. Bömm,
St Blasien; in drei bömma, Drasadinger Flurname. Besonders in Doddabomm, das bis Hohentengen und die Alb
hinunter kurz gesprochen wird. Ebenso in der Baar,
Wurmlingen, bomm, verbomma, vergaumen; noch in Un-
terrot, der schwäb. alem. Grenze am Illertal sprechen sie
bomm; von da ab nimmer mehr. Schriftliche Belege: holz
und bomme. Monum. Zoll. 1343. S. 160. zů den siben
bommen 1268 (Wildberg). birenbommen, bei Brunswick
f. 231ᵃ. Daneben erscheint natürlich mehr hochdeutsch:
zů den siben boumen (Wildberg.) 1268. (Sieh vorher).
Eine andere Form desselben Wortes erscheint als bôn-,
besonders in Zusammensetzungen. Vergl. Haupt's Zt. 4,
548, wohin auch trôn (Traum) heute noch in Waldburg

und alt in Diutisca 3, 6, Pfeiff. Germ. III, 150 vorkommend zu zählen ist. Das Freiburger Statutarr. heifst den Familienstammbaum einen sippbaftigen bom f. 77*b*.

Die vielen urkundlichen bôngarten mögen hier erwähnt werden. (Das Habab. Urbar). Ein anderes Schlagwort ist gomma, mhd. goumen wachen, hüten; sieh Wb. gommede, eine von den Haushütenden zubereitete Speise (Waldburg). Ebenso geben: verbommen (vergomen, -gaumen), der domma (Daumen), pflomma (Pflaumen), versomma (versäumen), schomm, äschomma (Schaum, abschäumen) u. s. w.

Das alte Doumbach (urkundlich) Ob. A. Freudenstadt zugleich der Name der Höhe und des Baches heifst heute Thonbach. Das Rotw. Stadtr. hat lônn = Lohn. ô für áu mufs sich auch vor den Lippenlauten alemannisch schon frühe angesetzt haben, so wurde schon im 13. Jahrh. in den Bodenseegegenden regelmäfsig urlôb, hôbet, lôf nicht nur geschrieben, sondern gewifs auch gesprochen. Pfeiffer in s. German. III, 66. Diesem Uebergang des ou in o entspricht â = au in der österr. bairisch. Mundart u. a. O. Einzelne Beispiele wie verkâffen bei Brunswick f. 46*b* können nichts für das Alemannische beweisen. — Im Worte Haupt erhielt sich ô bis heute, z. B. in Furtwangen, Göge. Baar. bôppneten, pflegelhôpt, ebenfalls kurz gesprochen; gegen den mittlern Nekar hin noch üblich neben Haupt; fürbôpta, Oefinger Flurname, Baar. hoptstüdel, capulum; Vocab. 57 (Donauesch.). Die Handschriften des Habsburger Urbars haben rôchhaber 235. 20. 23. rôfet 141, 3. lôpschaf 130. 18. sôm, sôme 238. 16. 229. 7. 235, 32. Weitere Beispiele sagt Pfeiffer in der Germ. III, 67 kann die nächste beste Urkundensammlung die Fülle liefern. Des Teufels Netz: ôch, fürkôffen, berôben, glôben, ôgenblick, enthôpten u. s. w. cgm. 358: bôm, ôgenblick, tôf u. s. w. brôtlôben, Rotweil. Stadtrecht. Der cgm. 384 hat lôch (Lauch) oft f. 25*a*. des lôches trink, lôches saft, wirôch f. 42*a*. bezôbra f. 65*a*. Am Lechrain haben sie es schwäbisch ebenfalls ôga, kôfa, lôb u. s. w.

Hauslentner, schwäb. Archiv II, 249 hat schon im vorigen Jahrh. auf hopt, hopnet, a höpple Vieh aufmerksam gemacht.

Auch der alem. O. N. Baohòtta, Bachhaupten (Ostrach) mufs hiehergestellt werden. Für das linksrhein. Gebiet bringt Stalder I, 22 Beispiele. Der elsäss. cgm. 6 hat ögestes f. 17ᵇ. Wie genau heute noch die alem. Mundart zu scheiden sucht, ersieht man aus dem Namen Fronhofen, dem Gottesacker v. Wehingen; einstige uralte Pfarrkirche; die Leute sprechen genau Fröhofen; daneben aber fraúna, öffentliche Gemeindedienste tun müssen. Fronhofen ist altes Frauenhofen (Kloster); ganz desselben Ursprungs wie das St. Blasische Fronloch. Mizaldus-Henisch haben noch Ostern f. Austern. S. 72. Sieh Grimm Wb. s. v.

Die Umlaute zu den bisherigen Beispielen sind ebenso einfach oder doppellautlich. Wo laũ = Lohn bräuchig heifst der Pl. leĩ, z. B. auf dem Heuberg, obern Donautal; Nendingen; schei, schön; deiffa; döfa, taufen; wo der Nasenlaut fehlt, haben sie ä: a schäs häss (schöne Kleider), Waldburg; a schäs floasch u. s. w. Allgäu auch ei: leibele von Laube. Die schriftlichen Belege erscheinen mit ö, oi geschrieben: glöibigen, fröilen, böiggen; underköiffer, köife, höipter (Basler Rechtsquell.). Clausen von Loeffen (Nicol. von Lauffen) list man bei Nicol. von Basel S. 58 und oft.

Am Kaiserstuhl haben sie oi burgundisch-alemannisch für ou, au: vorchoiffen, loiffen ganz wie die Urkantone.

Geiler's Evangel. Buch hat den Umlaut entheupten f. 201ᵃ. Das Rotw. Stadtr. schreibt den Umlaut eu.

Vor den Zungenlauten wurde bekanntlich althochdeutsch schon áu zu o; hier hat das Alemannische altes ou gewahrt in Schrift und Volksmund. Obenan ist Gaossa, Gofsheim, O. N. (Heuberg) zu stellen, urkundlich Caozesheim oder Còzesheim 792. Haupt Zt. 7, 570. Oustertag, Mon. Zoll. I, No. 429 (1393). Grauf Oustertag (1397) u.s.w. nach irem toude 1331. No. 377 (a. a. O.). Eine Salmannsweiler Glosse, Mone Anz. IV, 234: plictor, ein toutengraber. der acker stousset uff den graben; stousset an Höschlis geaäfs, an des Routin wisun u. s. w. Mon. Hohenberg.

593 (1373); trwlous, erlous 1410. Zoll. M. kraftlous 1411.
ledig und lous 1418; toude, Dat. (1381) mit toud abgåt
1531, der toud, zů toude erschlug u. s. w. Mitteil. d. Antiq. Gesellschaft in Zürich II, 42. 43. VII, 123. groufs ellend. Lintgarts Leb. 453*a*. Rotweil und Rotenburg (spr.
ao) lauten Routwil, Routenburg 1330. 1335.

Der Cod. palat. 346: bousheit, louʒ, mit groufser ritterschaft u. s. w. Die Hs. germ. Mus. 20291: stoussen,
halb blous, stoufs das höpt u. s. w. our, cgm. 384 f. 26.
32*a*. Wie vor m erscheint o vor t geschärft gesprochen
worden zu sein: Rottenburg; Rottenmünster, Rottenstaigle;
bi einer Rott-dannen; 1579. Rottenweyer (Rotweilische
Schriften).

Vor h (ch), und r, w: N. de Houmburg 1216. Mon.
Hohenb No. 23. N. de Houhenburg 1213. No. 21. Houchenzolr 1413. Mon. Zoll. strouw, strauw, Wst. IV, 42.
274. — Vergl. Augsb. Wb. 361*b*. Auch hier ist der Umlaut ei: deib, verdeiba (verdauen), fréielc (Fräulein), fréielinn u. s. w. beis (böse), leisa (lösen), greisse, erleisa; gegen die fränk. Grenze ai: bais, laisa. Im obern Inntal bis
Landeck è: 'r håt mi gfrèbt, gfröbt u. s. w. Vergl. jungfrèlen, frèdt, aufgleff cgm. 437.

Während die Alemannen am See, am Oberrhein gerne
vor Zungenbuchstaben, vor h, r, w, ou sprechen: blou,
groufs, grou, jungfrou (Kranzeljungfrau) im ougʃta, brousemen, lous (Schwein) haben die im Lierbachtal, bei Allerheiligen å als ob es à wäre: gråfs, bråt, frå und sprechen die von Ebenweiler klåa (Klaue).

Die echten Schwaben scheiden sich strenge von den
Alemannen, sie haben åə: groafs, jungfråə u. s. w. Vor
den Lippenbuchstaben haben sie beinahe alem. ou, während
die Franken o, die Baiern a haben.

Mangel des Umlautes, unorganischer Umlaut findet
sich bei au, ebenso wie bei a, o, u; besonders kann man
es bei Schriften des 16. Jahrh. bunt neben einander sehen:
erlostest, boslich, trostest, horen (bekorer sogar); Zitglöggl.
die St. Georger Hs. b. Mone Anzeig. 8, 505: houhste,
schouni, irlouser, vrouliche, nouten, troust, bousewicht,

schounste u. s. w. Der Umlaut: froilich, loise, hoichi (a. a. O.); gout und geit neben einander üblich (= Ente).

Ein au entstand aus ag in baslerischen und benachbarten Denkmälern: mederthauwen, höwer thauwen 1539. S. 371. Basler Rechtsquell. So sol er von der müli und den ackheren von jedem thauwen tun u. s. w. 1611. II, 114 a. a. O.

Ou zu ə herabgesunken: schlittla, Schnittlauch. Feldberg.

ô = au in Lindauer Schriften: Laimnô, Elmô, Bettnô, Bätznô, Apflô, Hiengnô, Selbnô, Vnderayttnô u. s. w. für au. Nicht für au stehen die alem. oi, oy in Fastenoy (Sonthofen), Einöde; Oy, Dorf. Oymühle, Gundsoy; Bisseroy, Weiler. Das alemann. schomm heifst anderwärts schwoim.

Eigentümlich ist, dafs sich im Laufe der Zeit gewisse Wörter dem Gesetze der Volkssprache entzogen und ô, (hochdeutsch) behielten; ich meine grofs, Brot, rot, Rose u. s. w. Auf Grund dieser Aussprache machen Seealemannen sogar ihre Nachbarn lächerlich, welche diphtongisch oa sprechen. — Das Wort brot schreibt der Spiegel der Behaltnus (Basel) brott, brottes und so fast alle alem. Schriften; brout fand ich nie.

IV.

Consonanten.

L, M, N, R.

L.

Der Wechsel von r und l spielt im Alemannischen eine grofse Rolle im An-, In- und Auslaute in einheimischen und eingebürgerten Wörtern. Vor allem bemerken wir schr und schl anlautend bald neben einander, bald für einander gebraucht: schranz und schlanz, scissura vestis. Sieh Wb. und Weinhold S. 162. Dem krangel, Streit, Wirrwarr am mittlern Nekar entspricht im Bregenzer Hinterwald klangl. Das heutige Pfrundorf bei Nagold heifst urkundlich Phlundorf: curiam nostram in Phlundorf. 1277. Mon. Zoll. 74. A. 1281 (No. 90) erscheint es wieder als Phrundorf. kremmen und klemmen (sw. v.) gebrauchen die Alemannen oft neben einander für zwicken, drücken, wie schon das mhd. Wb. I, 842ᵃ es aufweist. Lachmann, Anmerkungen zu Nib. S. 10. Vgl. ferner mhd. krimpfen und klimpfen; schles. klamp, hochd. krampf.

Im Inlaute. Der alte Karpfenberg in der Baar erscheint urkundlich als Kalphen bei Hûsen 1302, Neugart Cod. II, 359. Schon 1050 Calphen; 1090 de Calphe. Kalphin. Pertz, Mon. II, 39. Mone, Quellens. I, 308. Arx: Calapha, Sigebardus de Kalphen. Cod. Hirsaug. Quellens. II, 184. 217. Maulburg bei Schopfheim heifst urkundlich Mûrperch, villa publica, 786. (St. Galler Urkdb. 105) Mülberch, Mülberg 13. Jahrh. Mone Zt. 2, 497. IV, 234. 362. 8, 307. Der Ortsname Amerigschwand heifst urkundlich Amelgeswand. Mone Zt. 6, 103. Gerlingen urkundl. Gerringen 1300. Mone Zt. 15, 113. Der uralte Ortsname Wurmlingen bei Tuttlingen und bei Rotenburg wechselt mit r und l ab. Wurmaringas, Wurmaringen, Wurmelingen

(Tuttl.); Wormeringen (1263) sind die am häufigsten vorkommenden Formen. Tegerstein neben Tegelstein, eine urkundliche Oertlichkeit bei Lindau. Der alte alem. Personenname Folkolt (sieh S. 16) erhielt sich heute noch als Volkertshausen; urkundl. Volcholtshûsen 1249. Mone, Zt. II, 83. Schwäblinshausen am Andelsbach urk. 1264: Hugo de Schwaberichshusen u. s. w. In das Wort Heistilingauwe (805) hat sich später ein r geschlichen, nämlich der Ueberrest des alem. Gaues um Waldsee ist Heisterkirch. Der alte Calverbühl bei Dettingen (Rotenb.) heifst heute Karpfenbühl, wie oben Karpfenberg. Bei Althengstetten ist der Teferberg urk. 1381. Mone 9, 102, jetzt Täfelberg. Tafelschweiler O. N. und Tafertsweiler urk. — Tigerfeld auf der Alb hiefs urkundlich Tigelfeld. Dem Hudel entspricht bei Ulrich d. T. huderwat. V. 2231.

An diese alten Stellen schliefsen sich vom Volksmunde folgende an: hårgele für hålgele für Heiligenbildchen; Bodensee. Hårgental O. N. neben Hålgental. Agalster neben Agerster sieh Wb. Angerschen neben Angleschen sieh Wb. Almut, armut Weist. IV, 286 hat sich da und dort volkstümlich erhalten. In Wurmlingen erhielt sich dagegen r in übedrdörpelt, übervorteilt.

Das aus dem Italienischen herübergenommene Wort Scharmützel (Weigand II, 562) erscheint schon frühe mit l bei alem. Schriftstellern. So bei Tschudi, Letsch, Constanzer Chronik, Mone Quellens. II, 45ª: mit schalmutzen.

Das Hauptschlagwort ist das aus dem griechischen Kirchentum nach Deutschland verpflanzte kilche ($\kappa\nu\varrho\iota\alpha\kappa\eta$). Neben dem Chilicha der Sanktgaller (Weinhold S. 162) treffen wir im 9. Jahrh. ad Nuichilchun (861) bei Neugart Cod. Diplom. 402. Es ist Neunkirch im Klettgau. Daneben ad Liutchirichun 848. St. Galler Urkdb. 405. Poleschirichun 855 No. 445. Lutpoldeskirichun 857 No. 455. in Chiricheim 865 No. 534. 886. in Waldchirichun marche 879 No. 611. in loco Feldchiricha 909.

Im 12. Jahrh. überwiegt l: Eberhardus comes de Chilioberg 1142. Mou. Zoll. I, S. 12. Hartmannus de Chilchpero 1160 a. a. O. Wieder dabei Kirchberg 1170. Mon

Hohenb. I, 1. Chilchberg 1183. Mon. Zoll. 1. 34. Comites de Chilchperc 1185 a. a. O. No. 36. Curtem de Chilchhoven 1139. 14. April. Herrgott I, 162. Trouillat I, 274. Waltchilicha. Rotel. 1113. Mone Zt. 21, 102.

13. Jahrh. Hier überwuchert l das r ganz in userm Worte. Mesechilchi 1202. Mone Zt. I, 325. 328; ebenso v. 1261: Messechilch a. a. o. v. 1211. Liutechilche, Mone I, 343. 3, 460. Veltchilechen 1222. Beiträge zur krit. Gesch. Vorarlbergs 1853, 2°. S. 64. ecclesia parochialis Chilchperc 1254. Episcop. Const. I, 1, 629. N. Capellanus dictus de Kilwilar 1255. Mon. Zoll. S. 72. Conventus sororum in Kilperch 1270. S. 88. Meskilhe 1296. S. 103. Oberkilche sive Boltringen. O. N. 1299. Bebenhaus. Urkd. Mone 15, 86. In den Mon. Zoll. I steht Kilperg noch v. 1237. 1246. 1253. 1250. 1260 u. s. w.

Auch Zusammensetzung: Kilchensatz 1277. Mon. Zoll. No. 77.

14. Jahrhundert. Die heutige Flur nördlich am Wurmlinger Bergabhang Kirchholz erscheint a. 1301, im Archivium Wurmlinganum: vinea sita in loco dicto Kilchholz. Lenzkilch 1316. Mone 12, 228. Obernkilch (oben) erscheint öfter wieder. Mone 14, 341. Grave Friedrich von Zollre Kilchherre derselben Kilchen 1352. Mon. Zoll. an der nidrun Kilchun 1352 a. a. O. dû Kilch zû Wilhan, dû Kilch ze Schlat; und dû Kilch ze Oberstetten 1362 a. a. o. an Sant Afrun Altar in der nidern Kilchen 1381. Das Kloster Kilchberg bei Haigerloch erscheint urkundlich unzähligemal wieder nur mit l geschrieben. Des klosters ze Kilchberg 1352 (Mon. Zoll.). Killperg 1383 u. s. w. Messkilch in der Ueberlinger Spitalordn. von 1362. Mone Zt. 12, 47. der kilhuu ze Pfullingen 1314. Mon. Zoll. Ein Rotenb. Urkd. 1380 hat kilchun zweimal. Häufiger werden in diesem Jahrhundert die Zusammensetzungen: an dem nechsten Samstag nach der kalten kilwin. Basler Rechtsquell. I, 1, S. 27. kilchunsatz 1342, 1372 und oft in Zoll. Urkunden. ane die kilchun und den kilchunsatz 1355. liechtmaister und kilchunpfleger 1356. kilcherr 1372. 1313. 1325. kilchherr 1384. der kilchunsatz der kilchun ze Wald.

Glarner Hist. Jahrb. 2. Heft 151. kylchspell ze Torrenburren 1318 (Joller) an kilchsatzen 1388. ûf dem kilchreine sieh später. Tuomkilchen 1387. Kilwar 1377. Ebenso das Badener Stadtrecht. Die Belege liefsen sich in's Unendliche vermehren.

15. Jahrh. Aufser den schon genannten Ortsnamen, die ihre Schreibweise beibehalten, sind noch etwelche, die bisher alemannischen Urkunden nicht so geläufig. Die veste Altkilch 1443. Mone Zt. 7, 182. apud Ostra Huskilche 1476. Mone 9, 195. Hieran reihen sich die Beispile aus des Teufels Netz: ze allen kilchen, zû der kilchen gan, us der kilchen, kilwî, zû den kilwîin louffen, kilchtûr u. s. w. kilchzehenden, kilchmaiger, kilchenbrecher. Rotweiler Urkunden haben Messekûlch 1485. in die kûlchen 1485. Das Stadtrecht das ältere wie das jüngere des 16. Jahrh. haben waltkilch, belûten in die kilchen. Oheim: uf die kilwî baider kilchen S. 98. Grieshabers Chronik vom Oberrhein sowie die noch über das 15. Jahrh. hinausgehenden Schriften von Geiler, Seb. Brant, das Zitglögglin haben kilchof (oberrh. Chron.) kilche, kilchweih (Geiler, Evangelienbuch) kilchwîh (Seb. Brant), kilchengang, kilche (Zitzlögglin) u. s. w. Die Basler Rechtsquellen haben ûf dem kilchenreine 1401 (77). kilchhoff 1409 (90). St. Urli's kilchen 1469 (197). kilchspil 1494 (222). Ebenso bringen es die Weistümer IV: kilchhoff (6), Martinskilchen (17), kilchherrnrecht (a. a. O.), kilchwarter 23, Tamerkilch (28), killwart (28) u. s. w. Ebenso die alte Edlibacher Chronik kilbe (S. 42) vor kilby (44). Der alem. Vocab. 57 (Donauesch.) hat kilch, kilchoff, kilchenfenster, han uff der kilche, kûlchenbrichel u. s. w. f. 8^a. 8^b. 20^b u. s. w. Das Habsburger Urbar hat kilchensatz, kilchherre, kilchhoeri, kilchspel u. s. w. Aufser den Freiburger Urkunden haben die Freiburger Statuten, erneut 1520 kilche, kilchhof u. s. w. Der Meierrodel von 1433, Unoth I, 15 ff. hat kilchweg, kilchstig bei den Flurbestimmungen unzähligemal. Diefenbach, Nov. Gloss., teilt aus alem. Glossarien mit: kilchoff voc. 32 f. 96^b. kilchenfenster 160^b. kilchlich f. 143^b, wo Diefenbach auf den Wechsel des l und r aufmerksam macht.

— E. Sommer hat in der guten Frau (Haupt Zt. 2, 385 ff.) kilche gestrichen und kirche gesezt! —

Das 16. und 17. Jahrh. weist kilche in volkstümlichen Schriften sehr oft auf. Die Basler Rechtsquellen haben noch kilchgang 1533; kilchthüren a. a. O. Letsch's Constanzer Chronik (Mone, Quellens. II, 46 *b*) hat kilchwyhe, kilchenzürden S. 64 *b*. Neunkilch O. N. bei Rotweil; S. 65 *b*. Die Villinger Chronik (a. a. O. S. 89 *b*) kilchle, kilchof S. 103 *b*. kilchhörei haben die genannten Basler Rechtsquellen noch a. 1556 (II, 88) kilböri 1611. kilchmeier 1603. In einem Aktenstück von 1637 S. 539 ebenda muſs schon ein Beisatz gebraucht werden: auf kein kirchweyhe — kylwyh geheiſsen. Die Schramberger Schriften, die Rotweiler Wald- und Holzbücher haben wie die Lindauer l. Der Beschreiber der Landschaft Schaffhausen Rüger (Unoth I. Bd. 309 ff.) bleibt noch strenge bei l: kilchgnössig, pfarr- und kilchgnössig S. 312 wird zur hohen Kilchen genamset, S. 314 und oft.

Diesen urkundlichen Belegen entsprechen die mündlichen. Kilcha und Kilbe hört man in Furtwangen wie im Wisentale; und hier ist z. B. in Zusammensetzung Chilbebüch, Peterschilche so echt wie im Sundgau Chilbi; Chilbigiger. Kilke geht weit über den Schwarzwald hinab; ja sogar ohne daſs das Volk es weiſs heiſst das alte Kirchberg bei Tübingen heute nur Killberg; ein Kirchberg kennen sie dort nicht. Um Rotweil ist Kilka (Gölsdorf, Deiſslingen) Kilbe ganz volksüblich wie kilbig in Aldingen. Die Deiſslinger singen

    kilbi bleib dao, bleib dao
    kilbi bleib dao!
    's sind no 3 batza dao
    kilbi bleib dao!

Killwis ist ein Schömberger Flurname. Schramberg hat es ebenfalls. Im Argengau, Lenzgau nimmt es sehr ab im Volksmunde. Die alten alem. Wasserburger sagten: in d' kilcha gan. Neukirch am See heiſsen sie Nuakill oder Kill schlechthin; ebenso Eriskill (Eriskirch). Kill beurteilt das Volk selbst als altem Herkommen gemäſs gesprochen;

während sie schon Kilch sagen und meinen es sei moderner, während die junge Generation Kirch bereits einführt. Ebenso reicht kilch bis Aulendorf; der Hinterwald hat es noch. — Die Flurnamen des Standes Schaffhausen weisen unser Gesetz oft auf. Chilchstette (Beggingen), Chilchefeld (Opferzhofen), Chilcharâ (Schleitheim), Chilchstig (Trasadingen), Chilchagraba, Chilchaweg (Unterhallau), Chilchagründli (Merishausen) u. s. w.

Die alem. Allerweltschilbe ist am 3. Sonntag im Oktober.

Auslautend und in Ableitungen erscheint gerne alem. l statt r. Zu den bereits oben genannten Ortsnamen kommen die Ableitungen. Hammer- und Hammelmoos, Wehinger Flurname; das Urbar: eine wis die Hammerna und jetzo Hammelwis u. s. w. das pfarrwidum Hammelwis. Der heutige Ortsname Gruol (zollerisch) heifst urkundlich Gruorn 1311. Mon. Hohenb. 221. Vergl. Wb. s. v. Witthau. Im Worte Triel in der Hagenbachischen Reimchronik, Mone Quells. III, 287a bei Oheim 115, haben wir die Stadt Trier; ganz darnach geht priol, priolin 1369. Mon. Zoll. der Priolinin 1352. Mon. Hohenb. 1300 No. 184 und noch oft. Auch im Leben Liutgarts steht briolin. Desgleichen im Vocab. teut. lat. Donauesch. 57: priol. — burgelschaft ad 1552. Mon. Hohenb. S. 500. Das Bebenhaus. Passional hat kärkl (1439). Der Wechsel von r und l in Mörser, Mörsel beruht schon im althochd. morsari und morsali; cgm. 384 f. 51b. morsel, f. 62b. morselstain. Ebenso hat des Teufels Netz morselstein (9892). raigel (1280). Das Zitglöggl. kerkel f. 79a. cörpel, Hist. Volkslieder II, 33, 10; wie in Rueffs Adam und Heva. In Liutgarts Leben kommt kener und kenel vor f. 450. Grimm-Hildebrand Wb. V, 161. 4: kenner ist alemannisch neben schweiz. kenel. Gramm. II, 119. der tretz in fünf kenner. Constanzer Chronik bei Mone Quells. I, 346b. Ein alem. Vocabularius b. Diefenbach Nov. Gloss. s. v. casula hat messacher für das gewönliche messachel. Ganz so erklärt sich das echt alemannische girtel und gertel, sieh Wb.; schröter und schrötel (Hinterwald) in Hornschrötel; das standel, ständel für Kinderwagen zum Gehenlernen

heifst auf dem Heuberg schlechthin Stander. weser neben
wesel; mesel, wisel, sieh Wb. Im alten Lenzergebiete
haben sie r; in der Baar l bei diesem Adjectivum. Statt
Wehr sagen die Heuberger wuor, uor, die Leutkircher
Grenzalemannen gegen das Illertal hin wuol, Oberstaufen
ebenso; statt Anger in der Baar angel, sûrangel, eine
Wise, Oefiugen. Fischanger und -el (Wurmlingen, R.),
anwandel, Ackernachbar für Anwander, aber selten; wogegen es in alten Urbarien häufig; z. B. im Donaueschinger Gültbuch v. 1438. In Ebenweiler lingar und lineal.
Die Zeitw. schlaudeln und schlaudern, schnodeln und
schnodern sind häufig. Im Wisentale sperbelouga statt
Sperbersaugen; echt alemannisch (Ebenweiler) ist ŝpruiel
statt ŝpruier, Spreuer; der Kifslegger Klosterrodel 45 hat
spreiwel. — Eine Wolfacher Ordnung v. 1470 (Mone Zt.
20, 46) hat das herkömmliche Kirchspiel mit kilchsper gegeben.

Ein Freiburger Ratsbeschlufs v. 1402 (Urkb. II, 177)
hat grempery = Gerempelwerk, wo eher n stehen dürfte.
Fischart grumpelmarkt. Vergl. Zarncke zu Brant S. 448
No. 78.

Wechsel des l und n zeigt sich bisweilen, doch bei
weitem seltener gegenüber dem von l und r. Der alemannisch-schwäbische Grenzort Sulmendingen heifst urkundlich Sunnimûtinga 853. Sûnemûtingen 1258. (Mone
Zt. 3, 69). Bierlingen, der alem. O. N. bei Horb heifst
urkundlich Pirningen, Petrus de Birningen 1291. Mon.
Zoll. S. 101. Birningen das dorf 1385. Das Wendelsheimer Pfarrurbar schreibt meinen Namen a. 1548 Birnin-
ger neben Birnlinger. Das heutige Hirrlingen ob Rotenburg heifst urkundlich Hûrningen 1394. Mon. Hohenb.
No. 775. Hurningen 1398. Rûdlingen, im Stand Schaffhausen urkdl. Ruodiningen 827 wozu der Herausgeber im
Unoth S. 4. 233 den Wechsel von l und n bemerklich
macht. Berlingen urkdl. Bersiningun 846. 1094. Löuin-
gen urkundl. im Kletgau spricht man Lonlingen. — Das
alte helvet. alem. Wirnaningun lautet heute Wirlingen. —
Pott, Personennamen 471 ff. Die oberrhein. Chronik von

Griesbaber S. 36 ff. schreibt Engenland oft für England.
Der cgm. 384 f. 81*a*: hassenoufs. Holzgerlingen an der
fränk. alem. Grenze heifst urkdl. Holzgirningen 1352. 1400.
Mon. Hohenb. No. 497. 798. Ober-Ifflingen (arae flaviae)
heifst urkdl. Ufeningen 1005. Ob. A. Beschreib. S. 279.
Das ahd. ganeistra scintillae heifst an einigen Orten der
Alb bis Ebingen gäloister. Das alte alem. pfulment =
Fundament, sieh Wb. — Augsb. Wb. 343.

Eigentümlicherweise hört man Namen für Fluren:
Santengraben neben Seltengraben (Baisingen), altes Schlacht-
feld. In Völkofen wohnt einer Namens Seltenstein, den
Niemand anders denn Sentenstein heifst. Der heutige
O. N. Bamlach lautet im Thennebacher Urbar 1341 (Hs.
Karlsruhe) Bamenach. Das sprechendste Zeugnis ist indefs Ueberlingen, das alte Yburninga. Im Anlaute wechseln l und n im Ortsnamen Nielen und Lielen (Birmens-
dorf) an der Strafse nach Bremgarten. Mone Zt. V, 109.

Assimilation. Obenan steht der Name des Einödho-
fes Bulliten für Burgleiten (Sonthofen); Hallwangen O. N.
urkdl. 1075: Haldenwanch; 1320: Haldewang. Freuden-
städter Ob. A. Beschreib. 243. Im Sundgau, Wisental ist
die Assimilation sehr gebräuchlich: so ball (bald), gellet
(geltet); sundgauisch (Oberlangen): boll (bald), soboll;
wäller, Wälder.

Verdoppelung des l erscheint nicht selten um den
vorausgehenden Vocal kurz und scharf in der Aussprache
zu bezeichnen. Sogar lange Vocale sollen damit oft als
kurz angezeigt werden: z. B. guot wfll (hveila, got.) cgm.
384 f. 3*b*. die wfll im Zitglöggl. Sieh unter î (oben). Die
ll im Rotweiler Stadtr. im Zitglöggl. habe ich in der
Sprache des R. St. S. 34 nambaft gemacht.

Ausfall von l. Hier mufs ich vor allem wieder auf
die uralten Ortsnamen mit — wilar zusammengesetzt aufmerksam machen. In einer päbstlichen Urkunde von 1179
Episc. Const. I, 1, 588 ist von Neugart (Mone?) bemerkt:
sunt plures villae in eadem praefectura quae weier appel-
lantur. Das heutige Ottersweier heifst Otterswilre 1148.
Mone Zt. I, 96. Remetswil urkundl. Reinboltswfler. Retsch-

weiler bei Saulgau urkundl. Reginoldsweiler, Reinboldsweiler Ob. A. Beschreibung v. Saulg. S. 321. Bemerkenswert ist ker = Keller, alem. neben kerr; fränkisch kern. Mone V, 192. Allgemeiner ist ass = als, also; aso, Weist. IV, 213. Pilgerbüchlein von Felix Faber S. 61. Vgl. Grimm Wb. III, 1157. l fehlt in Schwemmle, Swalawa ahd. Schwalbe; Ebenweiler (Swemmelin?); ferner in Agester und Agasteraug. Sieh Wb. Das ahd. chumil (chumin) heißt in Ebenweiler kimmi. — Im Anlaut fiel l ab in flachen, Leinlachen, St. Blasien. Höhenschwand.

Echt alemannisch ist der Ausfall des l in den Zeitw. sollen, wollen. Ich habe in Wbl. z. Volkst. 55 darauf aufmerksam gemacht. Die schriftlichen Belege stimmen noch ganz mit denen im Volksmunde. Infinit. sun, sollen 1352. Mon. Zoll.; sont, sollen sie 1370. So der cgm. 358. sottend, wottend; wot, wet u. s. w. Ebenso die Hs. des germ. Mus. 20291. Ulmer Urkunden weisen dieses Gesetz bis in's Ende des 15. Jahrh. auf; vgl. Flexionslehre.

In pfluchsen, niesen, Höhenschwand ist l eingeschoben.

Vgl. die eingestreuten alem. Lautgeseze des bair. Allgäu's im Augsb. Wb. S. 298—303.

R.

Dieser Halbvocal spilt im Alemannischen durch seine an's Niederdeutsche, Sächsische anstreifende Umsetzung eine Rolle. Im Elsässischen Hauptgesetz kommt sie rechtsrheinisch nicht selten auch vor; scheint auch früher viel verbreiteter gewesen zu sein. Das charakteristische Wort ist kriese = 1) wilde, 2) zahme Kirsche. Sieh Wb. Bis Freudenstadt, Forbach, Baden-Baden kann ich es spurenweise noch nachweisen; bei Rippoldsau ist der Wald Chriesihorn. Der Aldinger in der Baar hat kriesewasser für Kirchengeist. Ebenfalls lebt es noch in Schömberg. Sieh Wb. Wie kilche bestimmt es die alemannischen Grenzmarken. Eine andere nicht seltene Umsetzung ist dirte, der dritte, ich kann es mündlich heute nicht mehr nachweisen; schriftlich erhielt es sich unzäligemal und auch nur in Documenten die hart am Oberrhein, besonders

im Breisgauischen abgefaſst worden sind. uff die dirten
sprossen Weist. IV, 242. Der freilich mehr elsässische
cgm. 6 (München) hat es durchaus: die dirten werden ge-
urteilt; in der dirten vrôge f. 7*b*. — Stärker ist rechtsrheinisch verbreitet burne = Bronnen. Seebronn bei
Rotenburg a. N. heiſst urkundlich Seburn (1301). Mone
15, 116. burnen Wst. IV, S. 245. zů des küniges burnen
1264. Mone 15, 70. die burnen der wasser; den burnen
des ewigen lebens. Spiegel der Behaltnus. cgm. 384: born
f. 3*a*. burne, Oberrhein. Chronik v. Grieshaber 39. Bur-
nematte, Flurname 1360. Mone 13, 457. burne schreibt
auch Nicolaus von Basel. Der cgm. 6: ein burne mit
wasser f. 9*b*. ein tieffen burnen f. 13*b*. Ebenso bůrnen =
verbrennen, brennen. Der Spiegel der Behaltnus hat f. 11*a*:
in dem bůrnenden busche. so wir bůrnende kerzen tragend
f. 12*a*. Die Predigtmärlein: ein höllisch burn, one alles
bůrnen, die bůrnent mich u. s. w. Besonders reich sind
die Belege aus cgm. 6: so verbůrnet des mer f. 3*a*. so
verbůrnet himel f. 3*b*. die bůrnende welt f. 4*b*. das hůs
mit den heiligen verburnen f. 5*a*. es ensol kein licht in
dirre kirchen enburnen f. 8*a*. begunde das mer bůrnen
f. 9*a* u. s. w. In der heutigen Mundart kenne ich es nicht.
Das heutige bornatrog (Alsatia 1852 S. 85) würde rechtsrheinisch kaum verständlich sein. Ich erinnere hier an das
echt sächsische born; borre, eichsfeldisch; sächs. kest aus
kerst, kirst, Krist. burst — brust, borst; ags. hors. irnan
— rinnan; ferner bersten, bresten u. s. w.

Eine volkstümliche heute noch gangbare Umsetzung
in erget = Egert trifft man im sog. Hinterwald; im Ravensburgischen. Der O. N. Gernsbach ist urkdl. Genres-
pach 1297. Mone 12, 216. Altes r erhielt sich dann und
wann in schrirun bis ins 16. Jahrh. herab; wogegen in
kiesen s noch spät herein haften blieb. Das Rotweiler
(*α* und *β*) Stadtr. hat erkosene; erkieste leut 1577 (Rotweil); die Basler Rechtsquellen haben im 15. Jahrh. noch
s. Ein merkwürdiger Ueberrest scheint auch reckolter =
Wachholder zu sein. Sieh Wb. w dürfte abgefallen und
statt wrack- nur mehr rack-reck erhalten sein.

Birlinger, alem. Sprache. 7

Einer falschen volksetymologischen Art und Weise verdanken wir auch alemannisch verlurst, Verlust. Wie die Edlibacher Chronik S. 65 und öfter verlurst schreibt, so die Basler Rechtsquellen verlurstiget 1679. 1705. Anschliefsend hieran sind die rein willkürlichen, aber in Gebrauch allgemeiner geratenen r in hursten, Husten, was sogar das volkstümliche Receptbuch rein alemannischen Ursprungs Hs. 20, 291 im Germ. Mus. f. 9^b bringt: für den düren hursten. Andere Belege: heuströffel, Heustöffel, locusta; Wielandsweiler; lenzisch-alemannisches kramillen Kamillen, Saulgau, Haid; gerstern; karnone, carnaille; vergl. volksmäfsiges kartun, kartolisch, carnikel, carnalje, carnone, Grimm-Hildebrand Wb. V, 278. In der Baar sagen sie arzen = atzen. Auffallend ist r in den alten Superlativendungen -orst, erst, sieh Flexion.

In der Gegend von Furtwangen setzen sie in das franz. chandelles, das als Schandelliecht auf dem Schwarzwalde sehr verbreitet ist, schrandelliecht. In einzelnen Gegenden des Allgäus kommt werkhalter, juniperus vor: Ein Wechsel zwischen r und n ist in der alten Aussprache von Ravensburg zu erkennen: alte Leute sagten Rabersburg. Umsetzung oben.

Ausfall. In manchen Verbindungen sucht der Bregenzer Hinterwälder r stets auszumerzen: näsche, närrisch; im hebşt, im Herbst u. s. w. Das' Dehnen des voraufgehenden Vocals bei Ausfall des r: ät, bāt, Mät (Martha) ist schwäbisch-alemannisch; letz (link), mhd. lerz haben Schwaben und Alemannen. An der alem. Grenze gegen das Illertal: fend, fernd; dem dann breisgauisches (Freiburg) fendrich = voriges Jahr entspricht; vorfend (Roth) u. s. w. Echt alemannisch ist gŏtel und gĕter, sieh gerter, Wb., ebenso speissen = Spreifsen, Baar. Weilheim. Die Ebenweiler sagen Georg statt Chirurg. Der O. N. Guntmadingen im Kletgau lautet urkundl. Guntmardingen. Unoth S. 282. In gşpän, Spatze fiel r aus, so gesprochen bis Tübingen, wie auf dem Hinterwald: gşpāna, swm. Im Jahre 850 begegnet der dazu gehörige O. N. Sparawarestannon.

Statt fladen, erscheint im Ravensburgischen flärrla (Waldburg), was weniger Wechsel von r und d als ein ganz anderes Wort sein möchte. Es ist alemannisch, sieh Grimm Wb. III, 1724, unten. Bei Stalder I, 377. Das Volk hält es für Verhunzung von fladen.

Alliterierend: ruowen und rasten; Teufels Netz 1031. ruow noch rast 1440. reren und rynnen. Rotw. Stadtr.

M.

Im Anlaut begegnet m wo es heut nicht mehr vorkommt in Mortungouwa, Mortenaugia; Mortenowa (Ortenau) 1184. Episcop. Const. I, 2, 593. Bei Aulendorf ist der Mahlweiher oder Aalweiher. Aalenbach im Glotertal bei Freiburg, ein Bergwasser heifst urkundlich im Mallenbach, in Mallinbach 1113. Adelberg 1275 madelberg. Der alem. O. N. Orensbach urkdl. Morinesbach und Mörinsbach 1454. Schon 1588 Ohrensbach. Akams 1275 Makams. Morenspach 1563. Zt. 122. Der Wechsel in wir und mir ist allgemein süddeutsch. Wechsel zwischen w und m ist häufig: der alte kletgauische Ortsname Wunderklingen lautet 892: Mundichingen. Neugart cod. dipl. No. 599. Munichinga 912 a. a. O. No. 680. Das Dorf Mahlspüren b. Stockach lautete urkundlich bis in's Jahr 1580 Walspüren, -peuren zu Walchen gehörend. — Noch in Hildritzhausen bei Herrenberg ist mâ = was, wâ üblich: mâ witt? mâ = wo? Das buşper = heiter, munter, besonders nach einer Krankheit wieder hergestellt, das Hebel gebraucht, heifst östlich vom Schwarzwald, schon am obern Nekar muşper; allgäuisch ist: äs hât bé gfrait = mich; bé mich; ber = mir.

Im Inlaute und Auslaute, in Ableitungen. Vor allem fällt häufiger Wechsel mit n auf. Schon bei âu habe ich (bom), bon = baum erwähnt. Das Thennebacher Güterbuch 14. Jahrh. Mone 13, 268 hat hüttebón. boungarten: pomerium, pomarium, pomeretum; ist in alem. Schriften besonders Urbarien etwas gewöhnliches. bongarten 1340. Mon. Zoll. S. 151. Eine Freib. Urkd. v. 1272, Schreiber I, 1, 69 boungarten. bóngart. Wst. IV, 4. Der cgm. 384

f. 12*b*: bonnuſs, bonwollen f. 22*b*. Eine Salmansweiler Glosse hat sogar im 12. Jahrh. schon bounwolli. Mone Anzeiger IV, 96. Hadlaub: boun, boungarten. Der O. N. Bombach lautet urkdl. Bonbach 1184. Episc. Const. I, 1, 593. M. v. Lindau schreibt: ô hôcher zendelbôn 150. die zederbôn 110.

In Sonthausen, Baar, ist bunggert = Baumgarten althergebrachter üblicher Ausdruck. Pfeiffer in der Germ. III, 66 sagt: bôn ist eine zwar auch andern Dialekten nicht völlig fremde, doch vorzugsweise ostschweizerische und oberschwäbisch noch heute in diesen Gegenden gebräuchliche Form.

Im Auslaute, in Bildungssilben, Flexionen erscheint gerne n statt des organischen m, doch hat es rechtsrheinisch nie so überhand genommen wie linksrheinisch. Das nä, nea = nehmen hat sich bis auf den Heuberg herab erhalten im Volke. In kommen ist n bekannt: er kunnt; sogar Weist. IV, 271: kunt. Die dem chô entsprechenden Belege: ir sind kon, furgnon, nen (nehmen), hingnon, gott willkun gehören schweiz. Denkmälern besonders an (Rueff, Adam und Heva u. s. w.). Ebenso im St. Meinradspiel. Die Constanz. Reform. Schrift Schirmred 1524 hat kun, Inf. Des Teufels Netz: nen, Inf. 4404. nend 3379 u. s. w. Dieses n vor t im Inlaute: er nint, er kunt u. s. w. hat Boner unzäligemal. brûtigan cgm. 82 f. 38*a*. brûtegon, Predigtmärl. Pfeiff. Leseb. 199, 46. honigsain cgm. 384 f. 4*a*. allun, allionwasser f. 4*b*. 5*a* (alumen). Im Worte sôboara, samentragender Hanf ist m zu n geworden, obwol vor b m sich hätte halten können. — Ferner: flun f. 21*b* = Flaum (pluma), wie schon mhd. flun b. Ulrich v. T. V. 1265.

Wie im Anlaute ist der Wechsel von m mit Labialen Regel. So steckt w in den echt alemannischen Formen: nume(n), nummet, numma (dumma), das bis Schussenried reicht. Die Beispiele bei Weinhold aus Documenten S. 132*b* gehören alle noch der jetzigen rechtsrheinischen Volkssprache an. neammiſs, etwas, in der Baar wie im Allgäu, wo nammes vorherrscht; Weingarten nämes, numen, Kirchberg. Klosterakten 1556 (bis Knittlingen so). Des Teufels Netz numene u. s. w.

In Waldburg, Ravensburg hat sich diese Erscheinung durch und durch volkstümlich erhalten: gond iez ao mål neama nä oder neama nene; nearmar, Jemand; sonst schwäbisch-alemannisch ebber.

Wechsel von m und b in: armetselig = elend daran (oberer Nekar) statt des richtigen arbeitselig. Grimm Wb. I, 544. Echt lindauisch ist gilperglich = gilt mir gleich. Im Leben Liutgarts heifst es von einem, der mit dem Ritten behaftet: daz er siech wäre und lieblofs und arbentselig f. 446[b]. Rüger, Beschreibung des Landes Schaffhausen (Unoth 315): die von Balm oder Balb. Auf der Alb wird b in (huliwa) Hülbe, Zisterne bei Zusammensetzungen gerne m: Hülmenbeck f. Hülbenbeck, Ebnat. Durch Assimilation ging altes p in m über im Ortsnamen: Lommis urkdl. Loupmeisa marca. 854. St. Gall. Urkdb. 428. Ebenso in den alem. Namen Rammert (Rabenhart) b. Rotenburg, Wald; Ramswag (Rabenswag), Rammisberch. Mone I, 69. Rammesheim 1071. 1100ff. Ramesperg 1141. 1142. 1150. 1155. Ramsbach, Wald bei Lindich. Ganz wie Sammestag cgm. 6 f. 22[b]. Bammert = Bannwart. Echt alem. ammete Dat. zů dem ammete. Freib. Urkd. 1293. gschwälmle statt Schwälbele dim. v. Schwalbe, schwemmele, Wielandsweiler, im Allgäu, Ebenweiler gehört wol auch darunter. Vergl. umme, darumme (umbi). Mon. Zoll. 1384. zendumma, überall umher (Baar), durumma, durch und durch; umma, dumma immerwährend; er ist ummedär so gsī (Wolfachtal), wofür die alten Wurmlinger noch ümbder — ümbidar, immder gebrauchten.

In Simelberg (strafsburgisch) O. N. 1320 steckt Sinwelberg. Mone Zt. 7, 368. Walmen und Walben sind bekannt; arfel = armvoll, linkerheinisch (Stalder I, 111) hat sich auch auf unserem Gebiete erhalten.

Auslautend erscheint m: hůserm, Ern; Höbenschwand, St. Blasien. heubarm, Heubarn, Tuttl. Forer hat noch harm, harmwinde f. 46[b]. Dürfte aichharm = Eichhorn hieher gezogen werden?

Einige inlautende m will ich noch anmerken. Bekannt ist mesmer, das allgemein süddeutsch; allein das Lindauer Spitalurbar v. 14. Jahrh. hat schon mesmer und mesmâr. Die Oberndorfer Statuten aus demselben Jahrhundert haben mesner. Mon. Hohenb. 891 ff. (mittellat. mâsionarius, mêsinarius). Das Schrambergisch-Trossingische Lehensurbar v. 1627 hat noch mesner. Die alemannische Binsdorfer Sprache sagt framsa für Fransen. Das lindauische Beginenkloster heifst urkundlich dort die Closmen; closmenpfleyer (1271).

Altes m lebt in dem an fadem angelenten fäsemlen, zu einfädeln anheben, anfangen etwas zu tun. Altglashütten. ûs den fädemen der Sennen und Adern. Feldbuch (Her) f. 1. Gädemler heifst eine alte Villingische Patrizierfamilie. Mone Ztschr. 8, 236. Gademer ist jetzt noch schwarzwäldisch der Zimmermann. Die Weingartner Predigten in Pfeiffers Leseb. 183, 2: bûsim. Die Predigtmärlein 194, 31: gadem u. s. w.

Vor Lippen- und Zungenbuchstaben steht süddeutsch gerne m f. n; alemannisch hat sich das Gesetz besonders ausgebildet. Die alten Ortsnamen Antparinga 861 heute Ambringen; vergl. das St. Gallische Centipratis 863 jetzt Kembraten. Das alte Gruonbach (Freudenstadt), urkundl. 1075, heifst Grömbach. 1355 noch Gruenbach. 1367 Grünbach. Sconenberg marcha 1085. Schömberg. Freudenstadt. Ob. A. Beschreib. 312. Heute üblich sind: rampfle = Ränftlein; Wielandsweil. Waldburg. (Brotanschufs). bimbsel (Pinsel); beambûhl, Bernbûhl (Wurml.); hampfl, allgemein; mumpfl, ebenso; jenes kommt Weist. IV, 314 vor, ein hampfel; dieses gesellen mümpfelin; Austrius, Colmar 1539.

Das echt alemannische zömpferli und züpperli = decenter v. ziemen, kommt auch bei Pictor. 520^b vor: ze zimpffer, ein fleyfs, vil zu sorgfeltig Lindauisch: zuprile. Der endlosen emb f. entb in den Schriften des 14.—16. Jahrh. will ich kurz gedenken; Zitglöggl. strotzt davon: emphahen, empfenknus, empfand, offembart, embort u. s. w. Das Schlagwort imbifs kehrt oft wieder. Im Leben Liutgarts ist enbifseu noch gewahrt. In einer Hs. 14. Jahrh. (Salem.) in Karlsruhe steht: in der banpelgassen (st. mp) ze schafüseu; arenbrust f. armbrust u. s. w. Die Predigtmärlein iu Pfeiffers Leseb. 194, 28: jnbifs. M. v. Lindau: künbernde (kümmern), enphindet; eutphabe, sogar lenbelin (84), enbrant (91), küubernisse 116. sinpel selo 41 u. s. w.

Die Ortsnamen Thumlingen und Darmsbach (Pforzheim) will ich noch unter m auffÜhren. Jenes lautete im 8. Jahrh. 782: Tungelingen; dieses hat sein m noch am Schlusse des 16. Jahrh. nicht 1584. Mone Zt. 13, 82. — Das alem. Kloster Lenzfried (Kempten) hat heute noch sein m im Volksmunde Lämpfrid, das ihm die Schriftsprache seit 200 Jahren genommen.

Das fremde Tinte (ahd. tincta, mhd. tincte, tinte) begegnet alemannisch mit m: diempten, Incnnabel 15. Jahrh. Karlsruhe (Mone Lat. und Griech. Messen 164); dimpten, Zwifalt. Recept. a. a. O. Ebenso in Wackernagels Kochbuch b. Haupt Zt. 9, 370.

N.

Anlaut. Fürs erste tritt echt alemannisch n vor a, e, i, o, u: naşt, Ast, Pl. nęşt; Astbeil ist der naster. Göge. Die Redensart: 's ist a naşt z'vil am bom in der Göge = s sind Schindeln am Dach. nägemeu Pl. zu nägem = Agen, Achlen, Abfall vom Werg.

Jungfrau will se bitta
Die nägema will i ihna schüttla.

Dieses n reicht weit in's schwäbische und sogar in's fränkische Gebiet hinein.

Alem. schwäb. Grenze gegen das Illertal. neber, Altglashütten, neaber, Eber. Waldburg. Allgäu. Horb. Was alemannisch agester, aglaster, ist in Binsdorf adelhätze; in Wurmlingen (R.) nagelhätz, wo adel und nagel misverstandene volksetymologische Anlenungen sind. niggel, Igel, Haid, Saulgau; nösch, Esch (atisk), Allgäu.

Der O. N. Oppenau (badisches Städtchen) heifst urkundl. Noppenowe 1225. Mone Zt. 9, 237. in dem kirchspel zů Noppenowe 1336. Mone 13, 205. Eratskirch, urkundl. Nerharteskirchun. Mone 9, 196. Vgl. Augsb. Wb. 346. 6ª.

Abfällt n im Anlaut: apf = Napf, Zigerapf (mit Löchern) an der schwäb. alem. Grenze b. Roth; idel, nidel, sieh Wb. (vergl. ilachen = lilachen). aeres statt Naeres oder hoorwurm, ekcematöse oder herpetische Ausschläge im Gesicht und Kopf. Königseggwald.

In- und Auslaut. Ausfällt n wieder in Ortsnamen: das heutige Rasbach heilst urkdl. Runsebach 1340. Mone 13, 242. Die heutige Metzenbacher Höhe heilst 1184 (Episcop. Const. I, 1, 593) Menzinbach. Dürrwangen (Balingen) a. 1293 Durniwangen; a. 1403 aber schon Dürwangen. Atzenweiler a. 1320 Anzenweiler. Mone V, 172. Sogar das urkdl. Egesheim, Egensheim, Eginsbaim 127. Mon. Hohenb. No. 25: Eugesbain 1305. Mon. Hohenb. 204. Das heutige Bräunlingen hat n eingeschoben, urkundlich Briulingen 1154. Episc. Const. I, 1, 629. A. 1326 und öfter Brülingen. Mone 20, 33. Laimnau, am See heilst urkdl. 769 Limauia und Laimaugawilare. A. 839 in pago Argungoge ad Leimowe. Der alte O. N. Affraninga u. 902. Wtb. Urkb. No. 173 wol aus dem gall. Personennamen Affranius, heilst jetzt Effringen b. Nagold. Echt liudauisch (Augsb. Wb. s. v.) ist Isel; Iselbrunnen, wo die Fische verkauft wurden; in der Isel, altes Pergament. Urbarbruchstück Spitalarchiv 14. Jahrh. Aehnlich erscheint Iffel, Infel = Inful. Der Basler Todtentanz: Herr apt ich zieh euch die Yfflen ab! (Weinhold §. 200).

Den vielen Belegen wie vernuft, vernuftig u. s. w. (z. B. im Leben Liutgarts) setzt die heutige Volkssprache in der Baar die Krone auf; sie spricht noch ebenso: unvernuftig (Suntbausen).

Ausfall des n, d. h. gänzlicher Wegfall der Nasalierung ist eine der Haupteigenschaften des Allgäuer Dialektes. Es ist bei a, i, u darauf hingewiesen worden: Isibà, ûverständig, ûsteau (Unstern), ûitägig, ûinar, einer; übstendig; kûst, Kunst, ûwealtle u. s. w. mâtig (Mentag, Montag), spä (Spähne), zä (dens), zäu (Zähne), bô (Büne), mô (Mond), lô (Lohn), hüli, Hünlein (Waldburg); hûlastall;

junge hůla (bůrn, Wst. IV, 25), ritersmâ, nê (nehmen), à (an), gmê (gemein), brû (braun), sonnaschî, gsî u. s. w., (Gewinn), bî (bin) oder bráu, klâi, nâi u. s. w. Sogar die Vorarlberger bestreben sich den Nasal zu vermeiden. Frommann II, 563 ff. Um den Nasenlaut fern zu halten, sagen die Alemannen 's Pferd wielet, was gegen die fränk. Grenze weilet (Rotenb.) lautet (winhelt in der Glosse, hinnit, Mone Anz. 6, 436); ebenso hiet (heinet, heut Nacht), schäs häs u. s. w. Daher gehören die -ing, die schon bei den Vocalen genannt sind. Sie müssen den Nasenlaut hindern: ninglouffa, bineinlaufen; ingspannen, einspannen; ingfart, iuggwaid; ling, Lein; in offa ningwearfa; schingt (Allgäu), scheint u. s. w.

Dem südwestlichen Schwarzwald gehören die der Bildung -ung entsprechenden ig an: gsinnig, bedittig; nahrig, ordnig, spötlig, meinig, scherig, chleidig, nechnig, achtig, früeblig, verebrig, bstimmig, stiftig, bsoldig, mahnige Pl. mahnige; empfindig, in uibig, Uebung. Dieses Gesetz reicht vom Wisental, wo es hauptsächlich zu Hause bis St. Blasien und weiter nördlich, Furtwangen zu. kamerlig b. D. Keller, Keyserbuch S. 185. Ganz entsprechend finden wir in alem. Schriften des 15. Jahrh. verdienes (Verdienst), des Mayes (Mai's), des mages, des lebes, des willes u. s. w. Leiden Christi c. 1470. des morges ugm. 384 f. 24ª und oft. Rumashorn 14. Jahrh. Joller S. 61.

Auf der andern Seite tritt n mit Nasalierung ein, wo sie geradezu auffallend ist. Ich mache da auf die Gegend bei Ostrach, Ablach, Mengen, Hundersingen aufmerksam, die es am weitesten treibt: eïse, Eisen; eïsschemmel, bügeleïse u. s. w. Hundersingen, Göge; diese sagen auch kält, sieh Lautlehre des a. Das stimmt genau mit cyns, Eis, glacies in der Meersburger Reimchronik v. Heldt, Mone Quells. III, 4:74.

Echt alemannisch ist die Anzeige der Nasalierung in folgenden Beispielen, die ich zu Weinhold S. 170 füge. kiusche ist besonders davon erfaſst. Sogar höfische Dichtungen weisen das n auf. In der guten Frau setzte Sommer (Haupt Zt. V. 215 ff.), statt des künsche der Hs. kiusche! So hat des Teufels Netz unkünschait 216. 745. künsch 608. 747. 754 ff. künschi mater. Histor. Volksl. II, 26, 23. Gleicherweise im St. Meinradspiel.

Ein anderes Wort ist jehen: verienhen 1373. wir vergenhen 1352. Mon. Zoll.; ebenso eine Rotenb. Urkd. verienhen. Der cod. pal. 346 f. 52 und oft: neben senhen, iench (oft) f. 56 u. s. w. Ganz so geht es den Zeitwörtern sehen, geschehen, seufzen, und dem Subst. Faust.

Beschenhen 1369. ensenhent 1371. gesenhent 1314 in den Mon. Zoll. S. 129. Der cgm. 138 hat funst (Faust). er sunfzit f. 48^a ersunffzen u. s. w. schlugen in mit funsten a. a. O. Die Oberndorfer und Kirchberger Stat. 14. Jahrh. geschenhen, senhen. brotbsenher, fürbesenher u. s. w. Mon. Hohenb. Des Teufels Netz: funst 2975. 7763, wie Keller's Keyserbuch, ebenso der cgm. 384 (funst) und cgm. 358 u. s. w., ebenso cgm. 138. Das Zitglögglin: mit tiefem sünfzen f. 63^b. 69^b. mit sünfzender brust f. 84^a u. s. w. Weist. IV, 285. mit der funst. Die Kacheler, Edle, sind in den Mon. Hohenb. 732 ad 1388: kachenler geschrieben. vierzenhen 1385. Joller. Im Allgäu stecken sie in Jast ein n: Janst. Unser Wort Mutschel, eine Gattung Brot, schrieb Brack, Vocab. mündschel, arthocopus, quia artus panis. appentegg. cgm. 384 f. 22^b.

Echt alemannisch ist die Einschiebung eines n in — eclich (Weinhold S. 268). Die Basler Rechtsquellen weisen viele Beispiele auf: einhellenclichen 1382 S. 81. ewenclichen 1400 S. 61. zornenglich 1457 S. 178. kunstenclich 1504. hartenclichen 1530 S. 258. wurdenclich 1533 S. 259 u. s. w.

n eingeschoben in — ic(Weinhold S. 170): wening cgm. 168. einhelling 1541 a. a. O. cgm. 358 hat die ussetzingen f. 11^a neben gnung f. 2^a. wening, Pfeiffers Leseb. 138, 21 und öfter. Vergl. mhd. wening (wenec); grimming u. s. w. Gramm. II, 297. 2. Augsb. Wb. 345.

Eigentümlich sind die Reime in der alem. Handschrift von Pleiers Tandarois und Flordibel zu Hamburg: ir sint : zît; linse : wîse. V. 3408. 11271. zînselin f. zîselin. V. 426. Der im Parzival öfter vorkommende Name Lîz : vliz ist in Lius verändert. Haupt Zt. 12, 473. — Im Worte Ziustag haben wir bei den strengen Alemannen auf dem Schwarzwald keinen Nasal: zistig; dem mittlern Nekar zu zeistig mit Nasal. Ganz so bei uns: streng alem. îs, îser, eis, eiser auf dem alten alem. ûns fufsend. In Zîsli = Zeisig wieder also; nördlich zeîsle, sich unter i. zeîslisägger sind in der Oberndorfer Markung. Herrenberg; 10 Stund südlicher zislisäggcber. In der Baar haben wir manchmal beide Formen die nasalierte und die andere beisammen; so erinnere ich nur an kränzen und krêzen = auf dem Rücken tragen, Sonthausen. zîseln neben zeîseln, allicere, locken.

  Assimilation: Burgunn. Hist. Volkslieder II, 32, 3. 69, 7. die Burgunner S. 69, 8. Dekenpfronn, der O. N. heifst noch 1268: Tekkeuphrunde.

  n an hochd. nüchtern fehlt noch in den alem. Schriften beinahe bis in's 16. Jahrh. herab. nüchter cgm. 384 f. 11ª. Platonici Arzneib. 16. Jahrh.

  Im Worte Fronleichnamstag läfst die Volkssprache am obern Nekar (Horb, Rotenburg) gerne n weg: fröleichnamstag, während die Baiern lieber m einsetzen: fromleichnamstag; ohne n schreibt es Th. Platter: vrofasten, sieh Grimm Wb. s. v.

  Die Versetzung von n und g in Mang = Magnus, gseng Gott, gesegne es Gott u. s. w. ist echt alemannisch.

  Wie heute im Volksmunde, so steht n in waidnen, Leiden Christi 1468, alem. kranknen leuten (Dativ), Blancardus S. 63. Das Keyserbuch: den todtnen cörpel S. 3. auf den wägnen u. s. w. Vergl. Augsb. Wb. 343^b.

  n als Alliteration: nutzen und niefsen. Rotw. Stadtr. nacht und nebel a. a. O. Im St. Meinradsspiel: ir nurren und narren!

K, G, CH, H.

K.

Die erste Frage ist: hat sich die bekannte linksrheinisch-alemannische Aussprache des alten k als Gaumenaspirata auch rechtsrheinisch festgesetzt? Der badische Süd- und Westschwarzwälder, der Hauensteiner, der Sundgauer, Breisgauer, der Algäuer, Vorarlberger, Oberinntaler hat das bekannte ch (χ); kaum spurenweise bemerkt man es noch in der Baar, am obern Nekar und an der obern Donau. In der Gegend wo Schwaben und Alemannen an einander grenzen, bei Füfsen, sprechen jene es fast noch rauher, echter linksrheinisch; das Lechtal, das Wertachgebiet gibt noch in Augsburgs Nähe Zeugnis davon. Die Alemannen im obern Inntal haben es, auch wo schon bairisches Idiom stark hereinragt. An der schwäbisch-alemannischen Grenze bei Aulendorf kann man nach n besonders ausgeprägtes ch (k) hören: dinχa (denken), schenkchl u. s. w. Dafs die schriftlichen Belege dieses Gesetz bekunden, wird kaum gesagt werden dürfen. Weinhold hat §. 219 S. 186 Beispiele beigebracht Ich erinnere nebenbei nur an die khinder, verkhünden, khnecht, khreftig u. s. w. im Rotweiler Stadtrecht. Die schwäbisch-augsburgischen Schriften belegen kh aber ebenso häufig und vollständig wuchern sie in bairischen volkstümlichen Denkmälern vom 13. Jahrh. ab. Vergl. Augsb. Wb. 259 ff. In den alemannischen Schlagwörtern chriesa, chaib u. s. w. und besonders chilcha geht ch weit herein ins rechtsrheinische Gebiet. Auffallend ist in der Gegend von Gmünd und Weifsenstein noch spurenweise ch, χ: kilkch, dikχ, dikch, was an das Wertachgebiet erinnert.

Im Inlaute begegnen wir dieser echt alemannischen Erscheinung in unserem Gebiete oft.

Die Gaumentenuis scheint aber wie die heutige Volkssprache noch aufweist die Oberhand im In- und Auslaute bekommen zu haben; die Baar: lunka, lunkche, lun-

kagfûl, in Waldburg: a sûre lunka (Lunge), Zwinkbrücke
b. Weiler, Haseltopf. Oberstdorf; ebenda schrieben sie
früher Berktold, noch Familienname. Vergl. des Teufels
Netz: lunggen 9481. lungkmus Wst. IV, 136. 203: lüngkenmus.
Dem volküblichen verdilka entspricht das vertilken
in J. Rueffs Adam und Heva V. 4381. 5118; in Hedion's
Chronik (1543), bei Oheim S. 110: verdilggot;
ebenso in einer Legende des Klosters Kirchberg 17. Jahrh.
verdilken.

Anlehnend daran mache ich auf alte längst ch gewordenen
k in dem Volksmunde aufmerksam: milk, Milch;
zwilk, Zwilch neben zwilka; kilk, Kirche; so in der Baar
wie in Ebenweiler, in Deifslingen u. s. w. Dem Kilikheim,
das Weinhold §. 208 S. 177 aufführt, setze ich v. 1178
schon Waltchilka (Episc. Const. I, 2, 584) an die Seite.
Forer hat milk f. 163^b. Milkling f. 46^a (Heufslin) u. s. w.
Die Constanz. Schirmrede 1524 schreibt vertilken. Weinhold
führt aus Pict. schleiken an; sieh Wb. geröukt (z.
Rauch) bei Forer, sei genannt; ebenso weiken (waichen),
düssel und alles das man weiken mufs. Heufslin f. 60^a.
bleiker (Blaicher) Forer f. 96^b. die waike. Donauesch.
Hs. No. 797 f. 52^b. hamauken neben hamauchen, sieh Wb.
Das oberdeutsche uffbächerlen, ein Kind, das krank, mit
allerlei zarter Pflege erziehen, ist breisgauisch ufbäckerlen
genannt (Freiburg). Dem althochd. truha, mittellat. truca
entspricht alemannisch echt druk, drucka, die Kleider-
Schachtel, Trog (Höhenschwand); Brotdrucke ist im hintern
Bregenzer Wald üblich; Weinhold nennt dieses k einen
Ersatz für die weichere Gestalt von ch S. 178. Echt
alemannisch erhielt sich das richtige melchen, mulgere,
Schwarzwald, Titisee, Baar, Ebenweiler; vergl. mulichen,
gemalcher, Wst. I, 4 wie bei Hadloub: malch, Mhd. Wb.
I, 170^a.

Ferner erscheint k für mundartlich allgemeines und
hochdeutsches g, altes h (ch), und ist teilweise echt, dem
ahd. k, c entsprechend: fickwarze (figa ahd.) oft bei Brunswick;
teigk s. a. O. klangk des bekens; verzuck, stülgangk,

genûck, langk, ingangk, schlack a. a. O.; dunnerschlack b.
Geiler u. s. w. scharsack; Donauesch. Hs. No. 797 f. 52*b*.
Hackstolzen, Donauesch. Akten 1598. — Vergl. St. Galler
Urkdb. No. 387 (ad 843), wo ein Hagastoldi unterzeichnet.
Hagestolt 888 No. 665. hagestolzen 3281. Episc. Const.
I, 2, 553.

Eine merkwürdige Erscheinung ist aber die ganz
weiche Aussprache eines g statt organischem k (c). Die
heutige Volkssprache spricht g in einheimischen und fremden Wörtern für k: birge, Birke; Dirgen, Türken, dêge,
Theke; lurgen (lurken, stottern), Altglashütten. Jogeli
(Jokeli) Höhenschwand; Ofagugis (Guckifs), Backwerk
a. a. O. balga, der, Balken; dungel, dunkel, denga, denken u. s. w. (Göge und anderwärts). Diesem Gesetze entsprechen die zallosen Beispiele aus alem. Schriften; die
besonders im Auslaute g aufweisen. (Weinhold §. 214).
ane wang, Sal. Hs. 14. Jahrh. (Karlsruhe), angen (Anken),
Weitenauer Hs. 14. Jahrh. storg, Vocab. Arium b. Mone
Anzeig. VI, 345. krang, Strafsb. Vocab. a. a. O. stog,
Wst. IV, 157. 14. Jahrh. Eine Salmansweiler Glosse bei
Mone Anz. IV, 232 hat Schnegenhaus. Die alem. Hs. No.
20291 (Nürnb. Germanisch. Mus.): snegen. Der cgm. 383
hat lingen, linken oft. Die Chronik des Pet. v. Hagenbach, Mone Quellens. 3: Frigthal; vermargten, geschmag
S. 323*a*. volg, populus Mone Quellensammlung III, 508*b*
glogen 512*a*. Die Meinauer Naturlehre hat: uf der lingen
siten.

Die Predigtmärlein b. Pfeiffer (Germ.) haben werg,
erschrag, gedang, marg, strig, krangheite, starg, kalgofen
u. s. w. ein kranges lehen, Habsburger Urbar 57, 11. Nicolaus v. Strafsb. krang, Frangrich. glogen, Mitteil. der
Züricher Antiquarischen Gesellschaft III, 4. Die Oberrheinische Chronik (Griesbahers): erschrag. Die Basler
Zunftakten (14. Jahrh.): antwerg, Mone Zt. 17. 44 ff. Nicolaus v. Basel: stog, dangber, erschrag, werg, schalg,
starg, folg u. s. w. Der Spiegel der menschl. Behaltnus
(Basel): erschrag, gesmag, liechtstog u. s. w. Forer hat:
hirzenmarg. margweg, marg, sag. Wst. IV, 162: sog u. s. w.

Ich vergleiche hiezu aus dem elsäss. cgm. 6: werg, gedang, rog, erschrag, volg, trang, krangheit, ertrang, starg, getrang, sag (Sack) u. s. w.

Wechsel von k und ch, g, im In- und Auslaute (Weinhold §. 224): werch, Werg (Titisee); lech, leck; Ebenweiler; wozu um Rotenburg: verlechern zu zälen. Machari, Macarius. Altglashütten. Ganz altbairisch sprechen sie auf dem höchsten Schwarzwald (Altglashütten): drack, morddrack, sonst nur Drach. Oheim: balche (ahd. balko neben palcho) S. 91, 15. Socher neben Socker, kränkelnder Mensch; ch mehr alemannisch. verlåchen und verlåcken = abgrenzen. Werbenwåg erscheint 1305: Werbenwåch. Mon. Hohenb. No. 204. Falsch ist ch für k, g in Ganchvische 1268. Episcop. Const. I, 2, 639 (pisces usuales).

Ausfall des k. Schlagwort ist märt, mercatus, Markt: z' märt (Wisental u. s. w.) z' märit, Rochholz, Kinderlied 44 (84): bişt uffm mart gsing, Waldburg. Vergl. Stalder II, 198: märig, märt, märten, vermärten, märtele u. s. w. werg, Werg, ahd. werc, werch. Das Wort mill, milli, millnapf gehört ebenfalls daher; es ist bairisch und alemannisch; fület, Faulheit, am obern Nekar faulket. Hat sich für k im Anlaute g besonders vor r nicht häufig erhalten (vergl. grot = Kröte, cgm. 6 f. 23ª), so begegnet umgekehrt k für geh — des öftern: korsam, Leiden Christi c. 1470 u. s. w. In der Hs. Marq. v. Lindau: schonkeit, edelkeit, (dekein durchaus).

Eine eigene Bildung ist hostik, Hochzeit, Furtw. Für schlurken sagt man am Feldberg schlurpfen, schlurpen.

gg für k im Inlaute begegnet schwäbisch ebenso häufig: das Rotweiler Stadtr. hat marggt neben margkt; agger die man heisset stoegge. Alem. Urkd. 1344; 1347 ebenso agger; in ainer heggen, Rotw. Waldbeschr. de Smaleggi 1207. Mon. Hohenb. No. 20.

G.

Im Anlaut steht echt alemannisch g für j was heute nur noch spurenweise in unseren Gebiete sich erhalten

hat. Als Bildungsconsonant wuchert g für j überaus
üppig.

gerlich, jährlich 1311. Mon. Zoll. No. 233. genre
Wst. IV, 74: ginhalb, gimme, 14. Jahrh. a. a. O. 208.
ginre 264. ginthalp 104. genhalb meres cgm. 6 f. 20^a.
In den bekannten Monatreimen des 15. Jahrh. steht oft
Genner bin ich genannt f. Januar. Nicol. v. Basel schreibt
sogar gömer; jômer. runcare, getten; runcacio, getttung
bei Brack, Vocab. Vergl. Weinhold §. 215 S. 182.

gh für g weist Weinhold §. 211 aus dem 8. Jahrh.
auf; ich füge bei: Ghisalberto 752. Ghisalmunde 757.
Ghato 759. Ghervino meo 764. Ghislamundo 772. G
für d im Anlaut: giessel, Diechsel, Deichsel. Allgäu,
Amtzell.

Im Inlaute, Bildungssilben, ist g für j allgemein.
Heute noch ist g deutlich vernehmbar, z. B. in der Göge:
ägsaigt, angesäet; gmaigt; draigt, kraigt, gnaigt, baigt
u. s. w. gerade das Gegenteil vom Sundgau, wo j statt organischem g eintritt: lojel, lägel. Colmar: luja, lugen
u. s. w. Dieses g statt des weichern j, wie Wackernagel
in den Nibel. Bruchstücken sagt, wo maige, vigent, vigent-
schaft steht, will ich im folgenden als Beigabe zu Weinhold S. 183 belegen. Die Donaueesch. Hs. No. 792: klygen
(Kleien), besäge, gebaygt u. s. w. Der cgm. 384: bayge
f. 19^a. bägt f. 20^a. das saygen 36^b. brüege 77^b. sayge
96^a. Bekannt ist das Sleigerbuchlin des Hermann v. Sach-
senheim. schreigen, Hist. Volkslieder II, 18, 261 (1475).
Eine Strafsburger Handschrift, Altd. Bl. S. 164: kreigen :
meigen (krähen, mäen). Des Teufels Netz: sigend, sig;
laig, laigen; sie thugend, das er thüge, thügest, thüg, vi-
gertag, saegen, schrigen, käsprüge, früg, maigir, aigir,
maigenregen, blügen, kügen (Kühe) u. s. w. Ebenso das
Zitglögglin: des frügen opfers, blügend, geschreigs, schley-
ger, arznig u. s. w. Das Rotweiler Stadtrecht: thüege,
thüegen, thüegent, küegen, segen (sajan); übermaigte.
Ganz so die Basler Rechtsquellen. Der Nürnberger cod.
(germ. Mus.) 20291: basilgen, einen glügenden stain, gra-
milgen; sägs, trig tag u. s. w. In den Wst. IV, 75: an-

schriget; brügel (Brühl) 125. Vergl. dazu schleger bei
Brunswick f. 214ᵃ. weigen (Weihe), Habichtart a. a. O.
212ᵇ. Mangolt's Fischbüchlein (17. Jahrh.) hat gepleiget.
 Dazu kommen die urkundlichen Belege aus den Mon.
Zoll. und Hohenb. mayger v. Wurmelingen 1347. mayger
v. Rotenburg 1383. bruegel a. a. O. früegen mess 1373.
frügmesser, frigheit u. s. w. (Mon. Zoll.). Der heutige lindauische O. N. Hojers heifst urkundl. Haiggars. Vergl.
Zarncke z. Brant S. 384. Gramm. I, 968. 7. 3.
 Merkwürdigerweise hat sich altes g in aigg (alt aigis)
erhalten = Ei, auf dem badischen Schwarzwald; Neustadt.
In den Denkmälern sehr häufig, z. B. Weist. IV, 76: eige-
ren; ayger, Mon. Zoll.
 gh im Inlaute: Adaghiliniswillare 754. Aghinsulaca
764. Sighiheri 772. Aghine 772 Aghino, presb. 776.
Haghico 773. Sighimundus 778. Sighiman 782. Reghin-
pert 782. Adalghero 787. Vom 13. Jahrh. ab spurenweise; zu Weinhold §. 212. Ich füge diese gh im Auslaute nebenbei an: eine Urkunde v. 1192 in den Monum.
Hohenb. No. 13 hat Berchtoldus de Hohenbergh; N. de
Henembergh; N. de Abenbergh, de Kirchbergh u. s. w.
 Echt alemannisch ist der Ausfall des g, sei es orga-
nisches oder aus ch (h) entstandenes. Vor allem nenne
ich Dornstetten, den Ortsnamen, dessen urkundliche Schreibung Tornigestat, Tornegestat, Tornigestetter marca ist,
nach dem Cod. Lauresb. Ob. Amtsbeschr. v. Freudenstadt S. 218. Das alte Maginga, Maengen 1275 lautet
schon a. 1204 Maingen, gerade wie es das Volk heute
ausspricht; in der Schriftsprache jetzt Mengen. Mone Zt.
I, 80. Die älteren oberrheinischen Schriften werfen sogar
g in Augsburg aus. Neben den schwäbischen Beispielen
sei Auspurg in der ältesten oberrhein. Chronik v. Grieshaber genannt. Der O. N. Manzell, Weiler b. Fischbach
am Bodensee, beifst urkundlich Magincella. Schönbuch
der Reichsforst zwischen Herrenberg und Stuttgart heifst
urkundlich Schainbůch 1310. Schaienbuch und Schaigen-
buch kommen ebenfalls vor. Schaiach 1310. villulae Sce-
genbůch. Mone Zt. I, 316. Schagenbuch. Zt. 6, 92; bei

Birlinger, alem. Sprache. 8

Neugart: in saltu Ska. Uhland in Pfeiffers Germ. I, 2. Anmerkung. Der O. N. Balingen heifst urkundlich (wie Waginga, Wehingen) Balginga. Foutesberg O. N. urkundlich: Hugo de Vogetesberg 1276. Mone Zt. I, 492. Henricus advocatus de Voitesberg 1288. Voudesberg 1312. In Polayen, Pelayen f. Pelagius ist der Ausfall in den Klosterurbarien und Urkunden alt. Ein Schlagwort ist morn, moan u. s. w. in dem g schon frühe ausfiel. mons = Morgens cgm. 358 f. 3^b. mornent, enmornent in des Teufels Netz S. 35. 3316. bis moren, in St. Meinradsspiel 84. Bekannt ist die Form morndis. Aus dem 14. Jahrh. mornun 1352. Mon. Zoll. enmornen 1385 a. a. O. gnüsame buofs. Manuale Basil. curat. 1508 f. 91^b; ganz entsprechend dem gnua (ganôbs) im Volksmunde. Im Allgäu (Waldburg) haben sie lûa (lügen). Ein weiteres Wort echt alemannisch ist tawan (sieh Wb.) f. tagwan rechts- wie linksrheinisch tawen, frontawen. Wst. IV, 69. 72. (Weinhold §. 212 S. 181).

Ich mufs ferner an die Zeitwörter mögen, sagen, tragen, schlagen, legen erinnern, die alle teilweise echt höfisch schon g in der Flexion auswerfen: belaitten (glaigt, noch neben glait), gelegt; daruff gelegt cgm. 384 f. 27^b und oft. Im Sundgau: schlôt (schlägt), schlât, sât, trât u. s. w. Dem mundartlichen i mâ, du mâşt etc. entspricht du mâst cgm. 6 f. 11^a. so mâstu f. 222. Dafs ai an Stelle des ag tritt ist gewifs; mitunter ê. Dieses ai verwandelt sich im bairischen Wald in oa ebenfalls mit Ausfall des g.

Wechsel von g und w belegt die dem 15. Jahrh. angehörende Dorfordnung v. Achern (Mone 14, 285). blügel f. blüwel (bliuwan); houlz hougen f. houwen. flofs und nogen (nawen), Mone Quells. III, 505^b. Zu Weinhold §. 216.

Häufiger wechseln d und g. Volküblich sind: gotzabilg, boiligabilg (Ebenweiler), a bilgle (Schussenried), Bildchen; sigeltruch für Sideldruche; Einsideln heifst alemannisch und oberschwäbisch nur Oïsigla, Uisiggla; Âsiglerweg, Unterhallauer Flurname (Schaffhausen). Oïsigler heifst

auch ein Schneider in Ebingen a. D. Ainaig, Einöde und
einödig. So auch b. Pfaff, Elsl. 216. hingerm hûs ocht
schwarzwäldisch; dā hingere gâts (hinterhin), hinggafüera
(hinterfür), Simonswald; z' hingerst im Gängli. Rochholz,
alem. K. L. S. 27, 17. hängli, Händchen (Rochholz). hun-
gert a. a. O. 254. Mechtilg, Personenn. Binsdorf. Hin-
gala (Himbeere) sonst Hintela, Heintela. Tuttlingen. Das
verspeideln, mit Keilen Holz auseiandertreiben heifst alem.
verspeigeln; speigel = Speidel, Bissen. Vergl. Schmid
499. Hinterwald. Vergl. thusing (-ent) urkdl. und mündlich.

Das alcm. schälken, schalken (sieh Wb.), das Hausleutner als Wechsel von t und g — er schreibt schelgen —
mitteilt, gehört zu schalk.

Ob das bilgay, das die alem. Hs. (v. St. Blasien) Conrads von Megenberg enthält (Mone Anz. 8, 495) Wechsel
von d und g ist? (wan es ist der hennen ain bild ze
ayeren).

Ob nicht gar Hochzig (gg) ein Wechsel von t und g
ist? Schon der cgm. 6 hat f. 10ᵇ: hochgezigl

Dieser Wechsel von d und g, t und g hat sich bei-
spielsweise in der Oberlarger Mundart im Elsafs recht
ausgeprägt: gfunga (gefunden), ufgatanga; zû 'n anger, d'r
hinger, verschwunga, ungewegs, gschwing, stung (hors);
halsbänger u. s. w. Alsatia 1852 S. 88.

Umgekehrt sagen sie im Wisental landsam (langsam).
Eine Urkunde 1296 Mon. Hohenb. 59: mit unser beder
ingesidel (Sigel); mit der stetten ingesidel u. s. w. Ebenda
ist almig sust = allemal sonst? (allweg?)

Schon bei n ist eines alemannischen besonders allgäni-
schen Gesetzes gedacht worden, nämlich ein g auf n fol-
gen zu lassen, um die Nasalierung zu verhüten. Ich teile
noch folgende Beispiele mit: hong (bân); bei Ravensburg
fängt aber schweiz. i hô an; gong, Imper. (geh, gaug); mit
der licht gong. gongs, gans, foafste gongs; gengsle, di-
min. junge gôngsle; gongsblûemla. king, Binswangen = Kinn.
ing = hinein; in d' Stadt ing. ungartig, unartig (Wehingen); fnugst, Faust; mit der fongst gschlagga. An der

untern Schussen sind die gong (i geh), ming, ding, sing, ring (herein), wing (vinum), ning (hinein); 's ist ming kerle = Schatz u. s. w. ganz einheimisch; sie ziehen sich bis in's Saulgauische, bis Aulendorf, hinüber bis Riedlingen und von Königseggwald, Ebenweiler auf den Heuberg, denn in Wehingen trifft man es wieder sehr ausgeprägt. Die Breisgauer haben anlonend daran: wangst, Wanst, Bauch; ganz so die Leute um den Feldberg, Altglashütten. Im bairischen Allgäu z. B. Immenstadt wieder so: fungst. Echt alemannisch ist rungs, Runse, sieh Wb., wo wangst, fungst heimisch. Schriftliche Denkmäler tragen dieses Gepräge: die Kaufbriefe in der Rathauslade in Hundersingen b. Riedlingen schreiben ringsgraben zu runse, runse, rungse gehörend. Das Kloster Kreuzlingen bei Constanz heifst 1253 (Episc. Const. I, 629) Cruciling, während die meisten übrigen Belege Crucilin lauten.

Eine eigentümliche nur locale Erscheinung ist das rechtsrheinisch-kletgauische (Rüdlingen, Buchberg) tn, tm, für gn, gm: tmaint, tmûret, tnaget, tnegi, tnappe u. s. w. Es kommt am obern Nekar in der Kindersprache ebenso vor.

Alliterierend: grisgrammen und grinen. Teufels Netz 386. grinen und granen 471. gespilen und gesellen 1540. girran und garran 11731. gar und ganz; gar und genzlich. Rotw. Stadtr. 37 *a*. 188 *b*.

Ch. H.

Im Anlaute hat sich altes hr erhalten in der alemannisch-schwäbischen Grenze bei Füssen, am obern Lech: bross, brapp u. s. w.

Der Vortritt des hauchenden h, den alle Mundarten Deutschlands mehr oder weniger kannten, den gewisse schlesische Gegenden heute noch beibehalten, der aber in Schriftwerken sehr vielfach nachgewiesen werden kann, ist auch in unserm alemannischen Gebiete daheim. Ich füge zu den im Augsb. Wb. 209 ff. und bei Weinhold aufgeführten (§. 230) Beispielen folgende. Das bekannteste Wort ist: heidox, lacerta; heidex u. s. w. Fischart: heidox; in

Her's Feldbuch: heydechs. Das andere Wort: haischen
(eiscôn ahd.), hoaschen, verlangen; áhoascha, anfordern
(Ertingen) u. s. w. herdöpfel, headöpfl, Kartoffeln. Hanselm
u. s. w. herdwible im Sundgau auch sehr verbreitet; ho-
meisen, Ameisen. Schluchsee. Alte Belege: Hegingas O. N.
(Ehingen oder Engen?) 787. St. Gall. Urkdb. No. 111.
Helingas neben Ailingas O. N. (Ailingen) 771. Hebingen
O. N. (Ebingen) 843 No. 386. Hasumwang (Ausnang)
O. N. 856. in pago Harboninse neben Arb. 785. Hanselmi
Personenn. a. a. O. Aurich O. N. Urach heifst 1147 Hûra;
1157 daneben Vraha. Vgl. das schwäb. Ummendorf, urk.
Hummendorf. Feyerabend Ottenb. Annalen II, 179. Die
Züricher Jahrztb. haben herd rumen (Erde). Die Ordnung
von Baden 1486 (Mone Zt. 9, 151 ff.) schreibt herkennen,
herkentnis u. s. w. ganz wie noch die Constanzische Schirmred von 1524: nach herfarner warheit, herschieslich, her-
wegen, herwüsch u. s. w. Weist. IV, 166 ff.: hersûchung,
herloubung, hermant, hernuweret, herkantnufs, — herkennen, henpfieng, henpflohen u. s. w. Interessant ist auch,
wie sich zû den hunden (ze den ûnden mhd.) erhalten hat
am Rheine; hermurdert Leb. Liutg. J. Rueff: Habel =
Abel.

h fehlt im Anlaute: imbere, Himbeere, Buhlbach. Der
Fall ist vereinzelt. In omelîc hat der alem. cgm. 168 h
weggeworfen. In Zusammensetzung bûfst -hart sein altes
h ein, z. B. statt der vielen Beispiele: Reinerzau urk. 1255
Reinhardesowe u. s. w Ebenso ergeht es dem h in Zusammensetzung der Ortsnamen in -haim. Die mit Mutis
verbundenen h im Anlaute mögen bis zu den ältesten alem.
Denkmälern hinauf verschiedenes bezweckt oder auch nicht
bezweckt haben: bald Aspiration, bald für d, bald Denung
u. s. w. Ich setze gleich hieher eine Anzal Beispiele von th:
Theoto, Thancho 842. Thiotbert, Thiotger 843. Theot-
munt 844. Thingolf, Thigenhart 853. Thanchrat 854. Theat-
hart 861. Theotwin, Theotirih, Thietwin 886. Theotram,
Theotrot, Theotoloch 761. Piri-thorf (Birndorf) 874 und
oft. Thalaheim 776. Thuningen 1192. Mon. Hohenb. Tha-
gesburg 1197. Mone Zt. I, 110. Thisindorf 1202, a. a. O.

S. 325. Therdingen 1247. I, 123. Vgl. theheme, Dehme, Waidgelt für die Eichelmast 1296. Mone Zt. 14, 380.

kh dürfte wol keine Erklärung mehr verlangen: es ist offenbar Aspiration damit angedeutet. khindt, khein (1302 Mon. Zoll.), das Rotweil. Stadtr. khinder; khrinne häufig in rotweil. Urbarien. Vgl. Weinhold §. 170. Die Verbindungen mit j? jhenthalb 1339. Weist. IV, 188 und öfter; bes. Jhesu. Denung in ahnsprach. Mon. Zoll. 1302 S. 111.

Im Inlaute. Der Ausfall des dem alten h entsprechenden ch im Inlaute vor den Zungenbuchstaben und Verlängerung (in vielen Fällen bleibt alte kurze Aussprache) des voraufgehenden Vocals ist echt rechtsrheinisch alemannisch. Die Baiern und Lechschwaben unterscheiden sich wesentlich hierin von den Alemannen: sie haben ch streng gewahrt, freilich nicht in allen Fällen, meist nur wenn ch vor t, s steht; durchaus aber darf man sagen in den Auslauten. Am obern Lech, an der alemannisch-schwäbischen Grenze wird ch sehr stark gehört, desgleichen in Baiern; ich erinnere nur an Büchl (Bühl), Schuch, Schuecherl, Rech (Reh), Beichl (Beil), Floch u. s. w. Sieh Augsb. Wb. 210 ff. So hat der halb alemannische, halb schwäbische Markt Oberstdorf noch alle bichl (colles), gwecha sogar = gewesen. Schriftwerke wie das Rotweiler Stadtrecht haben noch schûch. Doch gibt es im Allgäu und am See Beispiele, die den alten alem. Gebrauch der ch-Aussprache bekunden: 's ist gre(a)chet = fertig (gerecht), wo der Lech- und Wertachschwabe, nicht aber die alem. Franken am mittlern Nekar einstimmen; am obern Nekar grea. Des Teufels Netz: gräa. Daher ist in der Rotenburger Gegend das Seelgrecht (selgeräte) üblich, offenbar eine volkstümliche Anlenung an recht. Seelgrächtwisa, Flurn. daselbst. Merkwürdig, auch in Waldburg kann man bichel hören = collis, aber es ist ein weiches ch, ein Mittelding zwischen bairischem ch und dem Hauch -h. Das sind Ausnamen: echt alemannisch ist der Ausfall des ch. Ein Hauptschlagwort ist das wirklich niederdeutsch, sächsisch klingende nåt (Nacht), am Bodensee wie auf dem Heuberg und Schwarzwalde: nåtig, übernåtig (Baar), hienåt, hienet (-◡)

heute Nacht. hiet nât, hienet nât (Waldburg), faschnât (Bregenzer W.); z' nât; nât, gestern Abend. Die schriftlichen Zeugnisse zu dem Worte: nâthraben, noctua. Salmannsweiler Glossen. Mone Anz. IV, 96. in dem ersten wichnâten. Liutg. Leben 455^a. von Sante Martins nât 1311, unterelsässisch. Mone Zt. 10, 307. — Ein anderes Wort ist flâs, Flachs. flâs, flâses gân, noch bis an den mittlern Necar. Der Vocab. 56 (Donaueschingen) hat f. 55^a: flâſs. flâszehenden, Mone Zt. 10, 347. — Vergl. holländ. flâs. Asel, Achsel, assel, humerus, Vocab. b. Mone Anz. 7, 297. uff der âsenen, Wst. IV, 5. assle, Vocab. b. Diefenbach Nov. Gloss. f. 206^b. Die oberrhein. Chronik: uf sinre asselen S. 15. wâs, Wachs; wâsĕ = wâchsern, Pl. wâser (Göge), ein halb taveln wâszes zû lichte. Wst. IV, 127. wâsz 212. mit wûsse. Basler Dienstmannenrecht p. 19 §. 12 (ed. Wackernagel). mishwêses (Gen.) 1308. Mone 11, 455. sâsle (sahselîn mhd.), ist echt alem. Reisachsape, im Sundgau, auf dem Schwarzwald reissâsle. Sieh Wb. unten.

Den O. N. Sachsenweiler spricht das Volk um Tettnang Sâssenweiler.

wâsa, wâssa = crescere, wachsen. i wâs, dû wês-ŝt, ear wêst; mier wâsĕ, ier wâset, se wâset, Part. gwâsa. wesset, crescit 1344. Mone Zt. 7, 488. usgewâsen. Nicol. v. Basel 125. wâsset crescit. Basler Dienstmannenr. S. 1 (Quell. v. Basel, Schnell.). entwâssen (: massen), cod. pal. 346 f. 6. gewâssen (Part.), Edlibacher Chron. S. 181. wuos crevit, cgm. 6; ebenda wuoscnt creverunt; wogegen gewagsen wieder in Liutg. Leb. 445^b. Vergl. Brunswick (1512): es wêfst; gewâsen, wâfsent, zû wâsen, gewêfs u. s. w. Bei Lor. Diefenb. Gloss. Nov. f. 38^a: wass = acutus (wahs, scharf). Vergl. Weinhold §. 191. Vaesenried O. N. b. Mone Zt. I, 321 urkundl. Vahsriet 1183 und Vaehsriet. gewâssen (vom Samen), Kirchberg. Legende Hs. 17. Jahrh. dât (Docht) am liet. Tettnang; brât, bracht, wo brât b. Mone Zt. 10, 307 zu vergleichen. Mone Anz. 8, 40 ff.: brâth; slât, vâth (accipit). Das Ztw. schlagen (slahan) verliert sein in ch vor t umgewandeltes h ebenfalls. ear schlêt noufs wie a lamer essel. Ertingen. Um Tübingen, Rotenburg ist h stark in diesem Falle betont. sblàt, percutit, Wst. IV, 285. Das Reinfeld. Stadtr. (1290) hat slát durchaus. Daher gehört donderschlêtig, in keinre slàte (slabte), allem menschl. geschlête; der allmêtige Got u. s. w. im cgm. 6. Im St. Meinradsspiel schlât und gluckh darin u. s. w. All das stimmt mit der jetzigen Schwarzwälder Sprache, wie sie das Wisental besonders kräftig pflegt: schlâts sibini. — Sollte in den O. N. Zubeschlacht ch eingesetzt sein? Sollte slate die alte Form aufweisen: Allislate 868. St. Galler Urkb. No. 540.

ch fällt ferner aus vor t, s nach ê, êa, e, im Inlaute in kneat, Knecht; reat, recht; schleat, schlecht; z. B. in Amtzell: de reat kirbe und d' Kapellakirbe. Dem wfsla = wechseln entspricht in den Baseler Rechtsquell. I, 8: uf dem wêselbankc, wêselherre, wêsseler; echt alem. wiassla.

Brunswick hat: cidêfs, Eidechse. Das Zalwort sechs verliert ch in zalreichen Beispielen: sês swin, Rast. Dortrecht 1370. Wst. I, 438. in dem sêsten jar an dem nêsten zinstag. Mon. Zoll. 1356. sêsse, Wst. IV, 125. shes jûche, Mone 10, 307. Der cgm. 6 hat das sêste f. 13 *. sês sachen f. 19 *. sês stainine krucge f. 250 * u. s. w. Vgl. auch Germ. Neue Reihe I, 84. durchêttung cgm. 6 f. 23 *.

Das nêst von nehst trifft man auch hie und da in schwäbischen Urkunden; doch ist es nur alemannischen recht eigen (= nächst).

Nach kurzen, langem i und iu: grît = Gericht; rîta, richten; ûfrîta, aufrichten; auch urkdl. ufgerît 1346. Mon. Zoll. des ackerîts (-iht-)etum. Basl. Rechtsq. II, 79. (1529). Heute: a dicket (dickicht), Immenstadt u. s. w. gwît, Gewicht; schlîta, schlichten; brîta, berichten; gîter, Gichter; sogar glaubt. man ie (Baar) zu vernemcn; bîta, beichten; bît, beichten. So vom Schwarzwald bis zum Bregenzerwald. Das alte alem. Sungiht erscheint fast nur ohne h: Singîten, Oppenauer Hubrecht 15. Jahrh. Mone Zt. 3, 468. zü Sungîten 1336. Zt. 13, 20 (Mone). nach Singîten, Wst. IV, 511. Sungîden*, Wst. I, 318. Das Wort Licht

(Liecht) büſst h ein in vielen Gegenden: liet. (kilt wurde bei Frommann III, 12 in Zusammenziehung von kienlît (Licht) angegeben; sieh aber Hildebrand-Grimm Wb. s. v.)

St. Josefstag
Nimt 's Liet da Bach nab!

Eine alte Sitte in der Baar kleine Schifflein mit Lichtern schwimmen zu lassen. An der Liemess, Lichtmesse (Amtzell). Lietental urkdl. 1347 b. Mone Zt. 8, 80 und öfter für Liechtental O. N. liethsterne, Mone Anz. 8, 46. Temo: dîssel (Deichsel), Anz. 6, 838. dîsel, Salzbach. O. 1432. Zt. 8, 151. mîtelig == meichtelig; in iserem kerr ist's mîtelig. Wurml. weissel b. Brunswick. Vergl. F. Bech z. Haupts Hoh. Lied in Pfeiffers Germ. IX, 361

Nach o, u, uo: hier ist Schlagwort ôss, Ochse. Am mittlern Nekar, wo man nur den Stier noch kennt und den Hagen, hat sich ôssnen erhalten == nach dem Stier begehren, von der brünstigen, rindrigen Kuh oder Kalbin gebraucht. ôssnerin alemannisch eine unträchtige Kuh. Vergl. s. v. in der Sprache des Rotw. Stadr. ôsa (Buhlbach); von da dem Rheintal zu gibt es ein Adj. ôselig; (ôssnerin) eine überloffene Kuh ist nicht mehr ôselig. Den Ochsenbühl, ein Wendelsheim-Seebronner Wald nennen die Leute Osenbühl.

ôssen, Freib. Urkd. 1340. Mone 13, 222. ôssenhûs, ôssenherde in n. Vocab. alem. b. Diefenb. Nov. Gloss. 58ᵃ. 61ᵃ. 55ᵇ. Ossenwerd, Strafsburg. O. 1449. Mone Zt. 4, 85. Die Strafsburger wie Geiler gebrauchen ôssen wiederholt. Evangel. Buch 1515 f. 151ᵇ. Brunswick: ôssenzungen oft. Der Vocab. teut. No. 57 in Donauesch. f. 11ᵃ: buglossa, Osenzung.

Ferner gflôta (geflochten), gfôta (gefochten), mi dôter, dôter, Tochter; sogar urkdl. thôtermann 1346. Mon. Zoll. i môt, du môtist, er môt u. s. w. ist noch bis auf den Heuberg herunter volküblich. Fûsloch, Fuchsloch, Dornstetter Flurname; heute fûs == Fuchs nicht mehr bekannt. sût, Sucht; zût, Zucht; jûzen, jauchzen; frût, Frucht; sogar uc, ua:

Bartolomä
häst frûət so sä u. s. w. Baar.

Schluosee, Schluoss = Schluchsee; Schluch's. Bei
Mone Quells. III, 521ᵃ steht büssenmeister. ûten, ûten-
gasse, autengasse (Aucht, Ucht), sieh unten Wb. truosesse
in den Basler Rechtsquell. Nach r: furt, Furcht, oder
gar fîrta, sich fürchten, Heuberg, Wehingen; a fierti thier;
i hö mi gfirrt u. s. w. die firrt 'r, der firrt 'm; ebenso auf
dem Heuberg, in der Baar, wie in Waldburg, im Allgäu.
Nicol. v. Basel hat genau so: furthende Partic. Ganz so
steht es mit Furche das fur lautet, Pl. furren wie heute
noch in der Schweiz (Tobler), so auf dem Schwarzwalde.
Die Basler Rechtsqu. ad 1611: fur, fürren, ebenso furinen,
Wst. V, 165. färlin f. färchlin, mi färlî! Marchtal O. N.
urkundlich fast nur Martelle; so das Habsb. Urb. Hier
muſs das alem. kilbe, killwî (sieh oben) angeführt werden;
in Zusammensetzungen verliert es regelmäſsig ch; wogegen
eine Selzer O. b. Mone 10, 308 (1325) schon g setzt: kirge,
kirggang, lutkirge. nût, nûnt, nuczig u. s. w. haben alle
ch längst eingebüſst.

Ein Wort, ich meine befehlen, empfehlen etc. hat im
Alemannischen schon frühe ch verloren. In Wst. IV, 182.
279 und oft empfelen, enpfolt wirt (c. 1400). zů mime lip-
bevile. Spiegel der Behaltnuſs f. 336ᵇ. Basel 1476. Der
cgm. dagegen hat wieder lipbevilhede f. 26ᵇ und öfter.

Ganz so im ältern Schlesischen. Die Paſsio deutsch
c. 1500: entpfelen; entpfolen; befolen. bevele mich, be-
velniſs.

Anderseits erscheint im Inlaute h, wo wir es nicht
erwarten: sollte es blos Dehnungszeichen sein? Spurenweise
rechtsrheinisch; die meisten Belege gibt der cgm. 6 freilich
mehr elsässisch. die grohssen goben f. 3ᵇ. eine grohssen
fursten 7ᵇ. grohsse pin a. a. O.; von grohsseme schrecken
7ᵇ. in einem grohssem siechtage; den grohssen siechtum
8ᵃ; einen grohssen schatz u. s. w., sodann lohssen (lassen)
4ᵃ. lohssenst f. 6ᵇ. lohssent u. s. w. uffe der strohssen
7ᵃ. über die mohsse u. s. w. Dem entsprechend schreibt

Brunswick wehsern (wässern), fahsecht (fasicht)*). Ich halte diese h mehr für ch und müssen gewifs zu einer Zeit in der Aussprache hörbar gewesen sein. Sicher nur Denung ist h in folgenden Beispielen: wohnde f. 23ᵃ cgm. 6. ihr hand a. a. O. 24ᵇ. Vehringen O. N. 1170; im Rotw. Stadt. behr, beier, porcus; febl, pellis, Behrunthal 1308. Mon. Hohenb.

fülhin im Rotw. Stadtr. α. ribsel, ribses in β S. 54. rohs, Rofs. Gloss. Augiens. bei Mone Anz. 4, 92 scheinen ch zu haben und sind keine Denungen.

Als Trennungszeichen zwischen zwei Vocalen erscheint h: in atrio Sancti Michahelis 885. No. 641. St. Gall. Urkundenb. in festivitate S. Michahelis 895. Servus Sancti Michahelis 776 No. 81. Die Oberndorf. Stat. 14. uf Michahelis Mon. Hohenb. 384. Der cgm. 384 f. 64: Michahel Raphahel cgm. 358: Israhel, Michahel u. s. w. Weinhold §. 232.

Die Aspiration im Inlaute deutet h an in Gothefridus 1192, Alberthus 1268. 1269. Mon. Hohenb. Wetthingen, Kloster 1283. St. Gall. Urkb. 11, 35. in pago Untharse 860 u. s. w. Das Rotweiler Stadtr. underthanen, jrthuug; das Zitglöggl. gethan u. s. w. Ebenso des Teufels Netz, Ruthi 1299. Althensteig, Ruthelingen, Rothwile 1310. Bei Nikol. v. Basel oft etthelichen, Marthel, seithe (dixit) S. 109.

Grieshaber's oberrh. Chronik hat die Formen fuerthe, sasthe, bisthtümes, forthe, welche Beispiele zugleich oben den Ausfall des ch vor t teilweise bestätigen.

Ebenso folgende Fälle. Mone Anz. 8, 40 ff.: vorthlich, brath, mathe (Macht), nieth, niweth u. s. w. Sollte hier th für ht stehen, was seit dem 11. Jahrh. in md. Denkmälern (zuthlich z. B.) erscheint. (Diemer). Nach Weinhold §. 173 stünde th für ht.

Das h, ch in ahe, ache, herab, abe z. B. ahahols hat

---

*) Weinhold §. 226 S. 192. Vergl. auch Altbüchser, urkdl. für Altbufser (-strafse), Breslau.

bair. Charakter; wird aber schon bei Landeck, wo alemannisches noch vorherrscht, gehört statt b.

Im Auslaute ist der Abfall des ch aus altem k als auch aus h sehr häufig. Schlagwort ist vea, Vieh; mî vea; was spezifisch alemannisch; gegen den mittlern Nekar wird Vich sehr deutlich gesprochen; veanuddla = Kuttelflecke. Allgäu. Dà = Dach, dàkeher. Dachgeruer. Tettnang. Bâtobel, Bachtobel b. Unterballau, Stand Schaffhausen. Bou, Bauch; all stroa, Straiche; rou, Rauch; dua, Tuch; Buo (Buch- Wald) häufig; Buorî bei Fleischwangen; Buo, Wald bei Unterdigisheim; Fankabuo bei Saulgau. Pea, Pech; Immenstadt, Sonthofen; sehr gang und gäb ist kòlöffel, das sich so ziemlich auch rein bairisch ausnimmt; als Familienname kommt Kòlöffel in Ravensburg vor, ein Beweis dafs ch schon frühe nicht gesprochen ward. Ich mufs hier auf den misverstandenen Ausdruck Kohlenlöffel bei Hildebrand in Grimm's Wb. V, 1595 aufmerksam machen: es ist Kochlöffel und ist Kohlenlöffel geschrieben. Die südd. Lautgesetze besagen das vor allem und dann der Sinn der dort angeführten Beispiele. In weich- ist ch ebenfalls alemannisch ausgefallen, nicht aber bair. wiweddel, Allgäu; Waldburg. — Vgl. dazu das essé, Essig; gnua(g), wear(g), àwear(g) im alemann. Ebenweiler.

dur, durr, durre, überdurre = durch, durchhin, entbehren sämtlich schwäbisch und alemannisch des h, der cgm. 6 hat oft dur. In hô, Hônberg, Hômburg ist h ebenfalls schon frühe weggefallen. Zu Weinhold §. 236.

Die Aspirierung der End-t, k u. s. w. mittelst Anhängung des h ist allgemein schwäbischen und alem. Denkmälern eigen: Szuzenrieth (Schussenried). Mon. Hohenb. No. 1. gueth, rath, im 15. und 16. Jahrh. wollen nicht viel mehr sagen.

Gänzlich verschwunden ist das altem k entsprechende ch in manchen Ortsnamen. Hörschweiler O. N. heifst im Cod. Reichenb. Herricheswilare (1080) neben Heringiswilar; das ch in zwerch büfst das Wort ein, besonders in Zusammensetzungen. Sieh Wb. unten.

Das qu, kw mag als unselbständiger Laut hier abgetan werden. Schliefst sich in quiman Baiern dem Goth. strenge an, wie in noch so vielem, indem es kimma heute noch spricht; hat das Mitteldeutsch-Schlesische noch jetzt quam und in seinen Schriften immer, so steht das Alemannische davon ab; es es hat schon frühe kuman (komman). Ein echtes kw, gw haben einzelne alemannische Gegenden: kwargla, gwargla = orgeln; quersack = Zwerchsack; hier sind wir an dem Wechsel von zw und qu angekommen, der schon althochdeutsch bekannt ist. Heute noch kenne ich zwetschken neben quetschen; Zwerenbach, -Berg urkdl. Quirnbach, Quirenbach 1186. Querenbach. Mone Zt. I, 107. An der Südhalde des Buckenborn, am Hornkopfe ist ein Zwerenbach der a. 1112 als ad Twerinbach vorkommt, Mone 21, 97. Zwiefalten Ep. Const. I, 2, 153: Quifildea. quin und ban, Wst. IV, 105. querhweg 139. quinge (Pl.) und ban 162. über querch nacht (zwei Nacht). Zt. 14, 84.

T, D, S, Z.
T. D.

Rapp nennt bei Frommann II, 59 die Unterscheidung von d, t; b, p in unsern süddeutschen Mundarten blos convenzionell, da die Laute weder hart noch weich, sondern indifferent gesprochen werden. Da die Baiern sprachlich grundverschieden von den Alemannen und Schwaben sind, so können sie auch nicht in den Lautverhältnissen hier miteinander gehen. Bald glaubt man die wichtige Unterscheidung der Tenuis und Media bei den Baiern, bald bei den Alemannen besser wahrzunehmen; aber da wo beide aneinander stofsen und sich zum Teil vermischt hababen, wie im obern Inntal (Landeck z. B.), da haben die Alemannen harte und weiche p, t und verdanken es dem bairischen Tiroleridiom. Die Schwaben kennen die Scheidung nicht. Während die Baiern sich oft noch strenge an's Gotische anlenen und våda, = Vater, bed sprechen, hören wir bei den Alemannen starkes t mitunter; in der

Ebene dd; nach n, l spricht der Baier t der Schrift stark aus; während Alemannen und Schwaben dasselbe bei den Gutturalen tun u. s. w. Das steht fest, dafs alemannisch am Oberrhein thât (Fach, Schublade), schwäb. dåt; alem. thenga (prügeln) schwäb. denna gesprochen wird. Das obere Inntal spricht z. B. loipdete, wo der Schwabe loibede hat, = residuae mensae. Dahin wird Rapp's Angabe geändert werden müssen.

Im Anlaute haben die Alemannen das reine t nie gehabt, weder in Sprache noch in Schrift. Ob das sogenannte Strengalthochdeutsche nicht seine t, k, p gar von den lateinisch gebildeten, erst deutsch lernenden St. Galler Gelehrten hat? Weinhold §. 169 sagt, dafs diese alten t für echt alemannische d stehen im Anlaute. Alemannisch ist überwiegend d im Anlaut: dag, dragen, drinken, dutte, dåcht, dan u. s. w. So schreibt schon Otfrid. Vgl. Weinhold §. 179; so steht es im 14. 15. Jahrh. Gerne schlich sich in Schrift und gewifs auch im Leben t vor r ein statt d: Trochtelfingen, Trupert u. s. w. Sieh die Beispiele §.169 bei Weinhold.

Das echte alte d erscheint als t in: unbetwungenlich 1303 Mon. Zoll. mit einem twehellen cgm. 168 f. 59ª. Daraus ward dann gar Zwehl: thürzwelle, Handtuch. Furtwangen. zwagen, zwagnen (twahan) ist jetzt allgemein oberdeutsch. Vgl. twingnûst, Weist. I, 5.

Echt alemannisch ist das alte träher, Träne, in der Göge noch erhalten: 's håt ui träher da-n-andra gschlagga.

Anlautend mit s in Verbindung gibt es ein alemann. stritzen = spritzen: mit dem wiwedd.l getrizt, in der Kirche; im Allgäu bis herunter in die Nähe von Saulgau, Ebenweiler. Ebenso in der Baar. HausleutnerI, 336 kennt eine Stritzbüxe 1) Spritzbüchse, 2) boffärtiges, wildes Mädchen. Schmeller III, 690 gibt es ohne Beleg als schwäbisch an (d. h. bei ihm = alemannisch). Schmid 514 versezt es auf den Schwarzwald: also haben wir wieder das ganze rechtsrheinische Alemannien als des Wortes Heimat. Schwaben kennt es nicht. Das sehr verbreitete schabelle

= scabellum, durchbrochener Sessel, wird bisweilen stabelle genannt (Schaffhaus. Glarus).

Anlautendes t in Tiberius wird im Allgäu in z: Zibér, verschoben. Sieh z. Etwas gewönliches in der Mundart ist avicat = Advocat; Abvent, Advent.

Im Inlaute hat sich das dem got.-sächs. d entsprechende t alemannisch in der Aussprache als t erhalten; eben wieder im obern Inntal, auf dem höchsten Schwarzwald. Gewönlich im übrigen Alemannien ist dd: modder, vadder, wedder u. s. w. In der Schrift bezeichnen die tt nur dd und wollen die kurze Aussprache des vorhergehenden einfachen oder Doppellautes (Weinhold §. 172) anzeigen, z. B. Rottenburg O. N. 1370. tott, nott, kott u. s. w. Nach den flüssigen n, l etc. erscheint gerne ein t, weil die Sprache ein weiches d in manchen Gegenden hier nicht herausbringen kann. Schriftlich angedeutet ist dies bei Forer: wiltelen = nach Wild riechen f. 112ᵃ. Vgl. verdilken s. k. Das irrationale t in mentsch für eine Weibsperson hört man scharf sprechen; wie denn die Schriftwerke es oft und auch noch das Habsburger Urbar so schreiben. Rintpach, Oertlichkeit 1148 f. Rennbach. u. s. w. Renquishausen O. N. heifst urk. Rentqitshusen. Sieh Weinhold §. 171, wo eine Anzal Beispiele steht.

Die oberrheinische Chronik von Grieshaber hat dohder für hochd. t. Die Nellenburger Namen Uto 1066 und Udo 1078 sind dieselben; also Wechsel schon im 11. 12. Jahrh. Mone Zt. I, 73. 74.

Ausfall des T und D findet durch Assimilation statt. Fripperg (Fridberg) Fridberg bei Saulg. Calend. Aulendorf. Hs. 15. Jahrh. Luppriester, Leutpriester, sehr häufig in alem. Urkunden so auch in den Basler Rechtsquellen 1169. Lipriester, M. v. Lindau. Dahin gehört auch in einem Kempter Urbar (München, Archiv) Leykircher pfarr. 1500. Lückilch Augsb. Wb. 103. (Vgl. Weinhold Gramm. §. 174. e.). Liutgart steht in den Mon. Hohenb. als Luggart; ebenso im Leben L's. Mone Quellens. III, 442ᵇ. Daneben Lücklin 445ᵇ. Schwöster Luggi 448ᵃ. Liggeringen

O. N. 1283. 1303 für 1079: Liutegeringen. Ep. Const. I, 1, 676. Mone XI, 212. Anz. 6, 5.

Ein echt alem. Beleg ist Kleckgau für Kletgau. Rüger, Beschr. des Standes Schaffh. Unoth S. 314 sagt: Kleckgau, es werde aber nach unserer obern tütschen Sprachgewonheit das c oder k für t (vor l, lettgau v. Lette!) und das t auch in ein c oder ck verändert kleckgöer geheifsen. Ich nehme hieher gleich Sunkau, Sunggau wie (bes. im Wisental) mundartlich heute noch üblich, und es in Peter v. Hagenbachs Reimchronik auch steht. Mone Quellens. III, 258*b*. haupwe (hauppwe), Hauptwehe. Brunswick. ganz wie heute noch hopp, Pflugbalken mit hoppete, Kopfunterlage in der Bettstatt. Das edle Geschlecht der hegäuischen Hundbifs nennt sich später Humpifs. Walpurg für Waldburg 1219. Schreiber Urkundenb. I, 45. Der alte O. N. Vesperweiler heifst im 11. Jahrh. Vasburwilare. Freudenstadt. Ob. A. Beschreibung 205; im Cod. Hirsaug. Vastpurgiswiler, Vastepurgswiler.' A. 1211 schon Vesperwiler. — Auf dem bad. Schwarzwald z. B. in Simonswald sagen sie keschezen für Kastanien, Kästezen. Der Name Trudpert kommt öfter ohne t, d vor: Monasterium St. Trupert, in Nigra Silva 1281. Mone 10, 97. Der alte düringische Graf und Einsidler im Allgäu Ràtperonius heifst im Volke nur St. Râbis. (Petershaus. Chronik.) d lassen die Chroniken bes. die Edlibacher sehr oft aus in Eiggnossen. woille = woidle ist allgem. seealem. aibber, aibhere, Erdbeere. eabbèra, Ebenweiler.

Ausfällt d, t überhaupt gerne. Das Trochtelfingen O. N. heifst a. 1256 Trochelfingen. vogbaren, acc. adj. msc. Freiburg. Stat. R. f. 4*b*. In den Mon. Zoll. oft liehmiss. d weg in: vereara, vererden, in pulverem reverti. Horgen. Rotweil. voara, fordern. Ganz wie schon Notkers Psalmen t in ant-, ent- auslassen, so M. v. Lindau, der immer Aufenhalt schreibt.

Diesem manchmal sehr willkürlichen Verfahren steht die Einschiebung von t, d zur Seite: doarstla, doastl = Dorse. Rosenfeld, Oberndorf, wohin auch draostl = Drossel (alt drossel), gehört, alem. schwäb. In Oberweier,

Eichelberg kierschtä = Kirschen. Sehr oft list man das
schlesische t an selbert. In kriudten, krundten, althochd.
chrinna, Einschnitte in die Marksteine des Feldes (rotweilisch) hat d, t sehr überwuchert. Das d in bildren von
biler, bilher, Zahnfleischerhöbung kommt oft vor: schwae-
rend bildren; item so ir die bildren erswerent, Hs. 20, 291.
Nürnb. Germ. Mus., schwäbisch und alemannisch selbst bairisch assimiliert hie und da billerlen. — drützehen, Mon.
Hohenb. No. 200. Das Rotweiler Waldtor steht für Walltor,
wie es früher biefs.

Wildtal O. N. bei Mone 21, 97 Anmerk. für Wülptal.
Rintbach ist Rennbächle am Fufse des Rennbergs 1148.
Mone Zt. I, 97. Das urkundl. Tusfeld 1178. Ep. Const.
I, 2, 584 heifst jetzt Tutschfelden (Kenzingen); Waldstadt
st. Walstatt. Keyserbuch 345. Eigentümlich ist hoaşta,
heischen, eiscôn ahd. Baar. Das urkundl. Walenulm b.
Achern heifst jetzt Waldulm. Salmandingen urkdl. Salbe-
ningen 1245. Mone Zt. 3, 127. Renningen b. Leonberg
mufs Rendingen heifsen 1266. In Wendelsheim d eingeschoben: Winolfisheim, Winalfishain 1243. Zt.3, 121. 1224.
erindern häufig; so auch schwäbisch, z. B. Memm. Stadtr.
Gut erhalten ist d: weinwinden, Alpirsbacher Vogteibuch.
vindemiare, das sonst per assimil. wimmeln alemannisch
heifst.

d wechselt mit g. Das heutige Wendlingen (Heiligen-
berg) heifst urkdl. Wengelingen, älter Wengilingen 1283.
Der (zergangene) Salemitische Hof Vllisegel (1187) heifst
später urkdl. Vollinsedel. Sieh übrigens unter g. Mendlis-
hausen, Weiler an der Strafse von Salem nach Maurach
urkdl. Mencilshûsen 1189. Zt. I, 320. 1184 S. 322. Men-
zilshûsen 1219. II, 85 Windesle soll urkdl. Winzeln sein.
Mone Zt. I, 331, 2. Sollte k und tt wechseln: rückeln
und rütteln? denn jenes ist statt des letztern am obern Nekar üblich.

Im Auslaute wuchert eine Masse t, d teils organisch,
teils unorganisch. Der O. N. Landschlacht heifst 865:
Lanhasalahe ohne t. Das alte sus = sonst haben die
Alemannen unseres Gebietes noch, im Allgäu und Schwarz-

wald. In den Wst. IV, 44: sunsz. Die hist. Volksl. II, 70, 15 (1475) auch noch sus. Teinach (1345) s. 1610 schon Deynacht. Ach, Aha b. Freudenstadt spricht man weit um Acht: in der Acht; zugleich O. N. urk. Aha 12. Jahrh. Cod. Reichenb. 37ª. in der Ahe 15. Jahrh. Grimm Wst. I, 381. gestert auch häufig. Mitteil. d. antiq. Gesellsch. III, 4. Liutg. Leb. 459ª. Forer schreibt gerucht. Das Keyserbuch 284: harnischt. der tropft b. Geiler, Evangelb. 149ª (Schlaganfall). Das Constanz. Rosengärtl. 1611 (Straub): zwifacht. enthaltnust 1410. Mon. Zoll. hindernust 1411. sampnust u. s. w. ebenso die Wst. 4, 303 ff. verdampnust, verhengnust, gezugnust, erkantnust, kumbernist 1369. Mon. Zoll. zügnüst neben denocht cgm. 358. allwegent, zwüschent. Mon. Zoll. 1341 S. 111. Das Man. curatorum Basil. v. 1508 hat f. 91ª: geschwüstert oder gebrüdert. nuwand 459ª. Liutg. Leb. wo in die· helde, in der held (Hölle) steht. Vergl. Weinhold §. 178. §. 182.

t abgefallen: wie die Edlibach. Chron. vasnach, wienach, märk, fischmärk schreibt, Manuel Ach (Acht) auf nach reimt, und ebenso das Idabüchl. (v. Toggenb.) 1612, kaiserl. Ach hat, so finden wir's rechtsrheinisch oft. — Weinhold Gramm. §. 177.

Das t von molta, Staub, fällt alemannisch und schwäbisch gerne ab; so an der obern Donau mau(d)wearfer, talpa.

In Schriftstücken kommt für die bekannte Strafanstalt bald kefit, oft kefi neben kefyge vor. 1515 Basler R. Q. Mundartlich heute kéfət. karsch neben karst.

In St. Blasien d weg: gnoten obe = guten Abend.

S. Z.

Die Alemannen und Schwaben werden von ihren Nachbarn bevorab von den Baiern mit dem sch-Laut statt s besonders vor t aufgezogen und geneckt: 'r ischt, du bischt, mischt, lischt u. s. w. Im Schreiben bezeichnet man wissenschaftlich dieses sch mit ç. Die Baiern Sprache scheidet sich hierin genau von der alemannischen und schwäbischen. Am breitesten hören wir scht statt st im Wirtembergischen; aber fast eben so breit nur nicht vor t im bairischen Tirol, was unsern vorhingenannten Satz aufzuheben scheint.

Ein den rechtsrheinischen Alemannen eigenes Gesetz ist das Beibehalten gewifser scharfer ß, die anderwärts längst sch u. s. w. geworden sind. ß ist erhalten in earßa = Erbsen; wo die Nachbarn åscha haben. Hirß für Hirsch noch im alemann. Hinterwald bei Aulendorf. Altes z erhielt sich übrigens auch z. B. in alten Flurnamen Manbirzle, Bonndorf. Wald. Baden. Hirz, Name des Lehrers in Waldkirch. Bei Luther lesen wir noch Hirs V, Mos. 1, 5 der Bibelausgabe letzter Hand v. 1545. Das alte reine s erhielt sich im Allgäu, Waldburg in doarsla = Dorsen, sonst doascha.

Finden wir gewisse Fälle, in denen die Alemannen in der Lautverschiebung einen Schritt weiter gegangen als ihre Nachbarn, so blieben sie in andern vor diesen zurück. So finden wir fast durchaus woaßa = Weitzen, woaßakeanetle = Weitzenkorn; so auch im Vorarlbergischen, im Walserlande. äßen = ätzen, Âeßsauen, Atzsauen. Wir finden die Vorgänge schon im 15. und 16. Jahrh. Schriftliche Belege: waissen cgm. 384 f. 10^a. Schmell. Gramm. §. 688. Weinhold, Dialektf. S. 80 (oben). M. v. Lindan schreibt reißen f. reitzen. hessen = hetzen, Lindauer Urb. 15. Jahrh. Anderseits ist gruezen, gruez di Gott! wie linksrheinisch üblich. Des Teufels Netz: grützend V. 6970. Vergl. J. Rueffs Adam und Eva V. 4717. gruotz. muots; gruetz dich Gott! V. 4615.

büetzen = nähen, flicken, büetzerin, Flickerin. Vgl. des Teufels Netz: bützen V. 2133. 2454. 697. Sieh Wb. unten.

Das alte bitz = bifs hat sich bis heute erhalten, wie es bei Geiler (bizhar, im Spiegel der Bebaltnus 1476) biz = usque f. 34^b noch steht. Vergl. bize in den Predigtmärlein; Wst. IV, 113. 519: bitzle, bitzeli echt alemann. Watzen, im Allgäu = Dorfwasen, wie Hatz, Haatz bei Stalder II, 25.

seazzen, gseazza, seazzl = setzen, sitzen, Sessel. Daneben catza, eazza, geazza u. s. w. Vgl. Weinhold S. 149. In Weingarten gebrauchen sie schwitz f. Schweiſs. flotzen, flotzgraben, flotzbach bei Wisenflöſsereien geht bis an den mittlern Nekar; flaitzer = Flöſser.

Dem alem. verdrutz entspricht verdruz in des Teufels Netz (: nutz) V. 5464.

Binze, dessen altes z längst hochdeutsch weiches s, wird noch alemannisch mit z oder doch mit scharfem ſs geschrieben und gesprochen. Hinterwald. binza, Aha. Schaffhausen. Wie die oberdeutschen Schriften überhaupt, so schreiben auch die alemannischen z: Binzbauten, kleine Schleimfische im Bodensee; Mangolt 36. weiherbinzen, bintzecht bei W. Ryff oft (1540). Vergl. die arauischen Ortsnamen: Binzenhof, Binzhalde, Binzenmühle. Zum oben angeführten eazzen = essen stelle ich: zû imbitzende, imbitzen, Wst. IV, 83. 85. hirz, das noch sehr spät schriftlich vorkommt erhielt sich neben Hirſs (oben) noch da und dort. s und z: Miseli und Mizeli, Kosename f. Katzen. s und ſs wechseln z. B. in spreisen, schleifen, das ganz weich gesprochen wird (bes. in der Göge), wo die Schwaben und übrigen Alemannen Schleißen, Spreißen haben. Diese weiche Aussprache deuten auch waser, wasersucht an, das in der Hs. 20291 im Germ. Mus. in Nürnb. oft steht; ebenso steht da stosen, genosen, meser, esich.

Die Baiern, die Lech- und Illerschwaben haben alle ſs wie weiches s zu sprechen in Gewohnheit: wosa (Wasser) bair., waser (schwäb.); was dann den voraufgehenden Vocal gedent erscheinen läſst.

Ausgefallen ist ſs im O. N. Flunau, der 1092 Fluſsnau hieſs.

Eingetreten weiches s statt t in fazanêsle, fatzenetle sonst, Furtwangen; wie in der Göge hausnacket für bautnacket. Nach n: kloinses = kleines (Haid).

s im Anlaute wird sch: Schalmanschwiler. Vocab. lat. teut. Hs. 57. Donaueesch. f. 7ª. Der cgm. 6 hat sogar f. 225ᵇ: schachent. Im Davosertal, bei den Walsern im Vorarlbergischen ist anlautendes sch Gesetz: schi bain =

sie haben; schim, seinem; schich, sich; schins, seines u. s. w.

Im Inlaute wuchert sch für s vor t und einigen Cons. und Vocalen. Vor t wird jedes s zu sch. Bolschtra, Bolstern; O. N. Otterschwang, Aoschtrach u. s. w. Mörsel neben Mörschel, Holzaxt. Kascht, Karst u. s. w. Schriftliche Belege: Der cod. palat. 346 reimt lischte : wüste Bl. 7. der lischt f. 51. etschwa f. 34. Wie der echte Wisental-Alemanne nur den bläschbalg kennt, so der Hinterwäldler, der auch sche spricht für sie (Weib); ganz diesem gemäfs schreiben die Urbarien fast jedes einfache s mit sch. Das Adj. gaischlich ist sehr übliche Schreibung; z. B. Mon. Zoll. 1327. Im Leben der H. Liutgart ebenso: mit böschlich; letzteres hat cgm. 6 f. 212^b; der alemann. Druck, Incunab. Leben und Leiden Christi c. 1470: boschlich.

Wackernagels Nibel. Bruchstücke: egeschlich, freischlich, böschlich. Diesem stehen nicht seltene Formen wie gaislichen (1351, Mon. Zoll.) entgegen. Häufig sch auch f. ss: Eptischin, Wst. IV, 301; ebenso hat es die Glotertaler Ordnung immer. Mone 20, 486 ff. geischlon, Brud. Nic. v. Strafsb. mit geischeln gegeischelt cgm. 6 f. 10^a. Es scheint die Elsässer haben das sch-Gesetz in's breiteste ausgedent. mit der segeschein (55) Wst. IV, 185. meschin bekk. Donauesch. Hs. 792 f. 113^a. die urschach, eine dem 17. Jahrh. angehörige Hs. Legende des H. Aurelius; ehemals im Kloster Kirchberg. anderschwa ist ebenfalls vielfach vorkommender Beleg. Z. B. Liutg. Leben 451^a cgm. 384 f. 97^a. Mon. Zoll. Hohenb. 14. Jahrh. schon. Zu Anfang des 14. Jahrh 1308 z. B. haben die Glarner Urkunden noch st in anderstwo. Der cgm. 384 hat schon sch, z. B. f. 97^a*). Noch der Biograph A. v. Haller's, J. G.

---

*) Das Fränkische hat viele an- und inlautende sch statt s in der heutigen Mundart. — Das fränkische Kochbuch Hs. 18909 im germ. Mus. bringt z. B. immer schischel, f. 6^a. 7^a. 11^a. schal 7^b. muschat f. sc. 7^b. Das Eriung'sche Kochbuch Hs. 1594 ebendort hat immer mörscher = Mörser; mörscher brott f. 18^b.

Zimmermann (1755) schreibt Bischtum S. 55. sch für tz: malaschig cgm. 358 f. 12ᵃ. Vergl. Augsb. Wb. 381.

Auslautendes sch für s u. s. w. begegnet in wambesch. Freiburger Urgichten 14. Jahrh. b. Schreiber II, 62 ff. Bertschi der wambescher S. 146 a. a. O. Wambesch, Ida Wambescherin im Habsb. Urb. 321. Brunswick (1412): kebsch. Auch im Auslaute kommen die elsässischen breiten sch oft vor: fsch. Mone Quells. II, 493. — sch lautet an: schmaunkelbraun vom Hirsche. Königseggwald, was an schlesisches Idiom erinnert. Weinhold Dialektf. S. 82 (oben); lautet gleichfalls aus in gweisch = Geweih. Hinterwald.

Diesem sch gegenüber trifft man oft an der Stelle des organischen sch einfaches s. man wäst, wascht. cgm. 384 f. 22ᵇ. gemüst, gemischt f. 97ᵇ. sau = schon, in Weiler in den Bergen. Ursprüngliches s in griese, chriesi (cerasus).

Eine Eigenschaft hat unser Alemannisches: es schlägt manchmal ein sch im An-, In- und Auslaute an als ob es tsch hiefse, sowol vor organischem sch als vor sch aus s geworden. Ein Beispiel habe ich oben aufgeführt bei t: mentsch. So hört man es in Altschhausen O. N. urkundl. Alesbusen; in Albertschweiler, Tafertschweiler, Armertschweiler denkt das Volk nicht an einen dazwischen ausgefallenen Vocal (e), sondern an sein alem. Gesetz, als ob Albersweiler, Tafersweiler etc. ursprünglich stünde. — Dagegen ragt vom linken Rheinufer aus der Schweiz, vom Elsafs her im Sundgau, von Innsbruck her in's obere Inntal ein tsch das grofse Verbreitung hat.

Weinhold nennt S. 159 dieses Gesetz eine palatale Modifikation des sch in der heutigen Schweizermundart. Im Sundgau sagen sie: so abscheulich als es ein warhaft tschuderet = schaudert. Tschoppe, Tschöpple = Schopen gehört hieher; tschuppesser Wst. IV, 51. Auch der Name Tschudi ist nach diesem alem. Gesetze gebildet. In einer Urkunde von 1128 steht noch Schudi; so hiefsen die Meier von Glarus, die Lehen trugen vom Stifte Säckingen am Rhein. Weinhold S. 159. 160. Dialektf. S. 82. Zingerle hat in Frommann's Zt. III, 8 ff. diese tsch im Tirol besprochen. Schöpf Wb. 573. 763 ff. Weinhold bair. Gramm. S. 163.

Im Allgäu beifst das Füllen buitscher; in Scheer, Enentach buitter; anderswo buischer. Nach der Urk. v. 1253 (Mon. Zoll. 69) sollten wir jetzt statt Renquishausen O. N. (Heuberg) dem Rentquitsbûsen gemäfs Rennquitschhauser sagen.

Im Auslaute haben Wst. IV, 303: harnatsch.

Vor p und t hat sich bekanntlich in der neuhochdeutschen Sprache das verbundene einfache s nicht getrübt; in den Dialekten trat aber auch hier sch ein. sc mag die älteste Schreibweise dafür sein; Weinhold §. 90 hat eine erkleckliche Reihe von Beispielen aufgeführt, denen folgende rechtsrheinische Belege beigefügt sein mögen. Sogar aus dem 15. Jahrh. steht auf eingelegten Zetteln von Lindauer Ratshändeln (1437): gescriben. Die Hs. Marq. v. Lindau in Lindau hat noch (15. Jahrhundert) scrip. Eine Urkunde Mon. Zoll. v. 1347: gescriben; von 1348: vorgescriben; ebenso v. 1352. 1385. 1402: verscriben. 1342. 1381. Augsb. Wb. 379^b *). schl (schm), schn, schr, schw beginnen schon zu Anfang des 14. Jahrh. in unserem Gebiete und gehen neben sl, sm, sn, sr, sw bis in's 16. Jahrh. herab. Noch das Basler (1512) Zitglögglin hat: verslaffest, beslossen, slaffen, geslecht, slofs, smerzen, versmach, smyden, besnydund, snell, snöd, uberswenklich, swytzen, swygen, swere, swanken, geswulnen ruggen, Sweden, geswetz u. s. w. Eine Kilchberger (Tübingen) Ord. vom 16. Jahrh. (Mon. Hohenb. 927) hat ebenfalls noch swieren, geswornen. Brunswick 1512 gesmack (nur vor m). Weinhold Dialektf. S. 80 weist selbst sogar ein Opitzisches slange auf.

15. Jahrh. Der cgm. 358 hat schon beschlussen, schne, beschwert; M. v. Lindau aber wieder beslossen, sweben, smerzen. Wst. IV, 197 sl neben schl; ze snitte, snittern u. s. w. Der O. N. Schliengen kommt 1475 Sliengen geschrieben vor. Die alem. Hs. 20, 291 (Nürnb.): sweren

---

*) In Peter Nigers Stern Meschiah, Efslingen, Conrad Feiner (v. Gerhausen) 1477 steht noch scrihft, was ohne Zweifel zu jenen archaistischen Launen gehört, die Weinhold, bair. Gramm. §. 157 aus dem Ring anführt.

(eitern) neben schweren, geswellende neben geschwellende.
Mynsinger Vogel —, Rofsbuch z. B. wechselt mit beiden ab.
Die Basler Rechtsquellen des 15. Jahrh. haben schon Mischung: totschlag 1403 (S. 73). gesworneu, geslagen 1401.
underslagen 1419. gesmelzt 1427. schnider 1457.

Die histor. Volkslieder II, 34 ff. haben meist noch sl,
sw: slussel, 34, 64. geslagen 35, 97. slechte 111. geslichen 64, 40. us Swoben 40, 11. Swarzes 39, 10. slofs
41, 24. switzen 94, 29. slihten 39, 3.

Der Spiegel der Behaltnus 1476, Basel, gleichfalls: smocheit, snoke, beslossen, gesmak, swester, snebeln, swerlich,
slûfs uff! besniten, swanger, geslehte, geslagen, swert u.s.w.
Daneben auch schwester.

Lindauer Ratsprotocolle v. 1437 u. s. w. haben noch
vorherrschend swin, swester, Swabelsberg u. s. w.

Wolfacher Schriften 1470 (Mone Zt. 20, 42 ff.) haben
verswigen neben schweren, umgeslagen u. s. w. Vergl. Nytharts Terenz Ulm 1486: sling, slegregen, geslosen, sweigen, gesmuckt. Der cgm. 384 hat bald swarz bald schwarz.
Des Teufels Netz: smeckend des tüfels smack 4041. —
Hahn neuhochd. Gramm. 49.

14. Jahrh. Auch hier wuchern die schl, schw u. s. w.
Zoll. Urkunden: swester 1310 (Mon. Zoll. S. 124). verschworen 1302. ab der swelli 1334. gesworn 1362. swestern 1372. geschwister 1349. schlacht 1350., slachen
1374. Swarzgraf 1370 (S. 217). Die Mon. Hohenb. Swigger neben Schwigger 1383. geslossen 1384. sweher, Swaben a. a. O. swebischer haller 1391. angeslagen 1398
(No. 793). Swarzgraf 1399. Swaldorf 1383.

Ganz so die vorarlbergischen Urkunden, z. B. 1391
smalz neben schwinpfennig. Vergl. Glarner Urk. 1302:
geschwornen (hist. Ver. Ztschr. Heft 2, 103). schlachte
a. a. O.

Der elsäss. cgm. 6 (1392) hat swetzer 4^a. swarz 16^a.
versmoht 13^b. geschlossen etc. smerzen 18^a. geswollen
21^b. fürslinden, sweben, snelheit, smekende, gesmag,
switzen, swester, swert u. s. w.

schm ist wie ersichtlich kaum belegbar im 14. Jahrh.

Diese Belege stimmen vollkommen mit dem was Wackernagel Nibel. Bruchstücke S. 45 sagt. Noch vor Ablauf des 14. Jahrhunderts aber waren die breiteren schl, schn, schw zunächst für das alemannische Sprachgebiet herrschende Regel geworden; erst später kam dazu noch schm, das vierte derart und schlofs sich das sonstige Oberdeutschland der neuen Lautgebung an. Die Nibel. Bruchstücke haben altes gutes sw, aber schon schl, schn.

Wenn ich recht beobachtet habe, so überwiegen die sch im Alemannischen durch das 15. Jahrh. durch bei weitem vor denen der bairischen Handschriften; blos bei schullen, schulen (sculan, alt) haben auch die Baiern frühe sch. Der cgm. 640 behandelt die Leidensgeschichte bairisch-sprachlich, der cgm. 480 alemannisch: jener beslussen (15. Jahrb. beide), dieser beschlussen.

Die Schweizer müssen schprechen schon frühe breit gesprochen haben, wie aus ihren Weistümern erhellt; I, 45 ist jeden Augenblick schprechen zu lesen. Augsb. Wb. 380".

Alliteration: schimpfen und schallen (in des Teufels Netz); sing und sag 1608. 1712. schreuzen und schrinden 12934. stigel und stapfen. Wst. IV, 309.

Z erscheint statt einfachem s im Calwischen Ortsnamen: Würzbach, urkdl. 1084: Wirspach; in Wörmizbausen 1290: Wermeshausen. In Salzstetten b. Horb 1228: Sallinsteten, Mone Zt. 3, 111, Sallestetin (Schmid, Pfalzgrafen 58) ist z unberechtigt eingedrungen.

Im Auslaute: nunz = nichts; nuaz, noaz (Nonnenhorn) neben nûnt, nût. Die Constanz. Chronik in Mone's Quells. (324) schreibt Zentbach für Sempach im Anlaute.

Das Unterbrot zwischen Morgen und Mittag heifst im Allgäu (Waldburg) Zunding neben Sunding. Sidel und Zigel; Zidel habe ich schon im Augsb. Wb. angeführt. Zant Josef; Zant Anna, Zopfei; Zilvere, Silverius; Zilvester (Silvester); mizantem (mitsamt) u. s. w.

Altes zz ward sch: Oeschelbronn urkdl. Ezzenbronnen 1297. Mone 14, 450. Eben so wird tz = tsch: zwitscherlen.

Dem z hängt gern meist unorganisch ein g nach: binzge = Binse. Schluchsee. Aha. verhizgen, erhitzen.

Unverschobenes t für z lebt wie mittelhochdeutsch noch im Vorarlbergischen: gîthals zu mhd. gît = Gier, Habsucht. Vgl. Weinhold S. 135.

Im 16. Jahrh. heifst das Kinzigtal Kinskerthal. Diöcesan-Archiv II, 44.

W, B, P, Pf, F.
W. B.

Anlautendes w für b vor Vocalen, sogar in Verbindung mit Zungenlauten ist bekanntlich altes bairisches Gesetz in Schrift und Wort gewesen; beschränkt sich heute nur noch auf Eigennamen: Wastel, Walthausser, Wenediet, Waberl u. s. w. Vergl. Schöpf, S. 24 (zu Weinhold bair. Gramm. S. 130 §. 125). Auffallend sind daher die echt alemannischen Belege: bisbomm = Langbaum, Wisbaum, in Binsdorf: ber = wir; börm, Ohrenwürmer im alemann. cgm. 384 f. 1ᵇ. Weinhold §. 158. Das Hofgut Banzenreute b. Mimmenhausen heifst 1204 (Mone Zt. I, 326) Wanzenriuti. Ein anlautendes w aber für b finden wir z. B. in dem Wurrstall = Burgstall b. Grünmettstetten.

w : m : alt ist das allgemein oberdeutsche mir und wir. Für meser, mesel : weser, wesel, sieh Wb. wixtur : mixtur. Der O. N. Malsbüren bei Stockach heifst urkundlich 129: Walsbiuron. Mone Zt. I, 79. Sieh oben S. 99.

w : h : dem alten bairischen Woadhaos'n für Haidhausen bei München entspricht Wuete und Huete, das ein Unterhallauer Flurname ist. Witenowe und Haitenowe O.N. 1275.

w : g : uralter Wechsel bevorab in Guotach und Gütentag. Jenes für Wuotach, dieses für (Godens-) Wodanstag. Sieh Jahrzeitnamen S. 41 ff. Die wilde Guotach 1) im Simonswaldertale; 2) bei Triberg und Hornberg; 3) im Glotertale; 4) zwischen Feld- und Titisee. Die urkundlichen Namen sind fast durchaus nur Wûtach, Wuotâ. So kommt die Gûtach (3) im 12. Jahrh. in rivum Wûta vor. Mone Zt. 21, 99. Grieshabers oberrh. Chronik hat Gelfen = Welfen.

Ohne w erscheint Wohnprechts, der alem.-allgäuische O. N. im Volksmunde als âpreats. Wainbrechtis 1275.

Alemannisch und zum Teil schwäbisch ist schwoima, abschäumen; Riedl. Alb; zweck = Zecke; schwab = Schabe, Käfer; allgem. Läuberzweck.

In- und auslautendes w. Ziemlich reines w für b begegnet am Westabhange des Schwarzwaldes, besonders in der Labrer Gegend, im Kinzigtal: stûwli (Stûblein); bûawli (Bûblein), blauwer husâr; raow (roh). Vergl. growa gmur, Vorarlberg. Frommann II, 573. In Heuwet ist w auch in der Göge erhalten. z'owe (Abend); awer, halwewett, newell, fiawer, kanonafiawer u. s. w. Kilwental neben Kilbental bei Waldkirch; der alte O. N. Egibetinga, Ewatingen jetzt, bei Bonndorf, Baar (863).

Diese sanfte Aspirierung des b ist elsässisch und darum auch im Breisgau heimisch. Weinhold §. 166. Auch haben sich noch einige Fälle von w erhalten, die inlautend (zur Bildung gehörig) altem w entsprechen: 's hât mi g'rouwa, i hô gschrouwa; ja sogar: 's hât gschnouwa. Schriftliche Belege: noch das Dietinger Urbar v. 1531 hat stets: N. bûwt = grenzt an; oder des N. Acker ligt da und da; bawe cgm. 384. lowes herze, löwekeit bei M. v. Lindau. nouwe vel nak (jetzt Nouba). Vocab. Strafsb. bei Mone Anz. 6, 340. Andere Rotweiler Urbare, bevorab das Holzbuch v. 1579 hat gehauwen 17^a. gehauwner stain; frouwenholz u. s. w. kröwel, (1385) Mon. Hohenb. (Graibel, Rotenb. Flurn.). mit zwain sparwern 1481. Vorarlberg. Urk. Joller 185. Des Teufels Netz hat gerwen, ferwen; entferwt, Zitglöggl. rosenfarw, farw. Daher sind die unzäligen mit melwe, snewe, bi den sewen, horwe zu ziehen. Der cgm. 384 hat kerwol f. 2^b neben kerbel f. 36^a. mit melbe und mit melwe; arwissen 105^a. ärwifs blust 78^a. bäwe (bäje) 95^b. Der cgm. 138: glüwender ofen f. 38^b. (dem horb, aus dem horb, von dem horb daneben). spuw f. 52^a. schruwen f. 72^b. 97^a. Vergl. einen Fastenküchenzettel 15. Jahrh. Antiq. Mitteil. Zürich 8, 436: erbare schüsseln mit gelwem pfeffer. Sie haben sich in alem. Urkunden bis in's 16. und 17. Jahrh. herab erhalten. Der zollerische O. N. Owingen, wie man heute schreibt, aber Aobingen gesprochen, heifst urkundlich stets Owingen 1254. 1344 (Mone). Sodann erscheint huliwa mit seinem w noch lange augehalten zu haben. Im 15. Jahrh. (1411) kommt ein Tribergischer Vogt Dietrich der Hülwer vor. Mon. Zoll. Bildendes auslautendes w tritt besonders in Knie hervor: uf dine knūw, Zitglöggl. knūw Dat. Pl. cgm. 358 f. 7*b*. knuwen cgm. 168. Damit stimmen auch viele augsb. schwäb. Belege. an die knūw; kneuwes. Wst. IV, 60. 213 (zu Weinhold §. 165). Das Büchl. v. guter Speise (alem.) hat immer row = roh. strouw Wst. IV, 60. Der cgm. 138 hat spuw, schruwen. Rotweiler Urb. am mitelhouw (Wald) u. s. w.

Ich mufs hier noch des auslautenden w in Calw gedenken, das amtliche Schreibung, während das Volk w zu b verhärtet. Im Anfang und durch mehrere Jahrhunderte des Mittelalters urk. Kalewa 1156. 1137. Chalawa, Chalwa 1075. Ferner führe ich das inlautende w im Namen Tübingen an. Tuwingen 1170. Tuwingin 1183. VI solid. Towingensis monetae; Twingen 1188 u. s. w. Vergl. Wörterbüchl. z. V. 15. 90.

Die Verhärtung des w zu b im In- und Auslaute hat sich in der lebenden Mundart ein weites Gebiet erobert. Bald sind die Schwaben, bald die Baiern hierin wieder bemerklicher, allein die Art und Weise wie die Alemannen verhärten, scheidet sie wieder streng von den Baiern.

Ich mufs vor allem der auffallenden Verhärtung gedenken im echt schwarzwäldischen, besonders dem Wisental eigenen Hamberch, Handwerk; Hamberchsmann. Vgl. ferner andersby Wst. IV, 394. Botbar für Botwar O. N. 1301 (Mone). Berbech hiefs das Volk nach dem Schwarzwälder Beschrieben (1733, Mone 15, 63) den General Berwick. — Das alte schellwerken = als Gefangener Frondienste tun, hiefs schellaberga (oberer Nekar). Wbl. z. Volkst. 15.

Allgemein rechtsrheinisch-alemannisch hat für altes w b Platz gegriffen; sogar oft wo es nicht organisch ist. — Alle Beispiele oben haben im Volksmunde b: bouba, läb (lau), nouba, ghaoba, kraibel, hůlbe, kneib u. s. w. Ein Schlagwort ist sû, sûbli (Sau). mi saub*) bis nach Rotenburg herab. meī saub drīet = gedeiht gut; saubstall, soubsteig; in der Sûblere ist ein Oefinger (Baar) Flurname. — Das andere Wort ist kneib (Knie), kneiba, knûbla, Knie, knien (Deifslingen. Wurml.); auch kneibli = Knäuel. neub, nuib, nûb: neiba wī; Rippoldsau. a nuibs bar schuo (Heuberg); fraiba (freuen), straiba, 1) dem Vieh Streu legen, 2) vorsäen beim Wergbrechen, wenn einer vorübergeht. straibi, die Streu; draiba, dräuwen, drohen; besonders haoba, áhaoba, Brot schneiden, sieh Wb. hschaoba, uff hschaobede, gschaobede, Brautschau. Zu hauen ist ein Adj. in der Baar üblich: durrhaibig (-hauig) = sich durchhauend, baobe, Haue. haob, baible, Wald. Im Heubet**) (in der Heuernte), ze mitten Höwat 1347. Joller S. 10. Echt volkstümlich ist Hirschaob, Aobingen, Nidernaob, Imnaob; im aible, Wurml. Fluro. = in der kleinen Au. Im Haobilbawald (Heuberg); in d' Stoinhûlbere u. s. w. Das dem alten phulwen (1227, Mon. Zoll.) entsprechende heutige Pfulben hat b schon sehr frûhe auch in alemannischen Schriften. Im alem. Büchlein von guter Speise (151) noch buobenpfulwe, eine Speise; in der Ueberschrift blos buobenpfulen ohne w. Kilbi = Kirchweih ist echt alemannisch. raob: a raobs eazza = rohes, nach rohem Kraut, z. B. noch riechendes sog. gekochtes Kraut. raibelen = Ztw. dazu; Heuberg. kláb, Klaue; beargláibig, eine Krankheit der Schweine, sieh hammen im Wb. pfâb, Pfau. da blâba Storka in der geala brûeh, ein altes Volksl. eib (îwe), uib, eiber sind echt rechtsrheinisch. Vgl. Wbl. z. Volkst. 90.

Zu den Belegen aus ältern Schriften, die Weinhold §. 155 bringt, seien noch folgende gefügt: für den fallenden wêben (wêwe) cgm. 384 f. 22[b]; sogar den fallenden waibel f. 236; wo der Baier noch w, der Alemanne hie und da noch b spricht, wenn er's überhaupt beibehält.

*) Red. A. dear singt wie braŭ nâtigall im saubstall. Hailfingen.

**) Im obern und untern Heubat in der Himmelschrofennlpe, Oberstdorf.

Dem gruoben (gruobstoan) = ausruhen entspricht im Leben der Liutg. S. 462^b: hetten gerůbet. knůbs lang. Wst. IV, 51 u. s. w. rûben in dem Gebetbuch des Frauenkl. Stetten b. Hechingen 1454 (Hs.).

w wechselt mit k im alten Flurnamen Valwinsteige, nachher Falkensteige 1166. Mone Zt. I, 318.

Mit g: serben (seraben verhärtet) wird saulgauisch serglen.

Fällt aus: öfters im Worte Tübingen: Tuingen 1189. 1193, in Pfrungen: Pfrůwanga 1121. Episcop. Const. I, 2, 25. Simelholz f. Sinwelholz.

Alliteration: in des Teufels Netz: windlen und wiegen 5272. weggen und würst 5313. wüschen und wäschen 5279. witwan und wib 751.

. B. P.

Was ich bei T und D bemerkte, dafs alemannisch im Grofsen und Ganzen kein t vorhanden, sondern d, so bei P. B. Hat der Volksmund sich auch die Anfangs-P der fremden Wörter-in b zurecht gelegt, so werden doch neben brior, briorin, båderen (Paternoster-Kůgelchen), Panter, Perser, Peter, Paul, Pacht, packen, Pater, pådern, Patriot, Patronat, Pöbel, Pius, pur (purentig noch stärker), wie p-h ausgesprochen, so weit sie schon in's Volk verschleppt sind. Dagegen p kann man wieder hören im obern Inntal, da wo Bairisch und Alemannisch in einander übergehen (Landeck, Vlis).

Altes p-h in krump = krumm, haben die Allgäuer, Waldburg; übrigens ist es ein Hauptkennzeichen der bairischen Mundart. Ebenso gewinnt man durch Assimilation annäherndes p: Haipper und Haip-beer, Heidelbeere. Furtwangen; ebenso in Stepperg, Stettberg bei St. Blasien. Ein eingeschobenes p in gschplofsen, partic. p. (noch bis Rotenburg) zeigt den Mittellaut zwischen p und b an.

Unser p fiel aus in Bachötta = Bachhaupten bei Ostrach, O. N. Bachoptun 1275. Lib. Dec.

b erhalten in Schorben, Schorfel, nackte, öde Stelle in Feld oder Wald; Simonswald, Kaiserstuhl; dorben,

Torfstücke, Hegau. Durch Anlenung entstand schnitloub = Schnitlauch. Allgäu, Waldburg. Echt alemannisch ist hemb, hembet Pl. hember. Tuttlingen, Baar, wie im Tettnangischen fremb, frembeu. Echt allgäuisch: hombalen und hommalen = Himbeeren. (Ravensburg).

Ausfall: in Wearawâg, Werbenwâc. Hug v. W. earfsa, Erbfsen, knola (Allgäu) Knoblauch. Aeweiler, Ebenweiler und per assimil. Emmet. *).

In der Baar wechselt b und d im Anlaute bäxel, Zt. bäxeln = däxel, dabselfn, Reisachhape.

Merkwürdig; die zollerische Ortschaft Hefendorf heifst 1095 (Mon. Zoll. S. 2) Hebindorf; schon 1101 Hevindorf. S. 3; dazu die Nelbenburger Ebirhardus, Eberhardus 13. 14. Jahrh. Everhard 11. 12. Jahrh. Erbstetten urk. 1275 Erfstetten. Lib. Dec.

Alliteration in des Teufels Netz: braten und brennen 335. brinnen und braten 525. bûfsen und bichten 722. bucken und biegen, biegen und brechen 4393 u. s. w.

B. F.

Die oberrheinische Chronik schreibt stets: fatter, ferraten, folk, forth. (Grieshaber).

Was vor Allem und echt alemannisch hier hervortritt ist sûfer für verderbtes sûber, das schon daneben auch gebraucht worden sein mag. Im Wisental, im Elsafs, im Breisgau so recht einheimisch: nit gar so fin, doch sûfer dur und dur. Usstich. a sûferer bua, Ortenau. sûverheit, Meinauer Naturlehre. unsûferkeite, Predigtmärlein. sûferen stal. Wst. IV, 145. ein junger sûver starker man; unsûfer, Nic. v. Basel S. 128. die lufft ensûffert in mit sterbunge.

Spiegel der Behaltnus; was zû sûfferen; was dar sûfferte a. a. O.

---

*) Der Schaffhauser Landschaftbeschreiber Rüger im Unoth führt auch einen Ausfall von b an, den ich seiner Curiosität halber hieherstelle: by dem dorff Donaschingen entspringt der edel und verrümt Flufs Ister oder Abnobius, uff Tütsch die Abnow vnd mit verkürzter Spraach d' Abnow; aber durch Verbosserung des Gespräches hat die zyt das b fallen lassen und würt nachmals genennt Danow. Ab disem zerstörten nammen haben auch die Römer ein zerstört Latin genomen und dis Wasser genennet Danubium.

Vergl. auch das heute noch übliche süferi = Nachsäuberung der Kühe.

Vergl. nuefer = lebendig, tätig, bei Kuhn Zt. 13, 382 (Schweizer-Sidler).

Ebenso hat der Spiegel d. Beh. zoufferer (Zauberer) f. 33ª. Weinhold §. 161 S. 126.

Echt alemannisch ist werftig = Werktag, zu werben stehend. (Hundersingen). f für p: Rufertshofen, geschrieben Rupertshofen; Wolfertschwende, geschrieben Wolpertschwende. Salfaiter, Salpeter (Gäu). Steifbügel, Steigbiegel. Althergebracht ist oflate, Oblate, Hostie, wozu Weigands Wb. s. v. zu vergleichen, der die mittellateinischen Formen aufzält. Oflaten b. M. v. Lindau (Kirchenschmuck Bd. 23, 21 ff.). Diethelm's Keyserb. Das Wehinger Pfarrurbar hat ein Feld Plahen, das vom Volke unter dem Namen Flachen bekannt ist. Esefes, Eusebius (Göge). Allgemeiner ist schraub und schraufe; letzteres kennt der Alemanne allein. Altes durch Assimilation entstandenes ff in affentürlich ist herkömmlich, so besonders cgm. 384. In Ebenweiler kennen sie nur wâfa, Wappen (das Manuale August. cgm. 92: Stolzbirfswâben). Vgl. Rückert, schles. Mundart (IX. Heft von Grünhagens Zt.) S. 33. Mhd. Wb. 3, 455.

Anderseits kehrt Rebental, Rebentür für refenter, refectorium oft wieder. — Vergl. Augsb. Wb. 41.

Die Form arfel, arfele, dim. ist um den Feldberg üblich = Arm voll. Sieh oben 101.

F. Pf.

Hauptkennzeichen besonders auch der rechtsrheinischen Sprache der Alemannen ist die Schärfung von f in pf im An-, In- und Auslaute.

Anlaut. Obenan steht pfarre = Farre. So hat es das Rotweiler Stadtrecht β = Wucherstier. Das jüngere Ex. hat f. (pfaren, Wst. IV, 186 (1339) ist verschärftes f v. faren = vehi). pfarre, Habsb. Urbar 208. 23. ein pfarren und ein eber, Wst. IV, 191. 209 (14. Jahrh.). 211 (1513). der pfor, eber S. 237 (1368) pfarre, Wst. V, 30. Das Donaueschinger Arzneibuch Hs. No. 792 hat ochsen odder pfarren f. 55*b*. Auch die Benfelder Ordnung v. 1538 hat pferr = farren. pfarre ebenso der Vocab. Hs. 57, Donauesch. Die St. Blasische Handschrift Conrads von Megenberg, Mone Anz. 8, 496 belegt pfarr.

Der Ortsname Pfarenbach (Ravensburg) urk. Pharribach (Mone Ztschr. I, 337) gehört wahrscheinlich auch hieher. — Phlueren 1275: Fluorn.

Ein anderes Schlagwort mit verhärtetem f ist pfön, favonius; pfē volküblich am See, bis an die schwäbische Grenze bei Schussenried, Biberach: pfön und fön; pfen bei Diefenbach Nov. Gloss. 169*a*. Es scheinte mir der pfön leis in ein Ohr zu sagen. Schnüffis, Mirantisches Flötlein.

pflettersch neben flettersch; pfifolter neben feifolter, sieh im Wb. unten. Diese zwei Formen sind heute noch üblich, wie einst. anpfremma = anfrümmen; Hotzenwald, Hegau = bestellen. pfriesaxt für Friesaxt, sieh Wb. (Altglashütten). pfladder = Kuhfladen; pflatteren = fladern neben pfladern und fladern. Echt breisgauisch ist pfunst = Faust. pfipfis wird selten fiffis gehört. Vergl. pfazzen und fazzen bei Geiler; pfinsterli bei Rochholz; das schweiz. pfacht und facht bei Kuhn Zt. 13, 382 (Schweizer-Sidler). pfludda und fludda; ersteres echt rechtsrheinisch wie elsässisch, eine Art eingerührter (Mehlklöfse) Knöpflen oder Spätzlen; nicht verschärftes fludda ist mehr schwäbisch. Ferner pfurz und furz (Göge); pflegel, Flegel; pfahna, Fahne; pfaden, Faden. Interessant: Esch-pfatten neben -faden, sieh Wörterb. unten. Vergl. Zwirnpfaden. Wst. I, 80.

pfnitschen und fnitschen; pfuselnagget und fuselnagget neben fiselnagget; was beinahe an Fisch und fūsch schwäbisch erinnert. pfletz hat Oheim = Kirchenatrium; andere: fletz (mehr schwäb. augsb. bair.). pfulment und fulment; fulemunde, Mone Anz. IV, 434. das pfulment der betrachtung, unzäligemal im Zitglögglin. Bei Veit Weber ebenfalls. Es ist die Grundlage, der man traut. pflō = neben flomm, flō = Flaum, neben pflomm.

Das Wort -fort in Zusammensetzung mit all- spricht

der Alemanne besonders der Allgäuer sehr verschärft aus:
alla-pfort = immerfort. Ebenso hemet-pfitz und -fitz.
Waldb. (nasser Furz).

Beachtung verdient der O. N. Pforen (Donaueschingen)
und südöstlich von Hüfingen ein Sumpforen. Urkdl. in
villa et in marcha quod dicitur Forra. — in villa Forran.
St. Gall. Urkb. No. 384. ad Forrun 817. Neugart Cod.
Alem. I, 163. Sumpfohren urkdl. 883 Sundphorran. 821
und 821 kommen ph und f in diesem Namen vor. Es
dürfte wol röm. Forum sein, wie denn ad fines Pfinn ward.
Bacmeister I, 23. Was ist heute: in Forachero marcha?

Haben wir hier fremdes Anlautwesen, das sich das
oberrheinische Sprachorgan zurechtlegte, so ebenfalls phaat
aus pactus. So die lex Alem. a. 867 im Argengau. Neugart Cod. Alem. I, 105. 362. 363. — Monc, Urgesch. Badens
I, 123. Augsb. 148. 147. — Vergl. auch hieher Pfäffikon,
das 867 in Faffinhovun lautet.

p und pf: pâtera, pfâtera, Paternosterkügelchen.
pfacht = Pacht, Riedhausen; dazu In- und Auslaut:
schumpen; schumpfen, junges Rind. (Allgäu). kripfe :
krippe. Forer. Weist. IV, 155: zappen : zapfen.

Im Inlaute. Apfolter und Affolter. Sieh Wb. Affal-
trach 1241 neben Apfeltrach O. N. Saipfe heute üblich
wie ehemals. Donauesch. Hs. 792: Saipfen. Schopfheim
urkdl. 807: Scofheim. Das heutige badische Alpfen urk.
885: iu Alolfun. Mone 9, 365. heustapfel und heustaffel,
locusta, sieh Wb. So Scaphhûsen und Scafhûsen; Egil-
wart de Kalfun: Karpfen. schürpfa: schürfen. Mone Anz.
VI, 6. sürfeln, obenweg süpfeln neben sürpfla. Altglashütten. Der Rotweiler Fischerfachausdruck straipfen kommt
dort neben straiffen schon im 15. Jahrh. vor. In der Baar
ist ersteres noch volküblich. In den Monum. Zoll. 1356
erscheint eine Straiffenwise. Die alten termini für Wasserscheide sind bald Snesleifi 1101. Mon. Zoll. S. 3 (quae
fluit ad Wolfabe), bald wie im Attentaler Rodel 13. Jahrh.
Schneschleiphina Mon. Hoheub. No. 48 u. s. w. Unser Hefe,
im Vocab. Opt. und anderwärts hebe, lautet echt rechtsrheinisch heapf, heapfa, heapfanudla u. s. w. Bierheapf.

Heuberg. Schwarzwald. Allgäu. — scharpf, scharf; Harpf, Harfe kehren in oberd. Dialekten vielfach wieder. Schöpf 112. Vergl. mein Augsb. Wb. 148 ff. *)

f : z: faser alem. zâsem die, dim. zâsemle, was auch ebensogut augsburgisch-schwäbisch. Sieh mein Wb. 437ᵃ.

---

*) Das Neueste was über ph und pf gesagt ist, findet sich in H. Rückerts trefflicher Arbeit, im jüngsten Beitrage Bd. IX, von Grünhagen's Ztschr. S. 41. 42.

V

Substantiv.

1) **Wortbildung.** Ich beschränke mich hier darauf, einige Eigenheiten hervorzuheben. Das Allgemeine, worein sich alle oberdeutschen Dialekte teilen, ist reichlich behandelt bei Weinhold von S. 204 an.

Die in uneigentlicher Ableitung mit den Suffixen t und d gebildeten Substantive, dem alten -iþa entsprechend, sind häufig: a danzed, danzet = ein Paar, gleichviel ob auf dem Tanzboden oder in Haus und Feld; besonders auch ein Pärlein Kinder. Obere Donau. Beuron. Hundersingen. a wimmled, -ede = Herbstzeit, Traubenlese; allgäuisch-alemannisch. a koched, -tle z. B. Bonen, Erbsen, Linsen, besonders Kartoffeln = eine Portion, daſs es langt. malet, maled, eine Mühlfuhre. gouffed, Handvoll. a beigede, ein Haufen, wie Holz aufgebeigt = über einander gelegt. hudlommede, ein Durcheinander, alles in Bausch und Bogen genommen. d' scheiſsede baū; a draged, -etle, Aepfel, Holz u. s. w. a gommede = ein von den haushütenden Kindern meist heimlich veranstalteter Schmaus, aus Eiern bestehend; a heilede, a graūzede, a machede, a drielede (Essen verschütten von Kindern etc.), a kunklede, soviel als das Mädchen Werg an die Kunkel legt. a naotede, eine Nötigung. Alle sind weiblichen Geschlechts. Weinhold §. 247.

Auffallend ist, wenn sie dem -iþa entsprechen sollen, daſs unsere Bildungen keinen Umlaut aufweisen, der doch erfolgt sein müste; sollte nicht auch an die Bildungen -od, -odi, -ad gedacht werden dürfen, die doch im ältern Alemannisch so massenhaft vorhanden sind? Wenn sich das Geschlecht änderte, so muſs man bedenken, daſs gerade bei solchen Wortbildungen sich eine grofse Freiheit zeigt.

Eine ähnliche doch innerlich verschiedene Bildung ist die mit dem Infinitiv zusammenfällt: die fressed, louffed, renned, schiefsed, sterbed; wieder anders Haied (böwat), Bråched, Oembdat, Weiset (weisat) u. s. w. In der Häbrede, die Zeit des Gersten- und Hafersäens im Frühjahre.

Häufig sind die mit i, ie gebildeten Wörter: narretei (Narrheit), spitzenei (Anspilung) u. s. w. hudlerei, huklerei, sudlerei, teuflerei, lumperei, stinkerei, bauderei, leirerei (Nachlässigkeit), saurei (Unflat), schweinerei; der hät d'r scheifserei gmacht = Geschichten = dummes Zeug gemacht! kheiereien machen = Verdriefslichkeiten stiften, Unannehmlichkeiten wie den Staub aufwirbeln. Dem entspricht auch das schrambergische waidnei (Urb. 1540) = Jagdhandwerk zu ahd. waidanon; wir haben deutsches i oder romanisches ie anzusetzen.

Bekannt sind die schweizerischen Bildungen aus Adjektiven: müedi, süefsi, süri, bloedi, gröfsi, bittri u. s. w. Ganz so noch auf dem Schwarzwald; ja Bildungen wie Oele = Oeltrotte, Oelmühle reihen sich eben so häufig daran an. Ich führe hier gättere an = Gitter, Göge.

Die Zusammensetzungen mit -sami, -sam mufs ich vor Allem nennen. Die St. Galler gebrauchen sie reichlich. Im übrigen Deutschland spärlich. Entweder ligen Substantivbildungen aus Adjektiven forchtsamm', genossamm' u. s. w. vor, oder sind es Bildungen wie bursame, gebursame = Bauernschaft, das auch in andern Gegenden als am Oberrhein heimatlich ist, mitteld.; Adjektive ligen wol zu Grunde dem gehorsamy, Zitglöggl. genossamy, sieh Wb. nicht wol aber dem gelobsami 1340. zügsami 1302 (Glarner Urk.). fluchtsami 1476 (Mone Zt. 6, 111). gewarsamy. Basler R. Q. 1472 S. 200. kuntsami, Habsb. Urb. Vgl. Weinhold §. 295. 302. Eigentümlich ist auch hier der Mangel des Umlautes. Allein ein -semi hätte leicht das gewichtige Wort seiner Kraft beraubt und alles hätte sich auf den ersten Teil der Zusammensetzung gelagert; alle Bedeutung wäre verloren gegangen. Wir müssen also hier einen innerlichen Grund ansetzen.

kundsame und g'reachtsame sind heute noch übliche Ausdrücke, so häufig wie ghorsamm'.

Die gutturalen Bildungen wie Enterich, Entenhändler! Schramberg; Nonnerich, spafshafte Bildung (Schwarzwald) = Nonnenbeichtvater seien hier berührt.

Altdeutsches zuhti erhielt sich bis heute als züchti = Nachzucht, Nachwuchs.

Bemerkenswert ist die (ganz mitteld.) Bildung a-närfele, arfell.

ärfele geht zurück auf ein urspr. armvulli neutral. Diminutiv, Gen. -vullines, daraus der Umlaut, der sich wie in Wächter aus wahtâri über das ganze Wort verbreitet hat. arfel ist blos armvol.

Von Nacht ligt mir eine ungrammatische Bildung vor: die links der Wuotach bis gen Stühlingen, Löffingen u. s. w. hin wohnenden Alemannen werden von den Nachbarn z'nachter genannt; offenbar, weil das ihre Redeweise ist. Am obern Nekar sagen sie: am nâchza = in der Nacht; am middagsa, um Mittag, sonst alemannisch auch mitachte, um 11 Uhr, weil da das Mittagessen statt hat.

Die Verkleinerung wird am Oberrhein mit -li; nördlicher in unserm Gebiet mit le gegeben: mî büewlî, mî sübli, mî hüsli u. s. w. Ehedem mag auch das echt schweizerische -tschi, -schi landüblich gewesen sein. Spuren des alten -tschi sind in -tsch: in Bertsch (Rotweiler Gegend); wahrscheinlich auch in Butsch zu suchen. Das Wurmlinger (Tuttl.) Seelbuch hat Bertschi Nadler, f. 8. Für den echt alemannischen Berthold im Diminutiv. Ebenda kommt noch Bürki, Bürkli vor, f. 10. 16. Uhland in Pfeiffers Germ. I, 333. Anmerk. Dahin dürfte im obern Inntal wol das verkleinerte beartsch = kleines, junges Schwein, männlich, zu zälen sein, aus ber, beier, peier, porcus. Schwilch ist sein Gegensatz, es ist der grofse Ber. (Zu Schöpf 662).

Das Wort Mann kommt am obern Nekar und an der

---

*) Vergl. die Guttural-Diminution in dem alemannischen Mundarten von Fr. Becker. Neues Schweiz. Mus. VI, 698 (1866, Basel).

obern Donau häufig als Diminutiv Mändle vor, ein Liebkosenamen, wie oft die riesigsten Bursche heifsen; man kennt sie unter ihrem eigentlichen Taufnamen nicht; weil sie im Zusammenhang gerne mit des Vaters Gewerbe genannt werden.

Das Dim. Sunneli für Sonne wird im Allgäu gern gebraucht: 's sunneli chô schô, kommt schon. Sonthofen.

Echt allgäuisch-alemannisch sind die Genitive mit ausgelassenem Hof, Haus. Braucht man auch bisweilen in hochdeutscher Umgangssprache Formen wie: i geh zu Professors, zu (in's) Ludwigs, (zu) in's Apothekers, (zu) in's Pfarrers u. s. w. (Herrenalb.), so ist doch unsere Eigentümlichkeit wieder anderer Art; sie kann bis an die Nahe bereits verfolgt werden; alemannisch-pfälzisch will ich es für dort nennen. (Mainz, Worms). Im Allgäu sagt man in's Schreiners, Schneiders, 's Lippels u. s. w. Der Refrain des alten Blauen-Storckenliedes heifst: voar's Michels, Tonis, Plaudermanns, Grethl's u. s. w. Doch zu unsern genitivischen Gehöft- und Flurnamen. Im bairischen Allgäu bevorab gibt es: Freitags, Beyrlings, Heberlings, Wenglis (Durach), Hoflings, Kreiners, Luipolz, Reinhards, Senners, Somers, Sterklings (Lenzfried); Schnattens; Rechtris (Ottaker), Akams, Hellengers 1275 (Hellengerst), Geigers (Peterstal), Burgraz, Haibels. Raigger's (Untertingau); Herings (Wald), Holzmann's, Kaufmann's, Neupolz, Wezles, Raupolz, Hinnes (Günzegg); Hemkels, Neners, Prier's, Glaser's, Stielings, Willofs, Albrechts, Steigers, Winklers, Ehonanz, Engelwarz, Escheres, Haberanz, Wiflings, Herbolz. Der O. N. Egloffs, wirtemberg. heifst mundartlich Eglets. Soviel zu den oben S. 34 genannten Ortsnamen desselben Schlages. Todris bei Rotenburg ist St. Theodorichs Kapelle.

2) Das Genus bietet mitunter alte Sprachreste. Wie gemein mittelhochdeutsch begegnen wir dem Masculinum der slang noch spät; bei Oheim, M. v. Lindau, J. Rueff. der bier heute noch üblich wie cgm. 384 f. 120^a: den nuwen bier. Wst. IV, 212. — der trüb und dick bier. Ryff f. 9^a. Auf dem badischen Schwarzwald allgemein.

der schäf (Mutterschaf); der Traub. Allgäu. Tettnang.
der butter; der beil, beiel, Beil; bei ungeschlechtigen leblosen Dingen mehr Genuswechsel der luft, der ober luft,
der unter luft (mhd.): Wind. der gwalt noch heute (Göge).
der bank, der wolk, die sarg, das bâr (Babre), das ripp,
's greacht ripp, auch Schimpfwort für Weiber. das thau,
das kufer (Koffer), das eck (die Ecke); der fahna, fâhna
= die Fahne; die Basler Rechtsq. v. 1339 haben: der
einung = die E.-Strafe. M. v. Lindau: swm. der sunne;
an dem sunnen cgm. 736 f. 7^b. Mhd. Wb. II, 2, 743 ff. ein
liechter gylg. St. Liutg. Leben 443^b. ein wiser rose a. a. O.
ein rotter rose a. a. O. Der alem. Flurname Stelz ist heute
swm. in den alemannischen Grenzbeschreibungen wie mhd.
(Wb. II, 2, 619^a) swf die stelz. die stift = das Stift.
St. Liutg. Leben 454^a. die bach abe 1349. Flurn. (Mone
Zt. 7, 67) die bach, Mon. Zoll. I, 242. (1410). bî der bach,
Wst. IV, 189. Paul Flemming und noch Alb. v. Haller
schreiben die Bach. die wâg = wâc = gurges, mhd.
Auffallend ist auch der kannt = die Kante, Kanne; einen
Kantten b. J. G. v. Bodma 1572. Pfeiffer's Germ. IV, 57.
Hildebrand in Grimms Wb. V, 173. Das bis weit nach
Mitteldeutschland in's Düringische reichende Hart: Wald
kommt in allen drei Geschlechtern vor: der hart in Spehtesbart. Das mhd. Wb. kennt nur das Msc. I, 640^a. Im
Düringischen steht das Fem. im Gebrauch; unzälige Wälder dort sind die Hart genannt. Dagegen alemannisch ist
bevorab das Hart, sieh Wb. Schmeller II, 242 bringt das
Neutrum aus alemannischen Quellen. Die Basler R. Q.
II, 72: die hart. Das dem mhd. stn. molchen (Habsb. Urbar: Mulchen) entsprechende heute geltende Molken ist
jetzt hochd. Fem. im Bregenzer Wald noch das Molken,
Butter und Käse, überhaupt alles was aus Milch bereitet
wird. (Felder).

Das fremde Wort: der Miserere, d. h. Psalm, kommt
im Leben Liutgarts öfters vor: und sprachen den miserere
458^b. liebi kind, do ir hût den miserere sprachent u. s. w.

das zît ist noch echt alemannisch; im Rotweiler Stadtrecht: im hinschleichenden zît, ganz wie heute im Volksmunde: 's zīt in der St. Blasischen Gegend (= horologium); ebenso im Leben Liutgarts: von dem zīt, das zīt. Die St. Galler haben fast nur daz zīt; hie und da blickt ein diu zīt verstolen heraus.

das lūt, leut, Sing. erhalten: ist des a fetza leut, du bişt a gspässigs leut u. s. w. Obere Donau; auch bisweilen noch mitteldeutsch in Uebung, so schlesisch, aber meist in halb tadelndem Sinne. Nicht wenig auffallend sind die echten breisgauischen: der Käther (Katharina), der Biber (Bibiana), der Berbel, der Peter (Petronella), der Franz (Franziska). Ganz so am Bodensee. Der kuo, henn. Rotenb.

3) Casusflexion. Zuerst muſs man den, manchen aus Hebel bekannten Gebrauch anführen: den Nominativ für den Accusativ zu setzen. Diesem linksrheinischen besonders elsässischen Gesetze begegnen wir auf dem Schwarzwald und am Bodensee bis herein Tuttlingen zu; Stockach spricht noch genau der für den. Stöber sagt bei Frommann II, 561: unsere Mundarten kennen keinen Accusativ Im Hinterwald, bei Aulendorf sagt man noch: gib mer der Stecka, ganz wie am Feldberg, Altglashütten: ich glaube an Gott der Vater, an Gott der Sohn und an Gott der hl. Geist, an Gott der allmächtigen Schöpfer u. s. w. Gib mir der Aepfl; trink mir koan Bier uff der Wī; der Fuchs hāt 'n schöner Belz. In der Göge: hāşt der stritza = Spritze; ear hāt der Vatter schau lang verlora; der hennt so landsem an der Schinhût. Wisental. Der cgm. 384 f. 9ᵃ: zerstört der natur u. s. w. Die benachbarten Schwaben heiſsen das irrtümlich Judensprache.

Gewisse Wörter mit dem sog. Beilaut hält man fälschlich für Pluralia; es sind Singulare: ängsta, die Angst; mī dōter, mī brieder u. s. w., sieh Lautlehre; wogegen dieser Laut in mā = Männer Nom. pl. unregelmäſsig und dem Angelsächsischen entspricht.

Andere Plurale sind wieder alemannisch: deier Pl. zu Tau, ros; ahd. Neutr.; essena Pl. zu: das Essen; wasseren; bierer, messera, häber Pl. zu Hafer u. s. w.; unzeitige, böse Töd, alte Constanzer Schriften 17. Jahrh.

Bemerkenswert sind Pluralia wie: Malereiena, Kirchena,

Kuglena, Glockena, Rouffena, Truchina, Maidlena u. s. w. (Wisental), was zu dem Capitel der organischen und unorganischen Plurale auf -na gehört: leitina, menina, vestina, flufsgüssina, rütina aus Urkunden des rechtsrheinischen Gebietes, besonders Freiburgischen.

Hat sich alemannisches Gebiet auch nicht zur Hälfte die Pluralia auf -ir, -er angeeignet, wie die Baiern getan, so gibt es doch eine ganze Anzal an Fem. und Msc. angehängt, die nicht nach den Gesetzen der Sprache sich richten. Sehr häufig fällt r ganz weg: i hö 6 kind, der goist Pl. d' geaşt (Gespenster), d' Döan (Dörner), 2 kalb, 2 rind u. s. w.

Reh 1546 reher; in einer bauenst. Urk. 1546 (Mone Zt. 7, 125) steht im Plural wieder reh.

Das Bairische ist bekanntlich echt volksüblich gewohnt an alle -en der Plurale noch -er hinzusetzen: gschriftener, gschreibener etc.

Mit folgenden Pluralen, deren a heute im Allgäu ganz rein noch gesprochen und in Schriften uns aufbehalten sind, streifen wir so ziemlich an's 9. 10. 11. Jahrh. an: dötrà (Töchter), muoddrà, moddrà, guete muettrà mond ihrena tochterà guete lehrà gea. Allgäu. swestrà Mon. Zoll. 1340. 1311. Mon. Hohenb. No. 225. Conventswestrà u. a. O. (Weinhold S. 446). Die St. Georger Homilien, Mone Anz. 8,503 ff. haben wurza, rûta, tohtira, sela, zunga, wunda, minna, arma u. s. w. Eine gute Ausbeute für die à aus der Urzeit gaben die altdeutschen, alem. Predigten Griesbabers ab, vor denen selbst die Hauptkenner des deutschen Altertums wie vor einem verriegelten Tore stunden.

An diese Altertümlichkeit reiht sich eine andere: die vollen schwachen Nomina, die in den Flexions-un auffallend von den schwäbischen und bairischen abstechen. Z. B. schwaches Masculinum (sieh Pfeiffer, über Wesen und Bildung der höf. Sprache, freie Forschung 1867 S. 333): herrun, erbun, salmun (beider erbun Mon. Hohenb. 1314). wasun u. s. w. Schwaches Femininum aus den Monum. Zoll. von S. 152 an: der priorinun 1342. in der pfingest

wochun 1341; die wis die man nempt die streglun 1347
u. s. w. Mon. Hohenb. v. No. 187 an: an der nebstun mitwochun 1300. miner basun tohter 1305. in Ortgassun
a. a. O. Kirchunsazze 1305. neggerbaldun (Rotenburg) 1315.
Henlinshaldun a. a. O. kilchunsatz 1316. Osterwochun 1319.
ze mitter vastun; in der absitun (No. 311); in der anderun
kilchun (a. a. O.) Egerdun 1354. Schmidewisun 1358. wisun
1373. ein pletzli ze der widun, zů der Buechun 1383 (Rotenb.) one boson 1465. Gehört mehr in die Lautlehre.

Aus dem Freiburger Urkundenbuche: similun acc. sg.
(1276). in der salzgassun (1291). von der obrun badestu-
bun 1318. in der kindestubun, der siechmeistrinun; umbe
die kornloubun 1319 u. s. w.

Auffallend häufig und mitunter lange herab anhaltend
sind die sw. vollen Flexionsformen bei Eigennamen: de
Winzelun 1192. (Mon. Hohenb. No. 15) ze getrittun 1245.
No. 30 in Dabun (curtis) 1246. No. 32 ein fletzli ze der
widun ze Underachun. Mon. Zoll. Agnesen der Recherinun
gut 1347. der Römetterinun gůt 1352. ze Sant Margarethun 1369. hof ze Frumerun 1370. nach S. Katharinun-
tag 1373. nach Sant Agtuntag 1381. Mon. Hohenb. an St.
Margarethun tag 1308. ze Villingun, Behruntal u. s. w.
der Bucknunhof 1313. Irmelun 1314 u. s. w. Freiburger
Urkundenbuch: vor St. Margarethun 1319. — der jungerun
a. a. O. vor St. Marien Magdalinun; nach S. Auferuntag
u. s. w. Der seit dem 13. Jahrh. sehr um sich greifende
Gen. plur. der schwachen Hauptwörter für die starke Form
zeigt sich auch in rechtsrheinischen Schriften unzäligemal.
Den Genitiven der liuten, dingen, buochen, tieren, schallen,
sinnen u. s. w. bei Boner entsprechen die vielen Belege in
den Basler Rechtsquellen: der fischen 1458 (S. 187). win-
lůten zunfte 1441. S. 126. Besonders im Zitglögglin: der
dingen, der geisten, wolffen, aller seligen geisten; kunigen;
der gesten, diner henden u. s. w. Mangolt Fischb. ebenso
die sw. adverb. Genit. plur. der tagen, echt alem. Pfeiffer
Germ. III, 67. Weinhold S. 415.

Sehr lange erhielt sich und ist heute noch da und
dort volksüblich die starke Form: Nack, Nutz, Schad,

Fried, Stamm. Friden haben wir schon im Anfange des
14. Jahrh. stettefriden 1381, Basler Rechtsq. 38. zeitliches
friden fröwen cgm. 6 f. 14ᵃ und oft. Weist. IV, 284. mit
grofsem nutz, des nutzes im Zitglögglin; schad, kol, gen.
(Mon. Zoll.) koles, gemaines nutzes willen. Rotweiler Stadtr.
Schwach decliniert eben diese Quelle Korn; Jahr: in dritten
jaren, in sinem zarten kornen u. s. w. grade cgm. 384 f. 16ᵃ.
Weinhold S. 413. 414.

Der Uebergang in die i-Declination ist allgemein: äl
(Ale); hämmen und amböfs Rotw. Stadtrecht.

Uralt klingen noch Formen (Genitiv): der selohails
willen 1348. Mon. Zoll. Eigen ist, wie man in der Göge
den Dativ bezeichnet. Frage: wem gehört das Buch? ô,
en d'r wiathe (Wirtin); i sags en der motter.

Was die Flexion anlangt, so läfst der Alemanne wie
der Schwabe das End-e der Mascul. und Neutra im Dat.
sing., ebenso im Nom. und Acc. plur. masc. und fem. weg.
— Das echtalem. vea bekommt plur. ch: veacher, veache-
ner; das Rotw. Stadtrecht hat den Acc. sing. davon: vihe.

Das Wort man wird echt alem. plur. so dekliniert:
d' mä, von deana mä; wo der Iller-Lechschwabe mand
hat. (Weinhold §. 410). Am Nekar alem. manna.

Den Artikel setzen die Alemannen und Schwaben vor
Namen der Länder, Völker; vor jeden Eigennamen. Die
Lieder aus den Befreiungskriegen sind hierzu die besten
Belege: in's Tirol, von deam Ruofsland; dear Dirlewang
(General Deroy), der Vreade; ganz so schreiben die volks-
tümlichen Schriften.

VI.
Adjectiv und Adverb.

Adjectiv.

Bildung der Adjective mit -achtig, -ahti, -ëhte ist, wie mit -ocht, auch rechtsrheinisch sehr üblich gewesen, und sogar heute noch. Ich füge zu den Beispielen bei Weinhold S. 210. 211 einige. Der Gart der Gesuntheit: runzelecht, striffelecht, krostelecht (von Füfsen), schopfechtigen Hals; zinkechtig; sternecht (Mund) stechlechtig u. s. w. Ebenso im Feldbuch: klotzecht, aderecht, schlüsselecht, grubecht, fellecht, knodecht, hoferecht (mit Buckel), bülecht, genfslecht (von der Haut), dolschecht u. s. w.; grienecht erterich heisset sant. Spiegel d. Beh. f. 6ª. Ueberhaupt zeichnen sich die Strafsburger hierin aus; ihre Schriften, die herüberkamen, strotzen von Belegen. Hedion, Ryff und Brunswick: ir haut war runzlecht und luderecht; krusacht, drüfsecht; glatzächtig heifst Keller im Keyserbuch Caesar; ebenso verbreitet sind die auf -eclich, -enclich; -enig, ynneclich cgm. 384. — niechterig, siedenig vom Wasser. (Brunswick).

Die heutige Mundart hat -ocht und echt in unbetontes -et umgewandelt: oanáigget (einaugicht), hematpflénzet; écket, krópfet, nárret, zálugget, drécket, gŷtumpet, kloamonzet u. s. w. Neuhochdeutsch würde man -ig ansetzen.

Allgemein gangbar an der obern Donau, in Ertingen, Riedlingen, Hundersingen sind Adj. wie elendig, miserablig, grundhäftig (des ist a grundhäftige wahrheit), rundig, mein rundiger Huet; der hintig, der obig, der untig, der nebig, der zwidrig, letztere aus Präpositionen gebildet.

Auf -isch: gräfisch, mentalisch, z. B. ein mentalisch Gsicht (sakramentatisch, fluchig), huerisch, bsentisch; weifsländisch (weifs von Haut oder Haar); raotländisch, mit roten Haaren; heillosisch, malefizisch, betrüebtisch; spottalisch = spottmäfsig = das ist eine Schande und Spott!

Bemerkenswert sind auch die Adjektive von ītan, az (III. Classe) abgeleitet: kalläfs, heickel neben kurāfs; gfräfs, gefräfsig; gebildet wie nuimelk, von der Kuh; radwäsch, vom beregneten, so abgewaschenem Kot, dafs nichts an den Rädern hängen bleibt. Wurmlingen. R.

Einige schwäbisch nicht bekannte Bildungen sind: kirchenfeindig. Constanz. Chron. Mone Quells. II, 53^b. Der hinderrüggig krieg 53^a. nä schlupferig, liebkosend sich anschmiegend. (Königseggwald). purentig = pur; laiderlich, was l. beschach. St. Blasisches Stiftungsb. 63^a. (Quells. Mone).

Zerstreut begegnen Formen: der afteren tür hüten. Weist. IV. 104 und zu dickeren malen. Zitglögglin.

Geschlecht. Ein Hauptkennzeichen unserer Alemannen ist der Gebrauch des flexionslosen attributiven Adjektives. Während das Neuhochdeutsche auf die uralte Art, auf das gotische Flektieren des mit unbest. Artikel verbunden attributiven Adjektivs zurückging, während das Althochdeutsche nur hie und da flektiert, das Mittelhochdeutsche nicht mehr; weil es sich die Sache so bequemer machte, haben die Alemannen sich das ahd. mhd. Gesetz erhalten. Den echten Heuberger z. B. erkennt man gleich, er sagt: jung Kind, jung Enta, jung Gäns, ein arm Kind, ein arm Weib; er hat 20 schön jung geins; des ist a-n--ander Ding u. s. w.; ebenso in der Ortenau: 's waicht a küel Lüftle. Baar: a schel meintsch; du bist a fel meinsch, a nett meinsch u. s. w. Vergl. zů dem arm Mann, Teufels Netz V. 3681. mang öd man V. 4500. Enoch was ein gerecht mann cgm. 358 f. 4^b. — Vergl. Weinhold S. 470.

Ich setze eine solche Declination, wie sie in der Baar üblich, hieher:

Msc. sing.: 1) a scheina wald, Dativ: ama (einem) scheina wald, 'n scheina wald, Pl.: schel wäld, Dativ: scheina wäld, schel wäld.

2) a guot mã, ama gûta mã, Acc.: guot mã, Pl.: guot manna, oder mã u. s. w.

Fem. sing.: d' schel wis, a schel wis u. s. w., Neutr.: a schel feald, a guet kind u. s. w.

Nur noch im traulichen Tone oder alten Stil wie Göthe im Götz getan, mag man diese Art der Adjektivflexion anwenden.

Die fem. Endung iu neben u in Schriftwerken unseres Gebietes allgemein. Zu Weinhold S. 470: baidu, allu, gaischlichu, weltlichu 1309, Mon. Zoll. (123) neben unsiu, aigeniu (1339), andriu, zinsberiu 1374. Ebenso das Neutr. plur. Das Habsburger Urbar hat iu: die vriu, die unsriu burg, vogtberiu u. s. w. Aber die schwäbischen Codd. unterscheiden sich hierin kaum von den alemannischen; so schwäb. cgm. 206: paidu, weib und man f. 243 ^{b}. die hungrigu jar f. 57. allu frucht f. 80. grossu pein 122 ^{b}. Ebenso cgm. 480. (iu = û = ü).

Der echt alem. cgm. 338 hat nur i für iu, u: über unseri kind f. 1^a. disi mer f. 2^a. disi red f. 3^a. wir alli f. 6^a. mine ogen 6^b. alli di f. 7^a. uff sini kniw f. 7^b. sollichi gnad f. 8^b u. s. w.

Flexionslos ist alla: alla Geald, alla Floisch, alla Brot zu Gramm. IV, 482. 483. Dieses ist entweder nur schwache Form, die durchgeht, oder es ist die alte indeclinable Form, die schon im 10. 11. Jahrh. auftaucht (filu).

Flexion. Wie die schwachen vollen Formen sich im Alemannischen beim Substantivum erhielten, so auch die adjektivischen. an die begrabenun wise. Villinger Urk. 1225. ir rehtun pfründe 1310. der nebestun Walpurgi mess 1284. Mon. Hohenb. 98. in die vorgeschribenun burg 1341. Mon. Zoll. zû ainer warun gezûgnust 1352. der edelun, erberun frown 1856. der hohun Zolr 1362. von der hohun Zoller a. a. O. zû ainer rechtun sicherhait a. a. O. Die Mon. Hohenb. an der nehstun mitwochun 1300. (No. 187) an den nündun kalend. des aprellen 1312. die obrun müli 1317. 1319. in der anderun kilchun No. 311 u. s. w. Die Zalwörter und Participia haben ebenso Anteil an der vollen sw. Flexion.

Wie die schwäbischen Codd. mit den alemannischen in der spät schwachen Flexion gehen, so auch in der Steigerung der Adjektive. Ich kann auch da nur vom Superlativ reden. Da glaube ich beinahe die alte Form -ost mehr bei den Iller-, Lechschwaben gefunden zu haben, als bei den Alemannen; jene sprechen strichweise heute noch das -ost; alemannisch zerstreut -ost auch jetzt noch gebraucht, selbst-orst mit unorganischem r. Im 14. Jahrh.: vor der Obrostinnun bongarten 1340. Mon. Zoll. (S. 151) und oft. 15. Jahrh. Ein Brief Rotweils an Herzog Wilhelm von Baiern v. 1432 hat: hochgebornosten, durchlüchtigosten. Des Teufels Netz, Oheim, cgm. 358 haben -ost, während das ebenso gut alem. Zitglögglin -ist aufweist: heiligister, bitterister, allerhitzigster, allerseligster, mittlist, süefsist, der unterist, der tiefist u. s. w.

Ich glaube auch bemerkt zu haben, dafs bei der Steigerung gerne die Adj.-Endung -ig, sei sie regelmäfsig oder unecht, angesetzt wird: du bist der ellendigst, miserabligst tropf!

Bei den Comparativen gelten die Umlaute: rou, reier (asper); groufs, greifser; guotlig (schnell), gietliger; gietiger (mittlerer Nekar), hao, haijer; frao, fraijer (froh); raot, raiter u. s. w.

Vom Comp. mai, augsb. mea bilden sie nochmal einen Comparativ: maier (mittl. Nekar), mainer (Ravensb. Ob. Donau).

Durch Wiederholung wird der Superlativ ausgedrückt: graufs graufs, klein klein, dick, dik, dunn dünn; des ist a firrtige forcht! Wilflingen. Umschreibend: des ist a Mensch, der kann eassa, des ist a forcht! d. h. es ist ein homo voracissimus.

Ich reihe hier Einiges über die verstärkenden Zusammensetzungen an. Zu L. Tobler: über die Wortzusammensetzung. Berlin 1868 (Dümmler's Verlagsbuchhandlung) S. 104 ff.

Mit Hure sucht der Oberdonautäler eine Art superlative Bedeutung zu geben: heut ist's huaramentalisch kalt! Des ist welaweag a Huarakälte! Des wär dô huoramässe!

Bei der Nachricht, die misstimmt. Die Huoraatier! Wenn sie nicht gehen.

Lûder: des ist luodrisch warm; des ist a luodrige Hitz! der ist luodrisch keck! luodrisch schlau! luodrisch jaicha = in die Hitze jagen, Vieh. Wurml. R.

Sau: des ist saumäfsig teuer! a saumäfsiger Herbst, -Winter, -Tag u. s. w.

Hund: des ist a Hundskälte! hundsdürr, hundsnafs; hundsgmein, hundsalt. hundschleachts ghear (Gehör). — mausdaod, kohlrabaschwäz seien beigefügt.

Hölle: höllawûetig; höllabsefsa; höllahoafs; höllbetrüebt. Himmel: himmelweit u. s. w.

Andere Beispiele: waidaget, malefizisch; bsefsen; meineidig, sackrisch, rechtschaffen werden häufig mit Adjektiven zusammengesetzt zur Verstärkung.

Ferner: butzulär, ganz leer (Bregenzer Hinterwald). boinreif (beinreif), Blochingen b. Saulgau. deam iş windig schlecht; màterdellig (elend). Wurmlingen R. langgstâret: lendelahm (Lenden, Hüfte). Wurml. R. steinalt; nagelneu; steinweh (sehr wehe); steintodt u. s. w.

Gottsallmächtig, gottsjämmerlich, gottverflucht; gottsträflich ist das verbreitetste. — Essigsauere Milch, halb süfs, halb sauer. Hundersingen. bädsaur (Bachweide) W.

Adverb.

Vor allem sind die Adverbien auf -ling, -lingen, ahd. lingûn (Acc.) hervorzuheben: offlingen, publice. Hundersingen; heblinga, und a heblingela, im Geheimen; ahd. bâlingûn, clam Otfrid. I, 17. 84. Grimm, Gramm. III, 234. 238. Daneben hehlings, Sunthausen. gsetzterlinga, sogar: a gsetzterlinga lehrer, ein definitiv angestellter Lehrer. Göge. ständlinga (stehend); krittlinga (reitend); bauchlinga (bäuchlings); sitzlinga, höptlinga (kopfûber), Ursendorf, Göge; grattlinga, mit gespreizten Beinen (wol zu krittlinga).

Belege aus Schriften: nüwelingen, kürzlingen 1402. Basler R. Q. nüchterlingen, Donauesch. Hs. 792. grittlingen, ebenda. D. Keller's Keyserb. hat hüffligen (Vorrede),

stendligen, stürzligen, wäffligen. Die Edlibacher Chronik:
löufflingen luffen sie (oft).

Die obere Donau unterscheidet sich heute noch von
den schwäbischen Landstrichen durch häufigen Gebrauch
der Adv. auf -lingen. Die ältern schwäbischen Schriften
nicht. Denn die augsburger wie die oberrheinischen
Drucke des 15. 16. Jahrh. haben gleichmäfsig diese Bildung: gåhlingen (Staindl, Kochbuch. Dillingen), neulingen
(Augsb. Hausapotheke), kopflingen (altes Lechfelder Mirakelbuch), sunderlingen cgm. 206 f. 58ᵃ. Vergl. tröpflingen
bei Ryff.

Die genitivischen Adverbien werden wol kaum die
Alemannen und Schwaben, sowie Baiern scheiden; sie sind
beinahe oberdeutsch allgemeines Eigentnm. aůverdanks =
unversehens. Ob. Donau. überhaupts. Schriften unseres
Gebietes haben: anrucks 1509. Basler R. Q. Vergl. zugen gestracktes heim. Edlibacher Chronik S. 63. weitlangs, Colmarer Regiment, Austrius 1539. schnuorrichtigs,
Keyserbuch 138. bömlichs, Brunswick 1512. Alemannisch-schwäbisch ist anheims, anbeimbs; so in den oberrh.
Rechtsquellen, wie in den schwäbischen Hexenprotokollen.
angencz, repente. Leiden Christi c. 1470. Vergl. die
schwäb. überigs, schnapps, z' löschtas u. s. w. Nur glaube
ich bemerkt zu haben, dafs zů rings = im Ringe herum,
mehr den alem. Schriften eigen, während gescheibs echt
augsburgisch-schwäbisch ist. Sieh mein Wb. 191. So im
Veldtbauw 1567: zůrings; so bei Fizion, Reutl. Chronik 64.
ligen zůrings herumb, Ryff u. s. w. Adam und Eva. Zu
Gramm. III, 148: — zůruggen werfen, Liutg. Leb. (Dativ).
Alt erscheint noch gerwe 1299. Mone Zt. 10, 330. gwelten
(mit Gewalt) Dativ 1469. Basler R. Q. Accusativisch ist das
so oft vorkommende: järclichen, ahd. jarilîhhun (quotannis).
Diut II, 349ᵃ. Dativisch: von ěwen ze ěwen (semper);
Grimm Gramm. III, 137. Häufig ist das adverbiale äwegg!
(nicht enwěge) = aus 'm Weag! sondern ab Weg. – Gleichbalden = sehr bald. Jur. Controv. Tuttl. S. 1114.

Adverbial werden gebraucht: koă dämpfle = nicht
das Mindeste; ebendasselbe besagt kå zöchele! (Bregenzer

Wald). i kă koă kraile mai, bin ganz erschöpft. Wurmlingen. R.

Adverbien des Orts: mă? dă? mănă? dăbear, dettnă? hūba, dūba; herna, derna, heanza, deanza. henna, denna; enet, dussa, dinna; d'umm und d'umm, allentbalben (Göge); vonna, vorne; übersche, untersche (übersich, untersich); năweats (wărts), oibbma, oibi und oibetz, irgendwo; oima-nă = irgendwohin; ăbe, abwärts, Göge. Sieh ferner unter Präpositionen und Pronomina. — Schriftlich: dadanuen, oft im Meierrodel. Was soll das vismich: irgendwo, in Deckenpfronn, Gechingen sein?

Ich verweise auf Abschn. IX, wo die pronomin. Adverbia ausführlich behandelt sind.

Adverbien der Zeit. Hier spilt das alte bis = einstweilen eine Hauptrolle; das man sonst in Schwaben nicht mehr kennt: da dęṣ bis bhalta; derbis mueṣt beim kind bleiba; bis biṣt frei woara. denn, aliqamdiu. Ob. Donau. dernă, alsdann; heit, heute; birt ebendasselbe in Waldhausen; geṣtig, gestern; geṣterta morga = gestern früh. moana morga = morgen früh; übermoan = übermorgen; verganga = kürzlich; de verganga woch. härig, kaum; aiṣt, kürzlich; voar altem; immder = immer (alt Wurmlingisch), wogegen sonst unbekannt: man setzt alleweil dafür, ăll buff, ăll hăgg, ăll hennaschbifs; seitrie, zeitrie = siterí, seither. ăllfutt, ăllbut (hie und da). anderichs, des andern Tages; Göge. ersterhands (linkerhands) 1703, Mone Zt. 18, 157. Charakteristisch alemannisch siterí (Herrenalb). diemăl, iemăl, Alb, Ob. Donau; oder: denn iemăl.

Adverbien der Ordnung, Art und Eigenschaft, mit und ohne Präpositionen: zaiṣt, zŭm aiṣta, zęṣta, zŭm zwoata u. s. w. z'năṣt, 's oi nă 'm andra; duranand; uff a măl; folgsam, folglich; abădle, namentlich, bevorab; abanand = von einander: 's glas ist abanand; olzecht = einzeln. gschochet vol, bauffa gnua; im högṣta făl, beitrüebt vil; a wengele, z'lüzel u. s. w. im jenṣt, im Ernst; so să; anderṣt, suṣt, wie wetterloich, welaweag; zueverlăfsig = zufällig (Riedlinger Gegend). uffa-n-ăt = gleichsam. luegugg! = sieh; hoifst dês u. s. w. jå dennas, ja es ist wahr! äeppa! was sagst da? Bewunderung. (Niederwangen). Dr. Buck.

Adverbien des Wunsches: Gott will! dafs Gott walt! Gott geabs! Zweifel: kä seī, kassei, kassei-it! Goggea! will sehen ob? kålei, wie 's deam no gåt! Hundersingen. Gottmersprich, Freiburg i. Br. ai, mårumm it au! und sust ällz! ei bhiet is Gott itta! hai, biwaris itta! wead itt sei! wäger, gwifs, schlå mi 's blässle! gsezt zuom fall! kůz aweagg! glatt aweag! u. s. w. Vergl. um's kenna! um's nummgugga! um's nårerugga (Wegrücken).

In den Adverbien der Zeit, des Ortes, der Art und Weise können die Ortseinwohner vor benachbarten oft genau unterschieden werden. Bemerken will ich, dafs nū (nun) noch alemannisch vorkommt für nur; naú, Wurmlingen. R.

VII.
Interjunctionen, Conjunctionen.

In gewissen Gegenden für gewisse Orte gibt es Interjunctionen, an denen man sofort erkennt, woher Jemand ist; wie bei den Adverbien der Zeit, des Orts, Art soeben auch gesagt ward. Ein Oelkofer (Göge), dem man etwas erzählt, wird fortwährend, wenn er bejaht, sagen: wår isch! Verneint er, wird er gewifs sagen: då möt d' katz verrecka! Ganz so am mittlern Nekar: ei so verreck! Bei einer unlieben, aber auch drolligen Nachricht. Sehr häufig ist weaga meiner, ob es pafst oder nicht, wie hm, hmm! wella weag! in der Göge sehr häufig für: ha natürle! Eine auch über schwäbische und bairische Grenzen sich ausdehnende Interjunction ist: pfui Deufel, scheifs Häring, hond d' Boura au fisch! Ein reiches Feld bieten die Ortsneckereien mit dem: saget die N. N., sagt der N. von N. Sehr häufig an der obern Donau ist: wårum håſ gloubt, saget d'Aitinger (Ertinger). håſt a nie gsiä, käst a no sia, was gschibt! hottakerment! — heo b'st! dabei wird mit den Augen gezwinkert, denn jetzt kommt das Wahre. gscht, rüebig! åi, åi, åi! å wàl = ei was sagst du! ai, ai mit z'antem = auch das noch! Obere Donau. Verstäsch! verstanda! sind sehr häufige Einschiebsel; gleich dem bairisch-tirolerischen: bot'r gsogt.

Diesem schliefsen sich die Conjunctionen kurz an. Beim Erzählen: und abere (dabei hat der Erzähler Zeit sich zu besinnen). Eine längere Conjunction ist: håifst dês zwår aigentlich abere berentgegen ·uff-a-n-åt, ja dafs i's reat sag! — koi na weag, welaweag; = immerhin, jedenfalls. kassei! (sieh oben Adverb.) aber contrål mittlerweile so meitweaga! (Dr. Buck)

Durchaus nur persönliche Einschiebsel haben hier keine Stelle; aber das Volk gefällt sich in solchen. So war in Rottenburg ein Martini Also, wegen des also-Häufens; in Bachzimmern ein Fürstemb. Beamter der Teile nach je 2—3 Worten eingefügt und so tolles Zeug herbrachte, je nachdem es auf ein Thema kam; in München hat übrigens eine harmlose Persönlichkeit das Höchste geleistet; er schiebt: und 'n guggŭmŭs und 'n maggĕsĕr ein nach je 1, 2, 3 Worten.

VIII.
Interjectionen.

1) **Lockrufe.** Hierin sind die Alemannen sehr reich. Ich will die vierfüfsigen Haustiere zuerst in's Auge fassen bei Aufzälung. Für das Schwein: echt alemannisch huzz, huzz! (Badischer Schwarzwald) St. Blasien. Neustadt. Furtwangen; heizz, heizz gilt daneben. suz, suzz! obere Donau. hûtsch! (Allgäu) hûtsch, hûtsch, hûtsch! (Seibranz, Leutkircher Haide). — Dem Hunde: komm dà, dà, dà! Allgäu. Für Pferde: gêr, gêr! schnell, vorwärts!

Auch beim Zugvieh überhaupt. Altglashütten. huss, huss! für Füllen, woher denn auch die Bildung hussele, das Füllen. Tettnangisches Gebiet. Wielandsweiler. Für alle Zugtiere: ô, ô hâ! beim Stillhalten. Für Kühe, Waidevieh überhaupt: hogs, hogs! wenn die Kühe zum Wassertrog gehen sollen. (Neustadt.) drögsch, drögsch! im Allgäu. Gehört wol zu Trog, genit. Troges? Daneben im Allgäu: trögga, trögga! hôtsch, hôtsch, Lockruf für Kühe und Stiere überhaupt. Allgäu. bo, boi, bô! ebenfalls. boi! a) Ruf an die Kühe und Menschen, dafs sie nicht stolpern; b) im Allgäu = ja, hier, wenn man beim Namen gerufen wird. därrâ! därrâ! brams! Ruf der Hirten, um das Vieh aufspringen zu machen; denn da eilt es in den Schatten, zum Wasser oder nach dem Stalle. Sieh Wb. Im Hinterwald ersetzen sie diesen Ruf durch eine Art Zischen, wie die Bremsen tun. gitz, gitz! für Gaifsen ist allbekannt. sé, sé! für den Bock ebenso.

Lockrufe für die geflügelten Haustiere, die Hünlein:
bibb, bibb, bibb!
Sie gibt mir die Brocka
Solls Bibele locka;
Komm Bibeli, bibb, bibb!

Alemannischer Kinderreim. Ebenso auch für alte Hennen
üblich in der Kindersprache. gluck, gluck, gluck! für junge
Hüner und besonders noch für die Bruthenne. (Allgäu),
neben si, si, si! Leutkircher Haide. Am mittlern Nekar:
kôm! kôm! und hâm, hâm! Und ebenso in Kißlegg. kö,
kö! Ertingen. Für Enten: wudd! wudd! St. Blasien. lis,
lis! obere Donau. guss, guss! für Enten und Gänse. Allgäu.
gout, gout! für Enten, Nagolder Gebiet, Rohrdorf;
geit, geit! Wurmlingen. Sieh g. Fortscheuchrufe für dieses
Federvieh sind: gschû, gschû! (Hüner) hulsda! hulsda!
für Gänse; beide allgäuisch-königseggwaldisch. dschû!
dschû! in der Baar.

2) Hirtenrufe: oleô, oleô! üblicher Hirtenbubenruf
beim Austreiben, Waiden u. s. w. Schwarzwald. Im Allgäu:
weida, weida, weida-n-ôôôôô! Maranneô! (sehr lang)
Johanneô! hâst ao guot haltanneô! (hüten). Beim Essen:
Johanneô! sûroppa und bira-eôôôôô! (bohoen! schweiz.)

3) Freudenrufe beim Spielen, Kämpfen, Necken:
Im Breisgauischen rufen die Kinder auf der Schlittenbahn
zum Ausweggehen: ûs wîs! ûs wîs! ûs wîs! Im obern
Donautal bekanntlich auré, auré!

Ein Hauptruf des Hotzen und obern Schwarzwälders
ist: hûtadî! hûtadî! d. h. Haut und Haut aufeinander, Haut
an dich! das ist der Ruf, gleichviel ob man es auf einen
abgesehen oder ob es durch Wald und Feld hallt aus
Uebermut. So machen es täglich noch die Hauensteiner
oder Hotzen. Im Aargau drüben: hûtâbût! In Villingen
gilt der Ruf: wuoscht, wuoscht, wuoscht! beim Wüeschtbrennen,
wobei einer ein Brett am Kopfe, alles wirft mit
Steinen auf ihn. Stachê, stachê! Ruf ebenda beim Haselrennen.

Ein vielgebrauchter Ruf des Lustigen ist: hellauf 's
taget! Ebenso horexdex! horaxdax!

4) Rufe zur Eile, Aufmunterung. Hier muß in
erster Linie des heute noch in der Baar üblichen: hai, hai!
(hey, hei! mhd.) gedacht werden; es bedeutet Aufmunterung
zum Eilen, zum Handgeben der kleinen Kinder; hat
sogar einen Plur. hajet! hai hai! schnell, schnell! hajet,

hajet! hai klepf! gibt Patschhand, zum Kinde gesagt. Die Schwaben kennen es nicht mehr.

Vgl. schriftliche Belege: das alte wafenä in St. Liutgarts Leben. wäffen! in des Teufels Netz.

Vgl. die linkserh. buscha ho, holla ho! huwi, huwi! in St. Meinrads Spiel und bei J. Rueff, Adam und Eva. so huy! hoscha hô! (4415) u. s. w. Gehört zu hai, hai! wol der pl. heigen in der Edlib. Chronik. heigen, heigen fröwly heigen, Feldruf oder ist es = beschützen, Ztw.?

5) **Schmerzensrufe, Verwünschungen.** Nichts besonderes kann ich aus dem Volksmunde hervorheben aufser ochele! owe! ochele = Wunde selbst. Schriftliche Belege: ôwê, ôwê! (Teufels Netz) ach und ach und iemer mer ach! (301) ach und wê und iemer ach! (410); ach hût und iemer ach! (982) ach und aber iemer ach! (683) phi dich! (624. 417) pfuch! (1347) pfü dich! 1998. 2434. pfüpfü dich! (Brack). Damit stimmen die zallosen Schmerzensrufe im Zitglögglin. Ein Ausruf: ok! bei Brack. — Vgl. in St. Meinradsspiel: ô mordjô, mordjô, jâmer! (24) y, far hin! (31) pfuch, pfuch der tüfel (48); Adam und Eva: ach wee und jamer! (12) mordjô, mordjô (33) u. s. w.

Das tolle, tolle in der Passion übersetzt das Zitglögglin mit: hyn, hyn mit im! f. 76*a*.

6) **Euphemistisches. Weiterbildung der Ausrufe.** Beim burlament (Sakrament)! Beim deixel, duixel! deichert! Strafsb. Pfingstmontag. gigott und gigopss! bei Gott! die Flüche in St. Meinradsspiel 28: botz blitzg, botz kraft, botz Hünnendarm! botz helschen flamm (27)! leben heute noch auf dem badischen Schwarzwald. dafs dich botz Marti schend! a. a O. 31.

Sumer Sant Anthonien! flucht Peter v. Hagenbach. Mone, Quellens. III, 461*a*. Karl von Burgund: symmer St. Jörg! was zu Bouer's sumergot gehört; sonst: sam mir got! (d. h. helfe).

Vom allgäuischen hôp, hôp! hat sich ein Zeitwort gebildet: hôpa; hôp reacht ä mi nä! schrei recht an mich hin; anderwärts huppa = hupp schreien (Wurmlingen). In der Baar: hüpen. Die Zeitwörter: pfuchzen, juchzen, schluchzen, pfüfen u. s. w. gehen auf Interjectionen zurück.

Vergl. linksrheinisch: und pfuchssentend als pfiffiky hünner. Edlibach. Chronik S. 62. juchsen und schrigen 63. pfeisen der Schlangen, Gart der Gesundheit.

Ich will hier beifügen die Ausrufe bl. Namen: ui Jessis! ui Jassis! ui Jess! ui Jegisle, ui Jeggiss! ui Je! ui Jerumle! ui Jess Mant Josef! O Jesus, Maria und Josef!

IX.

Präpositionen.

In den Präpositionen scheiden sich die Alemannen genau von den Schwaben und Baiern. Heben wir mit über an. Stöber, Alsatia 1852 S. 84 sagt: mit der Präposition über, wird im Oberelsaſs und Sundgau ein höchst trolliger Misbrauch getrieben; sie muſs sich zu allen Richtungen des Raums hergeben; man sagt: überunge und überunte, übberobba, überhinta, übervorne u. s. w. Damit haben wir auch den Gebrauch der Präposition im rechtsrheinischen Alemannien: wo er aufhört, hören die Alemannen auf. So sagen sie in der Tuttlinger Gegend statt über der Straſse drüben: übberdurre; übberobba, übberundda; so heimisch wie hier ist es auch am Bodensee; in der Baar, auf dem Heuberge; im Hinterwald; im Allgäu, Waldburg: übberdobbe, überuffe. Am Feldberg: praep. adv. überuffi, überabbi, überdurri u. s. w. Altglashütten. Ulm, Wangen, Lindau: überumme, überdurre, überdubba u. s. w. ganz übberdurre = geistesabwesend, Deiſslingen, Rotweil.

Ein Anklang daran ist der Gebrauch von: über; in folgender Stelle: vor Johannes Stazzen hûs über. Freiburger Urkunden 1316 (I, 2, 217).

über = gleich nach Abzug: die herschaft lihet die kilchen ze Elvingen, diu giltet über den pfaffen wol 10 marc silbers. Habsb. Urb. 127. Ferner allgemein heute noch über und ob dem Geschrei zittra. Vgl. über dem Geschrei bewegt werden. Zitglöggl. f. 8ᵇ. So man über tisch gaut, wie in Liutgarts Leben, und noch heute. Mhd. Wb. III, 172ᵃ.

Das unmittelbar mit über zusammenhängende durch wird nach Ausfall des alten h (ch) durr, durri gesprochen und kommt mit über verbunden alemannisch häufig vor:

durrabbi, durutti, Furtw. Feldberg, Altglashütten; bi der Eiche durre = vorbei; Wisental; i gang ge Beizkofa durre, i gang uff Breama durre = nach B., nach Bremen; bei Scheer; ob. Donau; uff durre in der Baar wie am Oberrhein. Am Titisee ist durre = neben, geradezu ohne alles weitere. Vergl. und N. sich dem Rhein nach durchnieder erstreckt. Rüger, Unoth 305.

Die Zusammensetzung: ein Durchhaus, d. h. Haus mit öffentlichen Durchgang in die andere Gasse, kennt man in Alemannien nicht; sie ist bairisch; münchener-wienerisch.

bei hat auch manches Altertümliche; so zum B. im Bregenzer Wald echt mittelhochdeutsch: då steht eine capelle bi (Iwein 566); adverbial: so um dieses Gesetz abzutun: då sizt der Algöwer ûf (darauf); da das hûs ufstuond, worauf das Haus stand; da der stadel uf stât u. s. w. Vor Vocalen gerne so; es wird mit Adverbien und Praepositionen das alte dar gerne gesetzt.

Eine andere Weise der Construktion mit Dativ ist echt alemannisch: ear hât beim vatter gsait = zum Vater; i sags bei der modder = zu der Mutter. Göge. Vgl. Hahn, Mhd. Gramm. 2. Aufl. S. 139. Bei einem (= durch einen) einen Brief schicken, ebensohäufig; Hahn 138.

gegen (altschles. kegen) c. Dat. 1) = zu, z. B. reden zu jemand, mit jemand: er hât ge mer gseit = zu mir gesagt. reden gega oim (Hundersingen), geggm saga, in Winterstettendorf. Allgäu. Vergl. daz Maria min wort tüge gegen irem lieben kind. Liutg. Leb. 442a.

2) er tett gar güetlich gegen ir = mit ihr a. a. O. 462; ebenfalls noch volküblich.

3) gegen einem dienen = hörig sein; Habsburger Urbar 127.

4) Einzelne Ortschaften gehen: ge, gë Gruol, Laitz, andere uff Gruol, Laitz.

ab erhielt sich alemannisch 1) local, 2) bei Zeitwörtern des Schreckens, Zitterns u. s. w. In Verbindung mit -hin: abbi, abbe. Bekannt sind auch die Namen: ab der Hald, ab der Flüe u. s. w. die sich indefs nur spärlich rechtsrheinisch zeigen. Ab 'm Schwarzwald ist allgemein. —

Das abbár = aber, abher, herab neben uffär ist echt tettnangisch-allgäuisch.

aus c. Dativ, ausser u. s. w. 1) in Tuttlingen: bis aus der kirch (= bis die Kirche zu Ende) ist die Sache fertig. 2) Wie ahd. usser unserm spicher und kasten. 16 schilling usser dry mansmad. 50 pfund haller gelts usser ierm tail der stür. Monum. Zoll. I, 293. 307 ad 1390. 1392. 1393. das jar ûs und ûs. Rotw. Stadtr.

3) Zusammens.ausfordern = herausfordern, in Rotweiler Schriften, ist altertümlich und klingt aber bei Lessing, Tieck und J. Paul noch nach. Grimm Wb. I, 860.

4) Auf dem höchsten Schwarzwald sagen sie, wenn einer seinen Wohnort da hat: er ist drinn und ûſs.

Mit. Echt schwäbisch-alemannisch ist: eine Red mit einem tun, wie schon G. v. Ehingen schreibt. Einen mit Frid lassen, wie in Liutg. Leben 464ᵃ, so noch heute sehr üblich. Echt alemannisch ist hûrĕdĕn (heiraten) mit Jemand.

An: am Tage, prima luce; an's Bettgehen = in's Bett hineihgehen. Heimenkirch. Statt des Genit. wird heute wie ehemals an gebraucht: daz duhte alle lûte eine grofse barmherzigkeit an den herren cgm. 6 f. 229ᵃ. Das bairische am ist ãff'm = auf dem.

Ze, zi, zû. Zu Anfang des 14. Jahrh. kommt alem. zi häufiger vor: zi Costenze (1303. Mon. Zoll.), ze bette komen; Basler R. Q. 1407 S. 86.

In der Mundart z' erhalten vor Vocalen und Cons. z'jår, allgemein = aufs Jahr. z'aggeren, ze-ackern; zackerer, z. B. im Veldbauw f. 44ᵃ. z'böst reden = böses reden über einen.

zû = auf, c. Acc. do giengen die kneht zû wege = machten sich auf den Weg cgm. 6 f. 233ᵇ. zû kinden misslingen = eine Fehlgeburt haben. Liutg. Leb. 467ᵃ.

zû = bei, Dat. zû einem schlafen. Allgäu. zû mit vû (von) mufs den Genitiv ersetzen: d' hirta zô deana schâf, echt alemannisch.

Von, vû 1) mufs vor allem den fehlenden Genitiv ersetzen helfen: die hüser vû deana millár u. s. w. 2) von

= ob, über: ir sollent úch fröwen von der grofsen guóden, oft im cgm. 6. Statt von da hat Diethelm Keller: da daen (z. B. ziehen).

Hauptkennzeichen auch der rechtsrheinischen alem. Sprache ist die pronominale Präposition nid mit ihren Zusammensetzungen: niden == da unten. Baar. Sunthausen. bi der Tuonowe nidrent Mulhain. Mon. Zoll. I, No. 313. nidwendigk der bruckhen. Wst. IV, 188. Vergl. nidwendiger dan der ander. Veldbuch f. 11ª. nidsich getrieben. Blancardus 199. Echt alemannisch ist inzeit == binnen, innerhalb. mitterzeit, unterdessen. Wie in dem Mittelhochdeutschen so noch heute: innra däg zwölf und in den zollerischen Urkunden: inro acht tagen 1308 No. 213.

Ebenso echt: ennet, ennert (Stalder I, 104): ennet bergle, hennetbergle; henna und denna (Furtwangen); herna und derna (Baar).

Die Zusammensetzungen echt alem. Natur mit Präpositionen sind kaum zu nennen, mit Ausnahme z. B. die Obergrichtler und die Untergrichtler, im bair. Allgäu; jene gehörten in's Gericht Fluchenstein, später Sonthofen; diese nach Rettenberg, Burg. Die z'nachter.

X.

Zalwörter.

Cardinalzalen. 1: Msc. uir, onn'r, ōr, ōār, onn. F. uine, onni, oā. Ntr. uis, ōass, ōā, sieh Lautlehre ái. Flexion. Sing. entweder Gen. uis mâ's, oder der Gen. wird umschrieben; uim' oder uima mâ, uinn mâ oder onn mâ. Fem. ui frou, uira frou oder onni frou, onnira frou u. s. w. Ntr. ui kind, ui schâf, onn kind u. s. w. gegen den mittlern Nekar oār, oāne, ōā. Beim Zälen: uis, uass (letzteres im Schussental). Flektiert ist ein: zwüschen zwölf und einer urren, Wst. IV, 256. ainy (Frau), cgm. 384.

2: den althochd. Formen zwêne, zwô, zwei entsprechen alemannnisch Msc. zwê, zwai, zwê. Dat. zwêna. zwê mā, zwai mā; zwê manna, zwê mā. In der Tettnanger Gegend sogar zwā, Msc. ei für ê auch in der schon bei Weinhold §. 326 (2) belegten Form zweine: zweine hůber. Wst. IV, 181. Das Rotweiler Stadtrecht hat den Dativ: des raths zwainen. Weinhold a. a. O. Die Basler R. Q. haben zwên: zwênzig und zwên soum wins. 1413. S. II, 48. zwên mânet vor 1355. Mon. Zoll. — in zway viele. Rotw. Stadtr.

Die genitivischen Adjective: hölzer über zwayer schueeh lang. Rotw. Stadtr. f. 43*b*. zwayer viertal miner. Mon. Zoll. 1343.

Das Neutrum: 1) zwoa, z. B. zwoa messera. 2) zwoia. 3) zwua, z. B. zwua weib, zwua kind; letztes rotweilisch; Deifslingen. Endlich noch zwao: zwao eassa, Heuberg. Wehingen. Dativ: zů zwainen maulen, cgm. 384 f. 11*a*. Gen. adj.: gesotten in zwaier wasser, cgm. 384 f. 25*b*.

Was den Genitiv und Dativ anlangt, so scheiden sich die schwäbischen und alemannischen Schriften nicht. Nur ein cgm. 480 sei hier (schwäbisch) verglichen: mit zweien tycren f. 33ª. Ebenso in den übrigen Casus: zwien hübsch stecken f. 35ᵇ. zwien pfennig, zwien man, zwien bischof u. s. w. überall ie für ê; in den Flexionen gleich.

Femininum. Dem ahd. zwô entspricht alemannisch zwuo, zwun Dat. zwuana, zwôna (Königseggwald); zwôna ist nicht selten; seltener zwoina. zwô (neben zwoa) ebenfalls in unserem Gebiete nicht selten. Tettnang. zwao in der Tuttlinger Gegend, Baar. In Bulbach zwô froua, ganz wie im entfernten Wehingen: zwo frouenzimmer; zwô kua u. s. w. Horgen, Deilslingen.

Schriftliche Belege: das Rotweiler Stadtr. hat zwô (juchart) β. zwô genns 1348. Mon. Zoll. Ebenso der cgm. 6: zwô tugent f. 243ᵇ. uo: zwû mess, Acc. cgm. 402 f. 32ª. zwû wälsch nuſs cgm. 374 f. 11ᵇ.

Der adj. Gen. ebenso wie Msc. Ntr. in der zwaier stett einre 1343. Mon. Zoll.

3: der Alemanne zält: dria (Allgäu), drûa (Schussental), druija (Schwarzwald), drui ist das Allgemeinste (drîa, Arnach).

Msc. drei für drui Ntr. drui; strenger oberrhein. Msc. drí, drî, drî: drí manna, drí wib, drí kind, drí jar; es ist Zusammensetzung aus drije und darum echt alemannisch drig: drig tag und drig nächt. Liutg. Leben 459ᵇ. dreu, drei hat sich statt des Neutr. iu, das gewöhnlich ui ward, eingeschlichen; aber bei Zusammensetzungen mit gröfsern Zalen hat sich drû fest gehalten. ui Ntr. ist alemannisch: umma-n-uhra drui, Göge, Beizkofen; dagegen 's hät drí gschlagga, allgäuisch. Der Dativ dem mhd. drîn entsprechend msc. ntr. f. dreinen (v. Rate). Rotw. Stadtr. mit drîen heller. Mon. Hohenb. 14. Jahrh. S. 891. von drínhundert gulden. Basler R. Q. 1388. an drínu orten. Rotweil. Stadtr. β.

Der adj. Gen.: von der drîer stett einer 1340. Mon. Zoll. drîer kunigen, Zitglögglin f. 5ª. Acc. drîe diser pfennige. Basler R. Q. 14. Jahrh. oft.

4: (neutral): vieri, vieré, vierẽ. Die vieriu nicht selten im 14. Jahrh. Mon. Zoll. 1319. viriu, Habsb. Urb.

5: abgeschwächt feimf, feife; allgäuisch reines f: fîf; schwarzwäldisch fíf, fẽf.

R. A.: z' Linda sind fife schü grad, am seala durn, wo fíf spizza hat, die all fíf grad sind.

eu haben folgende Stellen: feunff schilling. Wst. IV, 67. feunnftzechen fiertel und feunff sester rockhen S. 100. 13. Jahrh. ebenda: viunf a. a. O. 264. fünvezig S. 503.

6: sexi, sëssi (sieh Lautlehre h), sexé. Der ogm. 6 hat bekanntlich sës: sës sachen, sës steinine krůge f. 19*a*. 250*b* (das sëste f. 13*a*). Wie in einiu, vieriu, driu hat das Habsb. Urbar sehsiu S. 161 und oft.

7: Der Alemanne zält simni, sibni, sibani, sibané (sëmně schwäb. augsb.); reines sibini hört man bisweilen. Gehört der alem. Narrenruf mit -ô hieher: sibô, sibô narrö si? (Constanz, Villingen u s. w.).

8: Alem. achdî, âchte, âchte; âcht mâ, âcht wîb u. s. w. z'selbâcht. Nach alem. Auswerfen des h: ăt oder âtzge. Zu den vielen Beispielen bei Weinhold S. 307 füge ich folgende; ohne Umlaut: ahtüwi und ahzig jar. Freiburger Urkunde 1282. achtü und funfzig jar. Mon. Hohenb. No. 541. Achtmer neben Echtewer, Echtmer hiefsen die acht Männer, welche die Mezgerzunft in Freiburg als Vorstände wählte. Mone Zt. 15, 23. — Umlautend: aechtwe und zwenzig phenning. Constanz. Chronik (Mone Quells.). ehtuwe. Freiburger Urkunde v. 1282. der echtewer (Gen. pl.) noch 1465. Freiburg. Stat. Mone 18, S. 13, 8. Der ogm. 6 f. 14*a*: ehtewe.

9: Alem. nůni, schwäb. neine, bair. nain; auch kommt noine vor; nîne ällgäuisch, urk. nůne und nůnzig jar 1299, No. 173. Mon. Hohenb.

10: zehni, meist mit alter Kůrze, wie auf dem Heuberge zenni; die Lechschwaben betonen hh stark. cgm. 6: der junkfrowen worent zehene f. 242*b* und oft.

11: ulfe (Allgäu) neben âlfe; uolfe, Schussental; nilfo*t* walfe, grofser und kleiner Heuberg; das übrige Alemannien hat âlfe, wo â altes áin vertritt. d' glogg haot walfe gschlagga, bei Margrethausen; walfla, âlfla Ztw. 11 Uhr schlagen (Heudorf, Margreth.). Das augsb. Gebiet: oälfe. Eine zoll. Urk. Mon. Zoll. 1317: umme ainluf pfund S. 30. in dem ainluiften jar 1315. Mon. Hohenb. (223): die

St. Georgen'er Hs. Mone Anz. 8, 503 hat ainliuf. Das Zitglögglin f. 5^b hat die eylifft. Wst. IV, 480: einliff. Vgl. schwäbisch ebenso: ainleff, ayliff u. s. w. im ogm. 736. Ueber s. Ableitung, Schleicher, d. Sprache 223. Die alem. Innungen, Städteverfassungen hatten den Namen Elfer nicht selten, wie Achter, Neuner, Zwölfer u. s. w. derselben Einlifer drie. Habsb. Urb. 178.

12: zwölfi. 's zwölfi glöggli u. s. w. zweilff, in Freib. Urk.: zweilf, M. v. Lindau; von zweilf mendagen, Wst. IV, 208 (selbe zweilfte a. a. O.).

13: drizenna, echt alemann. heubergisch; schwäb. alem. dreisêne, druizêne. Die Urkunden haben drûzehenhundert neben druizehenhundert. Im 15. Jahrh. dreuzehen, was die Baiern schon im 13. Jahrh. hatten. Eine Freib. Urk. hat (ad 1320) sogar drûtzeihenhundert.

14: fiêzenni; in der Freib. Urk. v. 1320: feirzeihen.

15: vgl. 5. fifzenna; die Lechschwaben haben fuchzehha; eine das rechtsrheinische Gebiet betreffende Urkunde v. 1315 hat in dem funchzehenten jare. Glarner histor. Ztschr. 1, 36.

16: seâzenni.

17: sibbetzenni.

18: âtzenni, âzenni.

19: nuizenni, nonnzene.

20: zwuinzg (Bodensee), zwuinzge, bair. wirtemb. Allgäu. zwôngs, zwônzg, Deifslingen, Rotweiler Gegend; sieh Lautlehre (âin = ôn = ûi = ân). Gegen den mittlern Nekar: zwânzge, zwânzg; sogar ein alem. zwôanzg hört man (schwäb. augsb. zwolzg). Im Wiesental: zwänzig, zwaiaswenziget.

Ueber das Zalwort sieh Schleicher, Sprache 233. Im Alemannischen ist heute i, das altd. u, ganz ausgefallen.

Schriftliche Belege mit ê häufig. Zu Weinhold S. 308. Doch sind mir aufser dem Freiburger Urkundenbuch nur zu Händen als Vergleichung linksrheinisch: zwenzig, Keyserbuch 5; sonst daneben zwei und zwonzig. Wst. IV, 6. Die Basler Rechtsquellen noch 1611: zûm siben und zwanzigisten (ad 1534 noch zweinzig und zwanzig 1533). Das

Zitglögglin hat zwenzig (auch die zwenzigist stund). Vgl. J. Rueffs Adam Eva: zwenzig V. 4882.

ei und ai: Das Rotweil. Stadtr. β hat die zwên und zweinzig. Mon. Hohenb. No. 174: um driu und zwainzig pfund 1299 (zweinzigosten im Habsb. Urbar). W. Ryff hat zweinzig neben zwenzig (1540). Eine Schramberger Briefsammlung 16. Jahrh. (Hs. Bissingisches Archiv) hat durchaus noch zwainzig, zwainzigzwên (Ordinalz. den zwainzigsten tag; am zwen und zwainzigsten februar u. s. w.). Eine Ravensburger Urkunde von 1665: am ain und zwainzigisten; ebenso die Constanzer Chronik, Mone Quells. II, 51ᵃ u. s. w. Eine Urk. v. 1513 (Mon. Zoll.): drew und zwainzig. Ferner ad 1521. 1526. Vergl. cgm. 480: zwainzigist.

â: zwânzg, Wst. IV, 215. cgm. 736: zwânzigist; das Rotw. Stadtr. hat es ebenso.

Bei den Zalen 20—30 hat man: ôanazwanzg, zwoanazwanzg; uinazwonzg; drijazwonzg u. s. w.

30—100: drisgi, vierzgi, fifzgi, scâzgi, sibbezgi, âtzgi, nuinzgi, nuizgi, hunderti. — Während bei sechtzehen 1382 (Offenburg. Urk.) t eingeflickt, kommt im Spiegel der Behaltnus hunder vor ohne t.

Die Flexion der Zalwörter stimmt in den ältern Urkunden genau mit der höfischen Sprache; bald erscheint bei den Zusammensetzungen die erste Zal flectiert, die zweite nicht, bald umgekehrt; bald alle beide. Der Zehner geht dem Einer voran, aber erst von 20 an; zuweilen finden sich die Einer den Zehnern vorangestellt.

So im Rotweiler Schriftstücken; dreifsig eine, dreifsig vier, dreifsig acht und so oft. 16. Jahrh. Zweihundert siebenzig sechs; dreihundert achzig sechs Gulden; bei siebenzig fünf Gulden. Der Personen siebenzig und einer. tusent vierhundert achzig und sechs jahre. Basler R. Q. 209. Zu Ende des 16. und 17. Jahrh. ist die Regel: kleine Zalen stehen voraus: zûm sieben und zwenzigsten. Freib. Urk.: zweilf hundert jar und sebsü und sûbenzig (1776).

Ferner wird bei Einheiten das Jahr wiederholt. So in den Monum. Hohenb. z. B. No. 173: drûzehen hundert jar und eins und drissig jar No. 330. zwölfhundert jar und nünzig jar, und acht jar u. s. w. Vergl. ferner achtū und fünfzig jar No. 541. Oder Jahr steht blos bei der grofsen Zal: driuzehenhundert jar und darnach in dem driu und achzigosten No. 581.

1000: spezifisch alemannisch ist tusig, tusing, dem entspricht dusing, hundert tusingvaltaklich in Grieshabers Oberrhein. Chronik; ebenda mit vil tuseng geburen S. 2, 33. mit den XI tusing megden S. 1386: thusing (Schreiber 97. 18) 1369. Vgl. die Edlibacher Chronik: tussig (144).

Ordnungszalen: der aist, der ander (selten der zwoat), der dritt, der viert, fift, sext, sibbet, ächtit, der nünt, der zennt, der ulft, zwelft u. s. w. Statt der ander sagt man auch wenn von dreien die Rede — der mittler. Welcr gfällt d'r von deana 3? O! der mittler! Ober. Donau. Die Umsetzung der dirte, wie es elsässisch häufig, ist auch unserem Gebiete eigen. der sibbti (Todtenopfer II) sehr verbreitet. der achtet = Octava (dies) eines Heiligenfestes; St. Steffans achtod, St. Johanns achtod, der kindlin achtod cgm. 454 f. 11^b. Ganz dem schwäbischen gleich. Allgemein: in dem achtodon jar 1308. Mon. Hohenb. No. 230. — den achtsten, die abtste. Spiegel d. Beh. uff den achtisten tag. Wst. IV, 166. an den nünden kalenden des Aprellen 1312. Mon. Hohenb. N. 226. um die neunten uren. Constanz. Chron. 52^a. (Quellensammlung I). in dem einluften jar 1315. Mon. Hohenb. No. 223. im zwölfoten jar 1312. Mon. Hohenb. No. 230. in dem vierzehneesten jore. Wst. IV, 169. in dem funchzehenten jar 1315 (Glarus); mündlich: im seäzêta, sibbetzêta jâr; im âzêta jâr; im nuizêta, im zwonzigsta jor u. s. w.

Ein eigener Gebrauch der Ordnungszal: der neuntausentste gilt am obern Nekar = sehr ähnlich, wie von einem herabgeschnitten, besonders von Kindern. Vergl. Ludwig Tobler, Wortzusammensetzung 1868 S. 113.

Die Bildungen mit -ost, -ist (Weinhold S. 310) sind ebenso üblich als wie die altertümlichen Superlative. Im Schwäbischen überwiegen die -ost; im Alemannischen sind die -ist häufig. So hat z. B. das Rotw. Stadtr. nur -ist.

Ich will hier die Beispiele nicht aufzälen, die Mon. Zoll.
und Hohenb. weisen -ist und -ost fast auf jedem Blatte.
Die Verdumpfung in -ust kommt auch vor, z. B. in Urk.
v. 1339 Mon. Zoll.

Die Zaladverbien sind häufig, geben aber keinen auffallenden Unterschied vom Schwäbischen kund. Zu 1: z'aișt,
z'aișta (sieh Adverbien); zęșta u. s. w. von ersten cgm. 384
f. 1ᵃ. Vergl. z'ersten, J. Rueff, Adam und Eva 7. aișter,
immer, hauensteinisch. Daher nehme ich die Bildungen
von eins: ainest cgm. 384 f. 8ᵇ. einseit, anderseit, Wst.
IV, 130. eynest, Zitglögglin. ainthalben, Rotw. Stadtr. ß.
er einig kumpt u. s. w. (J. Rueff). ainlizzig, einfach 1441
(Ueberlingen). Mone 18, 36. Vergl. das: übereinzig abschneiden, b. Brunswick.

2: zwirunt, zwirent, zwiront allgemein; bes. cgm. 384.
zwuren als viel. Basler R. Q. II, 4. zwirin im jar. Wst.
IV, 96. zwiro in dem jar 495 a. a. O. Behenhaus. Urk.
ad 1300: zwirent. Mone 15, 105. Weinhold S. 311. zwaywerf, 2 mal. Leiden Christi c. 1480. Alem. sübenwerbe,
Spiegel der Behaltnus f. 35ᵇ.

3: drystent. Zitglögglin. cgm. 384: dristunt.

4 u. s. w. bieten nichts Bemerkenswertes dar.

Das men (Ott Ruland), miner, minre (cgm. 6 oft) erhielt sich noch in Fizions Reutl. Chron.: minder 25 Jahr
(206).

Bildungen mit Zalen: Ainling, Sauggarter Waldname; bekannt ist zweitracht, in den Basler R. Q. S. 111.
zwoytracht 1469 a. a. O. zwisel, sieh Wb. Zwifildea,
Zwifeldea, der alte alem. Ort Zwifaltaha. Daran reiht sich
das nicht mehr spezifische, aber doch noch alemannisch
übliche viernzal, -zol an: Basler R. Q. viernzel S. 7. II,
vierenzal dinkel Wst. IV, 257. Zur Ordinalzal: den vierndenteil (zusammengesetzt) Wst. IV, 26. Daher gehören
die Münznamen: Vierer, Sechser, Bärenfuffzehner u. s. w.
Sieh Hahn-Pfeiffer, Mhd. Gramm. §. 294.

Ferner: Obmann oder gemeiner Fünftmann (Strafsburg-Offenb. Urk.). Freiburger Diöcesan Archiv II, 237.
Anmerk. 2. In der Tuttl. Gegend gibt es nur Vierling,

wo alles Viertel sonst spricht, von Ellenwaaren. s' zneunes
Efses, das Neunbrot gegenüber dem z'unding, was alemannisch
das Dreibrot ist. Allgäu.

Die Bildungen mit selb- (Schleicher, Sprache 294)
sind sehr üblich: z'elbander, zelbzwoat, zelbdritt, zelbviert,
zelbfift, zelbât u. s. w. Vgl. selbdritter. Wst. I, 10. Mhd.
Wb. II, 2, 245. (2). Hahn-Pfeiffer, Mhd. Gramm. 293.

Geläufig ist auch dem Alemannischen und Schwäbischen
das Nachsetzen der Zalen z. B. in folgender Verbindung:
a jär sibbzenne; a jär zwanzge; ganz so im Heiligenkreuztaler
Hexenprozefs. a duzzet fife; a duzzed vieri; a dag
a-n-ächte; a dager acht; a stucker 5; a stucker bar (Göge),
zwölf; umma-n-ura drui (Göge); a mä acht; a kläfter
sibbě, a karlî (Karolin) fif, a kind hunderti, a ross drisgi
u. s. w. Germ. N. Folge I, 202 ff.

Die Achziger, in Rotweil (Räte) werden im Gen. pl.
bald sw. bald st. behandelt. — In einzelnen alemann. Gegenden
sagt man mit achte, mit âlfe, statt um 11 Uhr,
oder 11 Uhr.

Redensarten: dear kô no ütt drî zella; als ausweichende
unwillige Antwort bei Erfragen von Zalen: jä sibbetzenne
und a säckli vol; er ist nô ütt vierzgi, d. h. noch
nicht gescheidt; Anlenung an ach! ach Gott und nü holige,
der mesmer und si bua, wie viel brouched die baar
schuah? Rätsel. Antw. 1 Paar. Bei Fragen über's Lebensalter
ist die Antwort: zwonzg und etli krûtherbst! Will
man die Zal nicht nennen, heifst es in der Göge: sibbetzeba
und a-n-alte Ax!

Eines nun seit 25 Jahren beinahe ausgestorbenen Ausdruckes
sei am Schlusse gedacht. Für einen Menschen,
dem alle Augenblicke etwas fehlt (hinterlettig) hatten die
alten Rotenburger diese Bezeichnung: dear ist alleweil
am âsch derzwoa. Sollte es von der schwangeren Frau
oder der Wöchnerin hergenommen sein? Oder von dem gläsernen
A., den man solchen Kranken spöttisch zuweist?

XI.

Pronomina.

Persönliches Pronomen, ungeschlechtig. 1. Ps. Sing.: î, mî, miar, mî. Pl.: miar (mirr), euser (ûser), ûs, ûs. Der Gen. mîner, mînen ist erhalten in mîtweaga, mî--netweaga; weaga mîner; des ghairt mî (gehört meiner) dî, sî; meiner deinka (denken), ear verjâmret se seiner, in geggawat meiner u. s. w. Der Umlaut îs, îser, was dem alten unsich entspricht; der Schwabe kennt diesen Umlaut nicht; er hat sich bis weit in's obere Inntal hinab erhalten. bî îs sagt man in Landeck, Vlies wie in Furtwangen, und Wehingen (Heuberg); bei eis im Beratal; bei eîs kommt vor, auf dem Heuberge noch üblich (Egesheim), was man am mittlern Nekar bei aûs spricht. eis, allgäuisch hört bei Mönchroth auf. Die Urkunden haben ûns, sieh Weinhold S. 451. 452, wozu vor ûns Freib. Urk. v. 1272 und Wackernagels Nibel. Bruchstücke mit ihrem ûns, ûnser zu nehmen sind, S. 41).

ōns für wir, nos, kennzeichnet den Riefser, den Nachbarn des ostfränkischen Gebietes, enk den Baier.

Der ethische Dativ: jez laist (legst) m'r a mâl 's neub kload â! feagst m'r a mâl da disch! u. s. w.

2. Ps. Sing.: dû, Gen.: dî, dîner, dir, dî, Pl.: ir, eib, ui, eiber, eis, eib. — dû wird teilweise dau gesprochen; Reinerzauer Tal; auf dem Schwarzwald, an der altwirtembergischen Grenze um Tübingen, Herrenberg erkennt man die Protestanten daran; übrigens sprach man dau im ganzen Gäu, auch im ganzen Bezirk Rotenburg. Um Wachendorf, Bierlingen, Bieringen scheiden sich die Ortschaften strenge nach dû und dau. — Das ganze Allgäu hat û = iu: ûb = iuch; so noch in Hailfingen, ûb, ûber. Die Allgäuer schreiben eib den Wirtembergern zu; wiewol

es auf dem badischen Schwarzwald, auch um Rotweil üblich (Deifslingen). Einige Gegenden, besonders das Wisental haben dir = ir: dir froget doch an viel; dir sind lächerlich, d'r wend, wollt u. s. w.

3. Ps. Der Genitiv sî, sîtweaga (seinetwegen) kommt allgäuisch vor. Der Acc. -së; meistens mit Präpos. wo dann s zu sch wird: übersché u. s. w.

Persönliches Pronomen, geschlechtig. Sing. Msc.: ear, imm, inn. Pl.: sûe, iara, inna, sûe. — Fem.: sû, iara, iara, sû; — sû, iera, inna, sû. — Ntr.: eas u. s. w.

Die genannten Gegenden die (eib) üb haben, kennen auch sû = sie, Fem. schon bei Hailfingen, Bondorf, wie dû = die; daher das Wortspiel, womit die Nachbarn sie uecken: sû (sie) ist a sû (Sau). Altwirtembergisch ist sui im singenden Tone überall bekannt. Eine Hauptrolle spielt das es, womit der Alemanne sein Weib, oder irgend eine Weibsperson benennt im Verlaufe der Rede. Das Neutrum kommt von den Diminutivformen der Namen her.

Ja sogar für das Masc. er kommt es vor: ô was will denn es? Zollern. Petra. Der Genitiv und Dativ Fem. iera ist sehr üblich: gib iera wasser! bi ira bliba u. s. w. von d'wegn iera. Vgl. ierun wisun 1373. Mon. Hohenb. Das Zitglögglin: ira, Dativ; — wie er jren hold wäre. Keyserbuch S. 8. Der Gen. pl. msc.: ob ir einer, jetzt sehr üblich.

Bekannt die Formen: es Trögli, in es Egg, in es irdis Schûfseli = das, dem Artikel, ist walserisch, dem Davosertale eigen. Bergmann S. 138.

Possessivpronomen. Der Alemanne auf dem Schwarzwalde hat mî, mîne, mîs. Der Allgäuer ming, minge, mings. Ebenso dî, dîng, dîngs. Vergl. Lautlehre. sîng, sî ebenso häufig. mîngs vaters sî brûeder; sîngs schwesters kind. Die von Wolpertschwendi und Mochenwangen heifsen (verächtlich) die gsinger, das gsinger land; bei Saulgau nämlich geht das allgäuische -ing zu Ende.

Die beiden andern Possessivpronomina sind eiber, ûser, ûnser, eiser wie wir oben beim ungeschlechtigen Pronomen schon gehört haben, aus dessen Genitiv ja die possessiven Pronom. gebildet werden.

eiser ist ganz charakteristisch alemannisch. ûsser == unser, um Rotweil, Deifslingen: ûsser kind u. s. w. Für ûser ein, Wisental. Die Freiburger Urkunden haben unzälige ûnsir, ûnser u. s. w. (1272).

Die Verbindung mit wegen: mîtwegen, dîtwegen, sîtwegen; fsertwegen oder mîngtwegen, dîngtwegen, sîngtwegen u. s. w. gehört dem persönlichen Pronomen an. S. 183.

ewber (hungrigen sel) cgm. 419 f. 217.

Demonstrativpronomen. Das alte dero, iro kommt noch spät in alemannischen Schriften vor: dero, Wst. IV, 272. Rotw. Stadtr. oft. iro Gen. pl. Wst. IV, 274. Den Gen. pl. msc. hat das Zitglögglin: dera. Der Dat. pl. dien im cgm. 384 f. 21*b* und öfter. Vergl. auch den Dat. deren: bei deren hat er heine kinder ghebt. Keyserbuch.

In dieser, diese, dieses tritt die alemannische Eigenheit sehr hervor. Die alte Kürze, also: disser, disse, disses, wie auch Wst. IV, 84 dissen (130) schreiben, abgerechnet, gebraucht der Allgäuer wie der Baaralemanne es für alius, alia, aliud == ein anderer; der nächste, übernächste. Z. B. 'r ist nût wie disse leut == wie andere Leute. Sodann können: disse leut beliebige Menschen sein, die man etwa ertappen wird; disse wäsch kann ferner schon lange vorüber sein, disse woche ist in der Regel die übernächste Woche. Tuttlingen. Wangen; Horber Gegend (Rohrdorf). Der Dat. sing. fem. lautet im Allgäu denner, es mufs disser ersetzen. — Davon kommen die alem. Formen dieset (sieh unten), in den Basler R. Q.: hiedieset S. 395. hiedifst S. 399. Auch von dishin, ab hoc. 1484 S. 204. Weinhold S. 292.

Das relative Pronomen läfst bekanntlich im Alemannischen und Schwäbischen das ch (k) aus: weles, welem u. s. w. Es ist dieses schon bei Notker die gewöhnliche Form (Graff IV, 1211); die kurze Aussprache: weller, welli, welles mufs hier bemerkt werden.

Dem alten Notkerischen und St. Gallischen demonstrativen ener u. s. w. entspricht heute alemannisch: êar, ĕanne, ĕans, womit das Volk das hochd. jener gibt. In Liutg. Leben 459ᵇ lautet es: an eni wett. Weinhold S. 292 (unten). Dazu gehört die Zusammensetzung ienhalb dem Rötenbach, Urbar v. 1373. Mon. Hohenb. S. 594. enhalb wassers. Joller, Vorarlb. Urk. oft. jenthalb 1339. Wst. IV, 188. Ferner die Bildung mit Suffix ana (Weinhold S. 29), enan: hie disent des Rines, ennent Rins 1393. Basler R. Q. S. 54. hie disent oder ennent Rins 1401 S. 77. enet und disent Rins. Joller a. 1394. hinsite Rins ennent Rins 1411. Basler R. Q. S. 97. hie dissit und enbet Rins 1449 S. 133. ennend lachen. Donauesch. Gültbuch 1438 (Archiv dort). Vergl. noch heute die Ennetbäder in Baden Baden. Vergl. hinnings der Illinger und drinnings der Illinger; drüben und herüben. Adverbial ist enner = herein (Baar).

Unter das demonstrative Pronomen gehört auch dannanthin, Basler R. Q. 1339, I, 1 S 15. dennethin, dennoch; Wilhelmskircher Urk. 1542. Beispiele im Meierrodel, Unoth: dadannen, dadennen. dennatun = hinwegtun (Wangen, Allgäu). seltdannen = dort. Allgem. alem. — aja gongk, dorthin gehen. Hergaz. dêt = dort; niendert = nirgens (nun bestund das ein zyt lang, das die puren keine frist niendert hatten 1525. Heganer Vertrag und oft); Paracelsus ebenfalls. — nachert, nâchrt, das im Allgäu = nachher üblich, stelle ich zu nach-wert. dasig im Volksmunde noch gebräuchlich (Wst. IV, 18). Merkwürdig ist das uralte locative dai = da; dai uffe = dahin auf. dai bischt u. s. w. Hauenstein. Hotzenwald.

Von dem demonstrativen hi sind hîat, hût, hinât, hîanet abzuleiten. hinnant. Basler R. Q. 1339. Echt alem. bar st. her; sider (Hebel), sidheri (Herrenalb).

Wie in der Schweiz hat sich auch alemannisch-saulgauisch ein demonstrat.-n, -na erhalten in nåddanådd und nåddannå = nach und nach, langsam.

Das von Weinhold am Schlusse des §. 317 angegebene alder läfst sich mit a und o unzäligemal belegen; z B. aus den Mon. Zoll. 14. Jahrh. Zarncke z. Brant 421, 67. Grimm Wb. I, 203. Es soll bis in's 17. Jahrh. hereingehen und zuletzt misverstanden worden sein, indem an alt gedacht wurde.

Zum Fragepronomen: weders, welches von zweien. Wst. IV, 274. das deweder teil 299. dewednem geriht 390. von unser jetdwederem, dewederem 1355. Mon. Hohenb. Heute noch im Tettnangischen dwietle = jeder. yetwadertbalb, Unoth 23. wader a. a. O. nach welcher von beiden Seiten; das d verleiht dem Fragepronomen einen unbestimmten Sinn. Weinhold S. 297.

Zu den unbestimmten Pronomina bemerke ich, dafs sell = selb, allgemein alemannisch ist; ha sell! Verwunderung. des selpselben tagen. Nicol. v. Basel, wie schon Notker. derselbig, denselbig 1302. Mon. Zoll. S. 111. Die Oberndorfer Stat. 14. Jahrh. daselbig. Mon. Hohenb. Der cgm. 384 hat dasselbig f. 9ª. uff denselbigen arm. Ebenso das Rotweil. Stadtr. u. s. w. dasselblich, Wst. IV, 32.

Das ältere dehein erhalten noch im Rotw. Stadtr. β. Die Redaktion v. 1546 hat schon dekein. Die Basler R. Q. haben enkeinen und deheinen (1399). In Schramberger Urkunden noch im 16. Jahrh. vor hundert und mer jaren dann dehein menisch fürdenken mag.

Echt alemannisch ist nummen, numma = nur; so heute noch wie bei den Strafsburgern (Geiler, Pauli) in Hagenbachs Reimchronik; bei J. Rueff, Adam und Eva. Kirchberger Reform. Akt. 116 (in Knittlingen noch numen = doch). numan, numer in Liutg. Leben 456ª. In der guten Frau setzte Sommer statt des numen der Hs. durchaus niuwan! S. 54.

Zu Weinhold §. 323 (neizwer u. s. w.) führe ich an: nammes (Allgäu), neammes, nämmes (Weingarten); ieder mufs nämmes z'schlaga beim hông (haben). nåmefs: i mnofs d'r - nåmmes sagga. Amtzell. Wangen. neamifs, Weilh. b. Tuttl. näume: wo um drei batza näume anelauft. Wisental. Usstich 15: wenn näume näumes steht. Nicol. v. Basel: neiswo. neiswas, Keller's Keyserbuch: naizwas, naizweme. St. Georger Hs. Mone Anz. 8, 505. naizmas und naizwas in Liutg. Leben. Mone Quells. III, 442ᵇ.

Die Verneinung auch auf pronominalen Stamm zurückgeführt, heifst alem. nût, nit; nint; nûnt, ût (Liutg. Leben). nûnzet 452ª. nûntz cgm. 384 f. 7ᵇ; ebenso unechte Erweiterung: z'nûten machen. St. Meinradsspiel. us nûten gemacht. nûtes. Mon. Hohenb. No. 45. Heute auch noch: nuaz (Nonnenborn), noëz, noïz u. s. w. (Göge). niuzenit. Mon. Zoll. 1310 S. 125. nûtznit 1342 (a. a. O.). Dazu die Ztw.: vernûten (Adam und Eva), vernûtzeren heute = es rentiert sich nicht, wird schwer halten. Schwarzwald. — In Sunthausen echters = etwas.

Altes (êo) io haben wir nur mehr alemannisch nicht schwäbisch: iamâl, diamâl (Alb: ma müss 'm deufel 's knigg ieramâl brecha); soll umädder (Furtwangen), umbedar (immder, Wurml.), ummedär (Wolfach) immer so; ummadumma u mit io gewechselt haben?

iemes und niemes heute noch. igenote (jetzt) 1336. Mone Zt. 13, 204.

XII.
Zeitwort.

Hierin findet sich strenge Scheidung von den Baiern und Schwaben. Besonders sind es die Ztw.: wollen, sollen, müssen, mögen, haben u. s. w. die ihre eigenen Wege gehen. Fangen wir mit dem Hilfszeitwort wollen an.

Sing.: i will, du witt, ear will; Pl.: mier wond, ier wond, sie wond. Der Conditionalis: i wott, du wottist, ear wott, mier wotte, ir wottet, sio wottet. Der Indicat. wird im Praet. ersetzt: i hô wella u. s. w. So haben es die auf der Leutkircherheide wie die in der Baar, in Aldingen wie in Seibranz, an der Tiroler Grenze wie am Feldberg.

Schriftliche Belege: du wit, Liutg. Leben. Die Formen wot, wott praet. Indic. Conj. kommen häufig vor: z.B. in der Constanzer Chronik. Mone Quells. I, 349[b]. Ganz so in Rueffs, Adam und Eva: wott, wottest, wetten wir u. s. w. In des Teufels Netz: wir wond V. 534. wend ir, si wend V. 623. 3230. 1467. Vergl. si went b. Hadloub, oft. Ebenso im Meinradsspiel; in dem alem. cgm. 384 (went); in der Hamb. Hs. von Pleiers Tandarois und Floridibel: wend = welnt.

Sollen: i soll, du sollist, ear soll, mier sond, ier sond, sie sond. Conj. i sott u.s.w. Teufels Netz: ir sond 1380. sond wir, si sond, sond ir (2200), ir sond (3497), sond si (3657) und öfter. Ebenso der cgm. 384 (sond Pl.); sont (Pleier's Hamb. Hs.); sunt III. Ps. pl. praes. Basler R. Q. 1339. I, 17; ebenso das Rotw. Stadtr. β. wir sond — si sond. si sun, Freiburg Urk. 1275. Ebenso Wackernagels Nibel. Bruchstücke sont neben sült, sülen. Vgl. J. Rueffs, Adam und Eva: wir sond, sond ir, du solt u. s. w. Ebenso im Meinradsspiel. Bei Hadloub begegnen wir den Formen: si suns, sollen es (V, 4); wir suns (XVII, 3); ir sunt u. s. w.

Müssen: i moss, du mosst, ear moss, mier mond, ier mond, sie mond. So auf dem Heuberge, dem Feldberge wie auf der Leutkircherheide, in Seibranz wie in Deifslingen. Im St. Blasischen auch: sie müen = müssen. Conjunct.: i mess, du messişst, er mess, ma messet, 'r messet, se messet. Condit.: i mêst, du mêstişt, ear mêst, ma mêstet, 'r mêstet, mêstet. messa. — Um Furtw. heifst der Imper. und II. Ps. pl. praes. ier mien(t), wie auf dem höchsten Schwarzwald überhaupt. Ganz so Wackern. Nibel. Bruchstücke: müend wir, das wir münd. J. Rueff, Adam und Eva: müend ir, müend wir S. 13. 3. Pers. pl. müend. Hadloub: wir mun (XIX, 2). en mun's (3. Ps.) a. a. O. — Daher auf der Leutkircherheide das Rätsel: welches sind die ältesten von Adel? Antw. die Montfort. Denn zu Adam und Eva sprach der Engel: ir mont fort!

Mögen: i mâ, du mâst, er mâ; ma meid, 'r meid (dt), sie meid, daneben ma mugged, ier mugged, sie mugged. Conj.: i mig, du migist, er mig, ma migget, 'r migget. Condit.: i mêt, du mêtişt, 'r mêt, m'r mêted, ier mêted, sie mêted. Infin.: migga. Part.: gmêt.

Um Rotweil: ma mêtid, ier mêtid, sie mêtid. In der Baar sogar: ier mugged, condit. ier maugded u. s. w. Das Auslassen des aus g vor t entstandenen h (ch) tritt hier häufig ein; sieh Lautlehre h.

ear môt = möchte (mêt) ist allen unsern rechtsrheinischen Alemannen eigen. Vergl. Wst. IV, 497: môt, III. Ps. sing. du mâst ogm. 358 f. 17a.

Die zweite Eigenheit ist hier der Mangel des Umlautes: muge, mugent wie kunnen etc., so in Wackernagels Nibel., so in des Teufels Netz: es mug (260), du mugest (278), mugend (285). Auch das Zitglögglin hat mogen ohne Umlaut. Die 2. Ps. praet. indic. du mocht; sieh bei der Flexion.

Haben und Sein kennzeichnen in ihren Formen die Alemannen genau.

Die Baar: i hâ, du hâşt, ear bât; mier hônd u. s. w.

Conj.: i hei, du heiṣt, er hei; m'r heie, ier hā, se hāben oder m'r heibet, 'r heibet, sie heibet St. Blas.: i heig, du heigist, er heig u. s. w. ebenso im Wisental. Im alem. Oberinntale hai, baic. Allgäu: i hî, du bôṣt, er hôt; mier hôt, ier hôt, sie hô. Gegen Tuttl. hin: i haū, du hâṣt, er hät, ma haūd, 'r haūd, sie haūd; sieh oben Baar. St. Blas.: i hâ, du häsch, ear hät u. s. w.

Condit : i hāb, du häbiṣt u. s. w. strenger alemann.: i häbb, du häbbiṣt, er häbb; mier bäbbē, ier häbbid, sie häbbid. Furtwangen: i hānn u. s. w. hô ist der Infinitiv; hābba das tempus finitum. Das Rotw. Stadtr. hat ich hôn; der cgm. 437: i hûn, ir hûndt. — Der cgm. 358 hat Inf. hûn f. 6a und oft. gchûn u. s. w. Die Hs. α des Rotw. Stadtr.: habendt; β (die ältere) hând.

Sehr häufig begegnet auch rechtsrheinisch hain, hait, heit. Zu Weinhold S. 386. III. Pl. praes. haint, Constanz. Chronik, Quells. I, 349a; ebenso in Liutgarts Leben, desgleichen im Rheinfeld. Stadtr. (heint = habent). si haind, Zürich. Jahrztb. II, 44. Mon. Zoll. 1352: haint. Freib. Urk.: sie heint 1273. Vergl. das alte: wir hein in einer Churer Urkunde v. 1347. Mone 20, 145. Die ebenfalls alte Form bait 3. Ps. sing. kommt in einer St. Aureliuslegende 17. Jahrh. vor (Kirchberg).

Das St. Blasische: i heig (Conj.), kehrt in linksrhein. Schriften häufiger wieder, wie z. B. im St. Meinradsspiel. Ueber diesen Conjunct. aus habege sieh Weinhold S. 387 (unten).

Ich will nur noch auf die Form hêt, hat (Imperf.) aufmerksam machen, welche die ältern elsässischen aber auch die rechtsrheinischen sogar schwäbischen Schriften haben und ebenso in Wackernagels Nibel. steht; Pl. hetton, Conj. hetti, het, heten, desgleichen b. Grieshaber, in den Predigtmärlein (Weinhold 385. 386). Die bairischen Handschriften erkennt man augenblicklich an dem entsprechenden biet, das die schwäbischen und alemannischen Quellen nicht haben.

Das Verbum Substantivum sein. Man pflegt gewöhnlich zu trennen gsî und gwea, gwê; soweit jenes geht sind Alemannen; wo gwea anhebt Schwaben. Die reinen alemannischen gsi sind auf dem Schwarzwald; gsë, gsei gegen den mittlern Nekar und gegen die fränkische Grenze.

Flexion: i bî, du bişt, er işt; ma send, ir send, se sind. Conj.: i sî, du sîş, ear sî. Imperativ: biss = sei: biss rüebig! Waldburg. Infinitiv: sî (Schwarzwald), sîng (Allgäu), gsîng so noch bis in's Zocklerland, bis in die Nähe von Saulgau. Auf dem Westabhange des Schwarzwaldes hört man sái = sein.

Auch das Zeitwort tuon hat echt alemannische Färbung: i duar, du duoşt, ear duot; mir döad, 'r döad, se döad; unsere Allgäuer ohne Nasal. Conj.: i dai, du daişt, 'r dai, m'r daiet, 'r daiet, sie daiet.

Condit.: i dät, du dätişt, 'r dät, m'r däted u. s. w. Imper. duor, Pl. duod.

Das Partic. tân: allgäuisch tûng. — Der cgm. 358 hat getûn durchaus.

Auf die Conjunctive thüege, thüegest, thüegen, mantüg u. s. w. wie sie in allen alem. Schriften, besonders auch in des Teufels Netz unzäligemal zu finden, brauche ich kaum aufmerksam zu machen: sie sind bei Weinhold S. 356 gehörig gewürdigt.

Die Ztw. gân, stân zeigen aufser gông, stông, nichts Abweichendes auf. Des Teufels Netz und das Zitglögglin haben gàt, stàt; gâşt, gêşt, stâşt, stêşt; wir gând; stân: ich uffstând III. Ps. praes. pl. Ein Inf. ze begânne. Freib. Urk. 1272.

Echt alemannisch sind auch die Infinitive; gai, nai, geben, nehmen; gnau und gai, Praet. Inf. um den Feldberg. Altglashütten.

Eigentümlich in der Baar ist der Conditionalis von sagen: m'r sougdi, 'r sougdit; sogar: sie däti sougga = sagen. In der Tettnanger Gegend (Wielandsweiler): wenn du dês soutist, was im Nekargebiete mit siegist ausgedrückt wird.

In gemeiner Sprache hat das rechts- und linksrheinische alemannische Gebiet das einfache Präteritum aufge-

geben, zwar nicht so ganz in der Form als im richtigen
Gebrauche; denn nicht nur ist das noch lebende Condizionell starker Verba wie gieng, gienge anstatt giengi einfach in das Präteritum zurückzunehmen; auch in andern
Conjugationen hat der rechtsrheinische Alemanne, mit
dem Lechschwaben die reine Form des Präteritums, wie
der Schweizer, für die Bedeutung des Condizionell ver-
wendet und sagt: i fung, i blueb, i gubs'm, i brungm's, i
muechms, i hulfm, i schrub'm; dafs i blueb, 'r bluebt ist
im Saulgauischen, wie im Hauensteinischen, in Amtzell
(Allgäu) wie in Dornstetten heimisch. In Saulgau z. B.:
i verruefs = zerrifs es.

Auf teilweiser Verwechslung der Zeitwörter mit Grund-
vocal i und u beruhen die Formen: 's hât gschnoua,
gschnouwa, gschnouba, im Allgäu, wie am Titisee (snê,
sniuwan), sogar Inf. schroua, schreien (Tuttlingen). 'r hât
gschrouwa, ebenso im ganzen rechtsrheinischen Gebiete; 's
hât mi grouwa; i hô na vernoua = zerszaust (niuwan).
Göge, Heuberg; in Friedingen, im echten Alemannenstri-
che haben sie wieder: 's hât mi greiba; in andern Gegenden überschruija; 's hât mi grûija, wie âspuija u. s. w. Zu
Weinhold S. 326.

Die sog. reduplizierenden Zeitwörter erscheinen auch
rechtsrheinisch urkundlich mit î statt ie. Den Beispielen
des cgm. 6: enpfîngent, enfîng, gîng, hîng lassen sich die
des Nicolaus v. Basel vingent, umbeving, usgingent, hink
beifügen, sieh Lautlehre I; ganz ähnlich wie schon Freiburger Urkunden v. 1300: lihtmes haben Die ältere einfache
Form von fangen ist fâcha, noch im Hauensteinischen, so
wie in den schwäbisch-alemannischen Grenzgegenden von
Kaufbeuren, Füfsen; im obern Inntal wiederum. Die Leute
vom Albtal, von St. Blasien weisen das fâcha den Orten
Bernau und Merzenschwand zu.

Im Alemannischen ist die vermischte starke und
schwache Form der Zeitwörter den Nachbarn auffallend:
's hât m'r nût gfoga = z. B. die Kleider, die schlecht
gehen (Göge). i hô 'n zoga = jemand eines Feblers
geziehen. Baar. Heuberg. 's hat bronna, saulgauisch.

eichen st. u. sw. Das heute starke pfeifen ist in Rotweiler Aktenstücken gepfeuffet; erkiefste vertragsleut, Rotw. 1579; wogegen stark erbûch das plût, Zitglögglin. — gebreisst, Stettener Gebetb. 1434.

vollgestosset cgm. 384 f. 3 und oft. vergleicht werden, sehr häufig. — Die Baiern lieben die schwachen Zeitw. Formen.

Was die schwache Conjugation anlangt, so ist nur zu bemerken, dafs gleich dem Augsburgisch-Schwäbischen die vollen Endungen -ot, -ont, -at der II. sw. Conj. sehr zalreich sind. Des Teufels Netz z. B. hat warnot, spilot, vasslot, verdampnot, geordnot, gebessrot, verdienot, vermasgot, ersteckot, gelernot, gedienot u. s. w. Der cgm. 358: ladot; vermasgot, gehailgot; daneben ebendort: gesündat, den fragata, vermûrata, erbarmat. Die Basler R. Q., die Mon. Zoll. Hohenb. bieten der alten archaistischen Formen viele. Ebenso in den Wackernagel'schen Nibel. Volle Formen sind z. B.: bessiron, knigont, klagont. Freiburg. Urkb. 1295. irzugiton Praet. bezügeton 1276. Freiburg. Urkd. wir hatton 1282: hangont, stätigon u. s. w. Von 1344: begreiffon, dritteilon u. s. w.

Die Flexion, die wir soeben beim sw. Verbum mit hereinnehmen mufsten, ist nicht von so auffallender Abweichung vom Schwäbischen. Ich füge zu den schon bei Weinhold stehenden Belegen folgendes. In der 1. P. fällt die alte Endung weg: i gi, i sih, i bitt, i schreib u. s. w. Dagegen erscheint nach Weinhold seit dem 12. Jahrh. ein -an, -en. Des Teufels Netz: so dichten ich und trachten 209. luogan ich 214. ich sagan, klagan, forschen 1530. Im Zitglögglin: ich fragen und bedenken, ich flen und streben, ich vergissen und verachten, loben ich, ich widerspannen mich und kämpfen, uffgiben ich; übergieben, ansiehen, fallen ich, dafs ich fallen, ich verlougnen, ich beharren; ich iufen und geilen; ich wirden. Weinh. S. 334.

Die 2. Person heute noch gut alemannisch -ist, wogegen die Schwaben unbestimmtes -est haben: du liebiʃt, du kenniʃt, du biʃsiʃt, du kommiʃt; so mündlich heute wie im Zitglögglin und in des Teufels Netz: habist u. s. w. Ueber blofses t: nempt, kempt, secht, sieh unten.

Die 1. Person Plural hat volkstümlich -et, was auf unorganisches -ent hinweist. Z. B. Teufels Netz: wir rouffend, slahent; ebenso die bekannte 2 Ps. Plur. Beispiele zalreich. Um Roggenzell im Allgäu lautet die 2. Person und der Imperativ: kommánd, luogánd, louffánd, lossánd, horánd, ligánd, faránd, wessánd ár? immer beinahe reines n hörbar.

Der Conj. hat i bewahrt, Teufels Netz: habind III. Pl. nemind, sigind, begertinds, waerinds, sprechind, liegind, wier habin; daz wir komind, bis ir verleugtind u. s. w. Ebenso der cgm. 358: wir habin, wir gebin, wir vindi, daz welli wir, so gangi wir, miessi wir u. s. w.

Eine verspätete Form aus der Uebergangszeit haben wir in der 2. Ps. praet. sing. Es ist nichts so unbekanntes. Altd. Wälder 2, S. 226. Hildebrand im Grimm'schen Wb. V, 160. I, 10. Haupt Zt. XI, 40. Mone Anz. VIII, 334 ff. Das Zitglögglin: emphiengt du, da du sprecht, gebt, liefst, gebt du = gabst du; giengt, hupt du, da wurdt du, hat du u. s. w. Vergl. werd für waere b. Suchenwirt; wert, lwein 1475 in der Heidelb. Hs. v. 1477. secht bei Suchenwirt 41. viengt bei Boner, trugd, Altd. Wälder 2, S. 229. Weinhold 342.

Die 3. Ps. pl. praet.: alem. bsuchtund, lugtund, fuerund, huobund u. s. w.

Die i im Conj. praet. ziehen sich wie durch alle echt alemann. Urkunden so durch die heutige Volkssprache: praechti, ertotti (cgm. 358) ligen hundertfach da beim Aufschlagen der oberrheinischen Urkundenbücher; in den Weingartner Predigten (Pfeiffer, Lesebuch) u. s. w.

Die tonlosen e erleiden Einbuſse durch die vollen alten Formen, die das Alemannische sorgfältig gehütet und fortgepflanzt hat.

Der Infinitiv hat die vollen -on in vielen Schriftwerken; hat aber auch reines ó (Baar), reines á, Allgäu: bettó, lesó; bettá, lessá u. s. w. Vom 13. Jahrh. ab sind Formen wie vordron, beredon 1265 (Freib. Urk.) nicht selten. Der Schaffhauser Richtebrief von 1291 hat vorderon, vürburgon, klagenon, klagon, lidigon, manon, offenon u. s. w.

Sieh auch Mone, Anzeig. 8, 491 ff. Weinhold §. 357, wo viele Belege. Der Infinitiv ohne n: z' trinked, z'essed; vergl. zetrinkit in Liutg. Leben ist allgemein schwäbisch-alemannisch. Die unorganische adjektivische Declination des Infinitives mit zu ist im Rotw. Stadtrecht schon vorhanden: zu haltender satzungen u. s. w. Vgl. Lit. Centralbl. 1866 Sp. 256 ff.

Interessant, wenn auch einige nicht alemannisch allein, sind die deponensartigen Formen: ûgeassa, ûdrunka, ûbreddiget u. s. w. ongässen, ontrunken, J. Ruff, Adam und Eva 4427. Die Edlibacher Chronik hat es ebenfalls. Die Strafsburger ebenso: ungepredigt b. Geiler Evangelb. f. 9ᵃ. ungetrunken b. Friesen, Spiegel d. Arznei f. 19ᵃ. ungesungen (war man; Reform.), Züricher Jahrzb. vil gon ungessen, Leiden Christi c. 1470. das er sterb ungebeichtet, Geiler, Omeiss f. 54ᵃ u. s. w. Gramm. IV, 70.

Beilagen.

S. 4. Vergl. die schöne Abhandlung: das alemannische Todtenfeld bei Schleitheim — von Martin Wanner, Schaffhausen 1867, S. 28, 29.

S. 5. Solicinium, Sülchen. Zum Wurmlinger Berge paßt auch die Stelle bei Ammian: praecelsum per confragosos colles undique praeruptum et invium; absque septentrionali latere, unde facilem habet defexitatem et mollem.

Die Sümpfe des Neckar- und Ammertales, die noch vor 100 Jahren sich hier ausbreiteten, sind angedeutet: per ignota itaque et palustres uligines devius tendens, 27, 10

Die Weidmann'sche dreibändige Ausgabe Ammian's, Leipzig 1808 weiß (III. Bd., 203) mit der Oertlichkeit nicht Bescheid, weil Mascov und Mannert nichts festsetzen. Schwetzingen (Haefelinus); es sei, heißt es auch, der hl. Berg cujus nomen Piri in agro Heidelbergensi (a. a. O.), wozu der Schlußsatz des Capitels Anlaß gegeben haben dürfte: milites ad hiberna, imperatores Treveros reverterunt.

Es scheint Valentinian hier von Seite der Alemannen eine entschiedene Niederlage erlitten zu haben; daß die Alemannen den cubicularius aufhoben ist sicher. Die Sage vom versunkenen gold. Reiter ist echt volkstümlich in dieser Gegend!

S. 6 (17). Gleich nach Macrians Zeit findet sich keine Spur einer Alemannenoberrschaft am Maine mehr. Macrian † 374. Stälin I, 146.

S. 6. Die gewöhnliche Annahme als ob die rechtsrheinischen Alemannen am obern Neckar und Donau die Schweiz bevölkerten, scheint auch bei Beatus Rhenanus (116) vertreten: Alemanni transgressi Rhenum, Germaniam primam invadunt et partem maxime Sequanorum h. e. Helvetiorum et Rauracorum usque ad Burgundiones item superiores ad Rhenum agros et Thurgaviam ac vallem Poeninam, quam Walesiam vulgus nominat, trans Danubium latissimam illam Rhaetiam primam.

S. 8. Das Elsaß bildete auch später ein abgelöstes Herzogtum, dessen letzter Herzog um die Mitte des 8. Jahrh. starb. Von da an tritt die Trennung in Sundgau und Nordgau ein. Stälin I, 223. Anmerkung 4.

S. 9. Ortenau (Mortungouwa) ist ein Landstrich auf dem rechten Rheinufer, der ehemals zur Diöcese Strasburg gehörte und vom Rhein bis an die Grenze des Bistums Constanz und von der Oosbach bei Baden bis an die Bleich bei Ettenheim reichte, so daß die Städte Baden über der nördlichen und Ettenheim über der südlichen Grenze der Ortenau lagen. Offenburg ist die Hauptstadt dieses Landstriches und ligt in der Mitte desselben (Ettenheimmünster, Gengenbach, Schuttern und Schwarzach). Mone Zt. 21, 257.

S. 12 (oben). Die berühmte Völkergrenze von Solenhofen bis Hasariod, das Sualafeld, wird alemannische genannt. Sie ist juthingische Grenze gegen Ostfranken hin. Hier haben die letzteren die Leiche des hl. Venantius von den Juthungen übernommen in Procession mit den die Völkerfarben tragenden Fähnlein. Rud. Fuld. (Gesch. der Sprache I, 151).

Diese Grenze, die Sualafelder berühmte Völkergrenze, in mittelalterlichen Denkmälern wiederholt erwähnt, ist noch in Wittenweilers Ring: Swanfelden und die Fortsetzung nach Osten von unserer ersten alemannisch-fränkischen Grenzlinie. Swalveld, Nibel. Lachm. 1464 1465.

Das in dieser Linie ligende Feuchtwangen ist von Alters her schon nicht mehr schwäbisch. Fuchtewauo uffe frenkescher erde. 31. Dez 1258. Steichele Bist. III, 319.

S. 13. Die Constanzer Bistumsgrenze ist im Liber Decimationis (Freib. Diöcesan-Archiv I, 1 ff.) aufs genaueste angegeben. Die äusersten nordöstlichen Pfarreien fallen mit unserer abgesteckten Grenze zusammen. Im Kinzigtal grenzten Constanz und Strafsburg zwischen den Städten Haslach und Hausach an einander.

Auch die Heldensage von Dietrich möchte eine Grenze gegen Franken abgeben.

Bekanntlich hatten die Franken und fränkischen Alemannen dem grofsen Ostgothenkönige nichts zu danken; ihnen durften andere Partien der Heldensage näher liegen. Ist also die Dietrichsage an dem Wurmlinger Berge localisiert, haben die alten Dynasten von Wurmlingen unverkennbare Reste in Namen und Wappen, so ist doch kein Zweifel übrig, dafs bis daher die von Dietrich in Schutz und Schirm genommenen blosgestellten Alemannen hausten. Und wenn an Grenzen grofser Dynasten ehedem Erinnerungszeichen in Hügeln, Abzeichen, Sagen haften blieben, so können wir dieses Stück Heldensage füglich auch als kräftiges Zeugnis für unsere alemannische Sprachgrenze hinnehmen. Der viel besungene Wurmlinger Berg, Wurmlingere Berg 1261. Mon. Zoll. I, 192; mons in Wurmeringen 1273 (Archiv. Wurml.) seit Alters dem alem. St Ulrich und Afra dedizierten in Crucilino, Krenzlingen bei Constanz eigen (1264) hat zwei Bergabsätze. Der unterste Absatz heifst Bernbühl, spr. Beanbühl, Beambühl; nicht Bearabühl was Gen. Pl. von Bär, ursus wäre. Uhland kannte den wichtigern ihm nachher sehr gelegen kommenden Namen nicht. Urkundlich treffe ich ihn im Wendelsheimer Pfarrurbar, 16. Jahrh. als Bernbihell das letztemal. Der zweite Vorsprung unmittelbar kantenartig darüber ist die Wandelburg, wo ein Drache oder Lindwurm, wie ein Maltersack dick, hauste, dem täglich ein Mensch und ein Schaf geopfert werden mufste. Ein Ritter von Präschnägg, im gläsernen Gewande, tödtet den Wurm, den er mittelst eines Spiegels hervorlockte. Das genannte Geschlecht ist urkundlich nicht nachweisbar, gehört einer alten Zeit an. Der Volksmund hat uns aber dessen Namen noch durch Jahrhunderte herab bewahrt. Westlich vom Orte Wurmlingen ligt die sog. Woad (Waide) und dort sind die kaum mehr erkennbaren Spuren eines Burgstalls; jedenfalls nicht bedeutend. Die Erdgraben glaubt man noch zu finden; oben führt das

Haisträfsle (Hochstrafse) römisch, vorüber. Die Paar Feldstücke zwischen ihm und dem Burgstall heifsen: der Markgräf Der westliche Fleckenteil Wurmlingens trägt noch heute den Namen Präschnägg d. h. Präsenegg Da Wurmlingen zugleich Grenzort der alten österreichischen Grafschaft Niederhohenberg war, so konnte vielleicht ein Hohenberger Markgraf von Verona gewesen sein, wie es die Herzoge vom 8—10 Stunden entfernten Uralingen, wie es Berthold von Zähringen I durch Kaiser Heinrich III war; allein davon weifs keine Urkunde. Markgraf Karl von Burgau hatte in unserm alemannischen Gebiete bedeutende Besitzungen, wie z. B. in der Baar, in Trossingen, allein von Wurmlingen kommt in den Urbarien wieder nichts vor. Ich kenne noch einen Flurnamen derselben Art in Kürnbach: zwene morgen zü Hümes heissent der Markgraf 1369 Monc Zt. 12, 352, der geht auf die Zähringer.

Ich will nun nicht voreilig urteilen: allein könnte nicht ein kostbarer Ueberrest von dem grofsen Helden und Bauernheiligen Dietrich von Bern vorliegen? Sollte nicht hier ein ostgothischer Gaugraf, ein legatus oder wie er immer heifsen mag, als Grenzwächter gegen das anstofsende Franken seinen Sitz gehabt haben, um die alemannischen Interessen zu wahren? Wäre nicht ein ostgothisches castellum denkbar? Hätte man nicht im Laufe der Zeit den Schutzherrn selbst als zeitweilig oder immer da herrschend in Sage und Dichtung sich forterben lassen können? Nach dem Flufsbett der alten Sagen zu urteilen, wo manches Land unterwühlt und fortgerissen, anderes trocken zu liegen kommt, wäre die Sache leicht möglich — Dazu kommt, dafs die Sage vom Lindwurme durch und durch volkstümlich, ja sogar an das nahe Schwerzloch bei Tübingen geknüpft ist, wo noch vor 40 Jahren Drachen-Ueberreste an einer Kette an der alten Nicolauskapelle zu sehen waren. Die alte Theodorichskapelle sp. Todrifs am Wege von Rotenburg nach Seebronn wollte Uhland ebenfal's hereinziehen; sie hat eine alte Otilienverehrung; allein es wollte sich nichts ergeben. Sehr schwer in's Gewicht fallend ist der Name Maereheld, den die Wurmlinger Dynasten führten. Schon der Name Wurmlingen, sodann der Drache im Wappen der alten Wurmlinger Herren fällt auf Diese Wurmheri, Wurmheringe führten also den Heinamen Dietrichs von Bern. Die bis jetzt älteste beweisende Kreuzlinger Dotationsurkunde v. 1185 bringt den Namen zuerst. Im 13. Jahrh. s. 1261 treten ein Theodorich Blarer und Theodorich Märhelt in Wurmlingen auf. A. 1277 wurde ein Dietrich Märheld im Kloster zu Bebenhausen beigesetzt. Schmid Mon. Hohb. I, 533. Andere dem 13. Jahrh. angehörende Belegstellen stammen von 1292. 1296. 1299 und 1300. Von 1301: Dietericus dictus de Merehelt. Mon. Hohenb. No. 192. Von 1308: Dietriches seligen des Merenheldes von Wurmlingen a. a. O. No. 211. Von 1313 steht ein gůt, dictum des Merenheldes. Mone Zt. 18, 123 Von 1323: Dietericus dictus Macrehelt in Wurmlingen, armiger. Mon. Hohenb. No. 292. Von 1383: ich Wernher Maerhelt zů disen ziten schulthaifs zů Rotenburg a. a O. S. 681. Item ze Hirsou 3 morgen wingarten, heifsent der Merhelt 1373. 1339. S. 589 a. a. O. In Tübingen ward zu Anfang des genannten Jahrhunderts ein Märheld hingerichtet. Ein Ernst Märheld ist noch spät Schultheifs in Rotenburg. Mon. Hohenb. S. 842. Im 16. Jahrh. starben sie in genannter Stadt aus. Die Stainhülwen urkundlich in Wurmlingen, auch mit dem Drachenkampf im Schilde, dürften wol die ältesten Dynasten sein und mit den Märhelden zusammenfallen. Sie führen den Namen Dietrich. Der Name Mörbild, Merhild ist heute noch nicht im Volke erloschen; ja die alten Wurmlinger schwuren darauf die Familie Hölle, die da lebt, seien Spurii der alten Dynasten.

Ueberhaupt war in unserm rechtsrheinisch-alemannischen Gebiete der Name Bern und Dietrich unter dem Adel sehr üblich. Uhland hat auch hier den ersten Schritt der Untersuchung getan, der ich zur Bestätigung nur noch folgendes beifügen will. Dietricus de Harnbach. Horber Urk 1228. Mon. Hohenb. No. 28 Dietericus nobilis de Haiterbach 1270 No. 58. Dieterico de Bossingen (neben Sifrido dicto Ortlin) 1274 No. 68. Dietricus de Stainhülwe a. a. O. Dietrich der Wagner S. 589 und so noch viele. — Die Bernburg lag bei Rotweil, auf dem äufsern Kapf über dem Nekar; Genau heifst der Bach dabei. Die mittlere Bernburg stand zwischen dem vordern und hintern Graben; die dritte oder die hintere Bernburg war auf dem Keltiberg (?). Die Wisen zu Bern und im Keltiberg. Mon. Hohenb. S 162. Bernerhalden, Rotweil-Alpirsbach. Urk. Bernerfeld 1289. 1453. Bern das Burgstall, zwei Urkunden v. 1357 (Stuttg. Staatsarchiv). Ein Ackher genannt der Bern, Dettinger Urbar (Rotenb); im Bernbühl, Zaisenweiler-Lindauer Urbar. Der von Berne, Rotweiler Urkunde 1348. Mon. Hohenb. No. 456. So hat Dietrich von Berne von mir die Gebraiten am Dutenbühel a. a. O. No. 889. Die von Bern waren später Bürger von Rotweil.

So enge hingen, sagt Uhland, die südlichen und freien Alemannen mit ihrem Schutzherrn zusammen, dafs sie noch in spätern Jahrhunderten seiner gedachten, denn auf der Höhe seines Ruhmes war er ein hilfreicher Alemannenfreund. — Die Volksgeschicke, unter welchen die Verbindung mit den Ostgothen zu Stande gekommen, waren ernst genug, um bei den Alemannen tiefe Eindrücke zurückzulassen, und wenn auch die geschichtlichen Erinnerungen als solche sich verdunkelten, dem Namen und Bilde des Retters und Beschirmers ein bleibendes Gedächtnis zu sichern. Und wenn ich Dietrich den alemannischen Bauernheiligen hiefs, so glaube ich vollkommen im Rechte zu sein, denn seine Verdienste um die Bodencultur, um die Urbarmachung versumpfter Landstrecken priesen und besangen die Bauern wie unter andern die beiden Züricher Jahrzeitbücher noch besagen. Die vielen George auf Feldern und in Kapellen im alemannischen Grenzgebiete sind nichts anderes als Erinnerungstafeln an den Drachentödter Dietrich; denn wie hätte in Deutschland die Verehrung eines Heiligen aufkommen können, von dem man gar nichts weifs; die Kirche hat in St. Georg Dietrich adoptiert.

Zu dem uralten Zug der Deutschen an den Grenzen Denkmäler ihrer glücklichen Herzöge aufzurichten, wie ich oben angedeutet und wie das Birhtinlé zeigt, von dem unten gehandelt wird, möge noch die Tatsache hinzukommen, dafs die Grenzer bessere Patrioten und bei zwei Confessionen bessere Christen sind. Schon das Gefühl einer andern Confession anzugehören, wird die Grenzenwohner wacher und reger erhalten. Es kommt zu eifersichtigen Reden, Stichelëien, zu ernstlichen Reibungen und das gibt Leben. Ganz so die politischen Grenzer: jeder sucht die Einrichtungen seines Landes als die bessern darzustellen; jeder bestrebt sich bei entgegengehaltenen Schwächen seine Sache zu verteitigen; ja sogar jeder Grenzer ist stolz auf seine Mundart und sucht wo möglich den andern zu verspotten. Was lag näher als den fränkischen Grofsen gegenüber bei Anmafsungen und Uebergriffen das Bild und Beispiel des heldenmütigen Schirmherrn Dietrich vom Ostgothenlande entgegen zu halten? Sicherlich war so Dietrich an der fränkischen Grenze lauter gepriesen in Sang und Sage; Accomodation und Localisierung seiner Taten auf Personen und Örte werden erklärlich. Wie viele Berge, wie viele Täler wollen Ruhestätten, wollen Zeugen von Taten grofser Männer zugleich gewesen sein; das ist der geheimnissvolle Zug der Legende und Sage, die über Zeit und Raum weggeht.

S. 14. Die kleinste Baar war ohne Zweifel die nach einem comes Adelhart benannte Adelhartsbaar; sie umfafste das Wassergebiet der Breg und Brig, die spätere Grafschaft Asen (heute Asen in der Volkssprache); comitatus Aseheim iu pago Bâra. Sie scheint nur ein kleiner Fleck der grofsen Berchtoldsbaar gewesen zu sein. Urkundl. 769: villa quae dicitur Baldinga, in pago qui dicitur Adalhartespâra. St. Galler Urkdb. No. 55. No. 372. 373. (838). Wirtemb. Urkdb. I, 112.

Nach ihr kommen die zwei kleinen Baaren, die Albuinesbaar in der Gegend von Lölfingen, also südlich und die gleichen Namens nordöstlich von der grofsen Baar. (Episc. Const. I, 2, 27: Albunespâra, regiuncula, qua loca permutationi exposita comprehendebantur ac. Teggingen, Husen, Fridenwilare et Leffingen temporum decursu ea pars Alemanniae, ut maxima veteris Berhtoldesharae portio ad Fürstenbergios pervenit, Zaringensium propinquos). Die zweite erstreckte sich über die jetzigen Oberämter Münsingen und Ehingen, auf dem linken und rechten Donauufer. Stälin I, 280.

Umfangreicher an Gebiet ist die alte Folkoltsbaar: in pago Folcholtespâra. Wirtemb. Urkb. I, 63. Die übrigen Ortschaften aufser dem gesicherten Heidgau und Emerkingen b. Stälin I, 294. In einer St. Galler Urk. v. 848 und 856 No. 450 ist ein Folcholt unterzeichnet.

Die gröfste der uralemannischen Baaren haben wir in der Berchtoldsbaar. Sie heifst abwechselnd auch Pirhtilinpâra. Woher Berchtoldsbaar den Namen, ist schon gesagt; der andere Name datiert auf einen Nachkommen desselben Geschlechtes, dem Perahtolt, angehört zurück; ein Pirhtilo erscheint zwischen 76S und 802 von dem die Unterabteilung, wie wir mit Stälin analog den vorherigen fassen wollen, wol zubenannt ist. (magna Bertholdesbâra portio Birchtilonisbâra. Episc. Const. I, 2, S. 253). Es ist die Auffassung als Unterabteilung aber noch keineswegs gesichert. Denn die im St. Galler Urkundenbuche No. 108 v 786 aufgeführten Orte gehören alle auch der Berchtoldsbaar an. In pago qui vocatur Perihtilinpâra villa: Tunningas, Eburinbach, Sedorof, Petsrale, in Purrom, in Usingum, in Wildorof, in Talahusum, in Mercingum, in Deotingum, in Tulingas, in Toromoatingum, in Pisingum, in Halıhingum, in Wassingum. Urkundlich ist auch: in papo Piribteloni 7S5. Stälin I, 290. in pago Pirituloni villa Reothaim et Amulpertiwilare 786. St. Gall. Urkb. In einer St. Gall. Urk. v. 770 (No. 56 und 785): Pirahtilone comite. A. 849 (No. 406) ist ein praepositus Birhtilo unterzeichnet; es scheint demnach üblicher alem. Name geblieben zu sein. Ueber Birhtilinle nachher.

Die Berchtoldsbaar erstreckte sich über einen grofsen Teil der badischen Bezirksämter Villingen, Hüfingen. Möhringen, die wirtemb. Oberämter Tuttlingen. Speichingen, Rotweil, Balingen, Oberndorf, Sulz, Freudenstadt, Horb, Rotenburg, Reutlingen über Haigerloch, Hechingen, das Sigmaringische. Nach dem St. Gallischen Urkundenbuche sind die Formen: Bertoldisbâra (pagus) 759—60. Perahtoltaspâra 842 (II, 384). Peretoldespâra 856 (II, 449). Peractoltespâra 874 (pagellus). Berchtoldesbâra (pagus) 881 No. 615. Bertoldipâra (pagus) 779. — Der Personenname ist weggelassen und Pâra tritt allein auf, aber kann nur auf unsere grofse Baar gehen: in Pâra, in loco Forra 854 (No. 432). in Pâra 868 No. 541. in comitatu Pâra, in villa Ippinga 880 (614). in pago, qui dicitur Pâra in villa Dürroheim 889. in pago Pâra in locis Vekkenhuss, Steiga et Tiunang 905. in pago Bâra curtem unam Oberndorf 912. In den folgenden Jahrhunderten wird die Weglassung des Personennamens allgemein: comitatus de Bâbre 1283. Jur. Controv. in Tuttl. Hs. 32. Graf in Barr. Schramb. Briefe 16. Jahrb. Hs.

Spaichingertal. Höwberg und Bâre. Const. Chron. Mone Quelle.

II, 55. in der Baar, Vill Chr. a, a. O. II, 89 * (1520). (Das Habsb. Urbar schreibt die schweiz. Ortsnamen Baar, Barre u. s. w.). Heute lebt nur Baor, Bár. Beide Schreibarten Bar und Baar sind richtig. Wir sehen, dafs bald comitatus, bald pagus, bald pagellus steht wie bei Gou: in pago Linzgouwe, in pago Scerra, in pago Hattenhuntari u. s. w. Bald stehen pagus, comitatus gleichberechtigt neben einander; bald und dies öfter, ist comitatus Unterabteilung des pagus.

Wie grofs war die Berchtoldsbaar? Es liegt hier wiederum in erster Linie nur daran, die Nordgrenze des Gaues abzustecken; er ist der äufserste Gau gegen fränkisches Alemannien hin. Das St. Galler Urkundenbuch belegt folgende Orte als der Baar ehedem angehörend: Forra 854. Paldinga 854. Ippinga 880. Cheneinga (Klengen) 881. Dürroheim 889 und die oben aufgeführten. Ferner villa Vultardingas; Flozolvestall 772. 779. Brithaim 782. 782 (Sulz). Obarindorf a. a. O. Bichilcspero 782. Altheim und Holzheim in pago Pirihteloui 785. Sitynga marca (Seitingen) 786. in villa Teotingas 789. Rangodinga villa 795 No. 139 (Haigerloch-Rotenburg). Wurmmeringas 797. Conninga a. a. O. Tuttilingas 797. Wigahaim, Trosinga a. a. O. Das St. Gall. Urkb. 135 und das Wirtemb. Urkb. I, 44 zählen die Orte auf. Sehr ergibig ist Urkd No. 226 v. 817. Wb. Urkb. I, 90; desgleichen No. 228, die nicht im wirtemb. Urkb. steht. Diesen südlich liegenden Orten stellen sich die nördlichen zur Seite. Hechingen, Rangendingen oberhalb Rotenburg sind genannt. Dazu kommt Tusilinga (Dufslingen), Willimundincas (Wilmandingen, Ob. A. Rottlingen) 772. Gancgingen (Genkingen), Erphinga, Undingen, Anigistingen (Grofsengstingen), Mutilistat (Meidelstetten, Ob. A. Münsingen). In Dalaheimer marca 766. 776 (Thalheim, Ob. A. Rotenb.). Masginga 789 (Mössingen), Tuzzilinga. Stälin I, 296. Ferner sind Grenzorte der Berchtoldsbaar, Chuppinga, vicus 961 (Herrenburg), Giselstete (Gilsten) 879. Stälin I, 302. Reistodinga 775 (Reusten b. Herrenb.) Bildachbingen (Horb) 764. Huodinger, Uodinger marca (Eutingen) u. s. w.

Ein Hauptgrenzpunkt der Baar ist zwischen Kiehingen, Rotenburg und Wurmlingen: das Burgalai, das alte Birhtinlê, Birtinle, Birtinloe, Burtenlav, Burtenlehen, die Gerichtsstätte. Vergl. Franz Pfeiffer: msc. Gunzenlê, Germ. I, 88. Ein Belsener Bergabhang heifst Bärbelsen; offenbar noch eine Erinnerung an die alte Baar. In Schliengener Urkunden ist als Flurname Malencer Barr erwähnt v. 1495. Mone Zt. 18, 221. Die Beschreibung der heutigen Baar und ihrer Vorzeit von Bader in s. Badenia 1864. 186 ist das beste. Er nimmt Baar = Mark an. Vgl. Wegelin, Thesaur. rer. Suev. dissert. III, S. 20—24. Neugart Cod. dipl. I, No. XXXIV, S. 67. II, No. DCDDIV. Gerbert, hist. N. S. I, 67. II. 150. Arx, St. Gall. I, 43, 56. 155. Goldast, rerum Alem. II, p. I, S. 45. Ruckgaber, Geschichte von Rotweil I, 9.

Dafs neben und in der Berchtoldsbaar kleine Baaren namhaft hervortreten konnten, haben wir gesehen. Aber auch kleine Gaue kommen vor innerhalb derselben und Hundertschaften. So wird ein pagus Purihdinga genannt, in dem die villa Dirboheim (Dürbheim b. Speichingen) liege 791 (St. Gall. Urk. No. 108); ebenso Speichingas selbst 803. Er mufs der Grenzgau gegen Jutungisches und Folkoltsbaarisches Gebiet gewesen sein, denn seine Orte liegen in der Mehrzal auf der Alb, im alten Ruralcapitel Trochtelfingen. Bei Stälin I, 291. Dazu kommt der heute ebenfalls noch dem Namen nach vorhandene Sülichgau hart an fränkischer Grenze: Sülchen bei Rotenburg heifst die Gottesackerflur und Kirche; in pago Hattenhunta et Sulibgeuva 888 No. 667. St. Gall. Urk. Dahin gehörte Tuzzilinga 888 No. 667. Eine grofse Rolle spielte der Scherragau innerhalb der grofsen Baar. pagus Scrrarum (1095),

Moue Zt. IX, 218 wo Ensingesheim liege, d. h. Ensisheim im Báratal. Beroa sita in comitatu montium, qui vocantur Serrae 1092 a. a. O. S. 212. In pago qui vocatur Scerra 843. St. Gall. Urkb. II, 386. in Scherran 881 No. 485 dahin gehörten in Burron, Puachheim, in Fridingun a. a. O. comitatus Scherra in loco — Filsinga 876 No. 587. Nusplingen, Hausen b. Stetten, Truchtelfingen, Reichenbach, Mülheim, Ebingen gehörten nach Stälins Belegstellen I, 309 dazu. Der Gau umfaſste also den südöstlichen Teil der Baar; sein Name erhielt sich im Städtchen Scheer unterhalb Sigmaringen; die eigentümliche Krümmung der Donau hat wol den Namen abgegeben. Der Nagoldgau, der nordwestliche Teil der Baar umfaſste die Grenzorte des heutigen Oberamts Herrenberg, Nagold, Freudenstadt, die wir oben genannt haben.

Wieder echt dem alem. Gebiete haften gebliebene Namen sind Huntari, ein Untergau, Cent; ein Bezirk in dem sich eine Hundertschaft (centena) niederlieſs. In pago Muntericheshuntere in villa Dietherreskirchen 805. St. Gall. Urk. No. 186. marcha Muntharihesbuntari 892 No. 134. Sie lag im heutigen Donaugebiete zwischen Riedlingen und Ehingen; reichte noch an die Alb hinauf. Munderkingen ist jetzt der Ueberrest des Gaunamens. Stälin zält die Orte auf I, 301. Berühmter war Hattenhunta, -ari: in pago Hattinhunta et Sulihgeuvs, in comitatibus Pereugarii et Eparhardi villa quae dicitur Tuzzilinga 888 No. 667. St. Gall. Urk. villa Hachinga in pago Hattenhuntari 789. Dahin Masginga (Mössingen) 802. Andere zält Stälin auf als Munigisingishuntare (Münsingen), Goldineshuntare 789. Stälin I, 286. Ein kleiner Münsingen und Ebingen teilweise umfassender Gau nördlich von der Donau ist urkdl. 854 der pagellus Swerzenhuntare; 966 in pago Swerza. Das äuſserste ist Glehuntra, mit Holzgerninga. Mon. Boic. 28, 421. in pago Albunespara in centena Ruadolteshuntre, in villa quae dicitur Patinhova 781 in villa quae dicitur in Tossa 837. Stülin I, 281. Es gab einen pagus Aitrahuntal (Randen) 770. Urkb. 57 u. s. w. Vergl. im Thurgauischen: in pago Turgaugensi kommt a. 852 ein Waldrammishuntari vor. St. Gall. Urk. 419.

Im Althochdeutschen konnte das huntari noch beides bedeuten, pagus und centurio. Graff IV, 976. Gesch. d Spr. I, 491.

Da jedoch die kriegerischen Abteilungen, die Hundertschaften sich öfters in einer einzigen Dorfmark niedergelassen, so erhielten auch die Dorfmarke und die Bauerschaften selber diesen Namen. Ueberreste sind die drei Ortsnamen Hundersingen bei Riedlingen, Ehingen a. D. und Münsingen.

Da wo die Berchtoldsbaar mit ihren nördlichen Grenz-Untergauen Nagoldgau, Sülchgau, Purichingagau ufhörten, fangen die fränkischen Gaue an; mit dem Anfange der fränkischen Gaue heben auch die fränkischen Bistümer an.

Der erste anstoſsende Bezirk ist der fränkisch-speierische Glemsgau; er bildet mit dem Würmgau die Südgrenze von Rheinfranken gegen Alemannien. Seinen Namen hat er von der Glems, welche dem Pfaffensee bei der Solitude entquillt, und sich bei Unterriexingen in den Nekar ergieſst. Dahin fällt das Oberamt Leonberg mit Hirschlanden, Ditzingen, das noch halb alemannische Gerlingen, Heimerdingen, Schökkingen, Weil, Höfingen. Der fränkisch-speierische Murrgau mit dem alten Speirer Ruralcapitel Backnang umfaſst das jetzige Oberamt Ludwigsburg, Marbach, Backnang, besonders die Orte Othmarsheim, Pleidesheim, Steinheim, Nekarbechingen, Geisingen, Grofs- und Klein-Ingersheim, Egolsheim, Bönnigheim, Höpfigheim. Gronau, Grofs- und Kleinaspach, Botwar.

Der fränkisch-speierische Würmgau greift beinahe in die Berchtoldsbaar herein. Sein Name kommt von der bei Pforzheim in die Enz einmündenden Würm. Dahin gehört Hirschau, Lützenhart bei Hirschau, Altburg, Oberhaugstett, Deckenpfronn, Gilsten, Stammheim, Sommerhardt, Kenntheim, Möttlingen, Maichingen, Münklingen, Merklingen. Sieh Stälin I, 324 ff. Zum speierischen Uffgau gehörte die Herrenalber Gegend. Echt fränkisch ist der Zabergau; der Enzgau umfaſste maulbronnisches Gebiet bis Bruchsal.

Der alte Neckargau ist zur Hälfte alemannisch und zur Hälfte fränkisch. Die untere Hälfte ist rein fränkisch; die obere Hälfte bis an die Berchtoldsbaargrenze bis Birhtinlê ist rein alemannisch; vom Birhtinlê scheint die alemannische Grenze den Neckar überschritten und dem rechten Neckarufer entlang sich bis Canstadt, ja bis Göppingen hingezogen zu haben, was mit Geiſslingen die äuſserste Grenze bildete. Nürtingen, Kirchheim, Köngen, Eſslingen, Neckargröningen, Zazenhausen, Canstadt, Bissingen sind alemannisch gewesen.

S 14 ff. Baar. Förstemann, O. Namenbuch 180: Bar, ein Ausdruck für Gau oder Mark, der, wie es scheint, nur in einem Teile Schwabens zu Hause war. In der übrigen Sprache, auſserhalb der Namen, ist das Wort unbekannt. Sollte es vielleicht zu ahd. bar, vacuus, nudus gehören und zunächst eine Einöde, ein unbebautes Land bezeichnen?

Schmid, Schwäb. Wb. 41: Das Wort soll Herrschaft bedeuten; sollte die Gegend ihren Namen nicht eher von den dichten Wäldern erhalten haben?

Grimm, Wb. I, 1057 (Baar) stellt ahd. paro, parawes = Wald dazu; ags. bearo, barves. paro könnte dem Wortsinn nach den baumentblöſsten zum Gottesdienst bestimmten Waldraum bedeuten.

Graff III, 344: para, Landesunterabteilung von huntari, wie sich aus folgender Stelle einer b Neugart cod. dipl. u. s. w. Graff kannte â nicht.

Waitz, Verfassungsgesch. I (2 Aufl.), 77: Bei den Burgunden wird der Faramanen gedacht; fara aber bezeichnet Geschlecht. Der Ausdruck findet sich auch bei den Longobarden und hat hier eine Bedeutung für die Bildung des Heeres; vielleicht hängt damit die Bezeichnung Para, Bara für einen Gau oder einen entsprechenden Landdistrikt zusammen, die später bei den Alemannen üblich ist.

Gfrörer, Volksrechte I, 423: Ich bin überzeugt, daſs das alemannische Wort Bara sowie die burgundisch longobardischen farones und fara mit dem fränkischen barus und baro zusammenhängen. Seit dem Ende des 8. Jahrh. werden mehrere Bezirke Schwabens urkundlich mit dem Wort Bara bezeichnet, bevor der Name des Grafen vorhergesetzt ist. S. 432 wird Bar mit Freibaurschaft, die unter einem bestimmten Grafen steht, übersetzt und faro, farones dazugestellt, das nur eine andere Form von Bara sein soll!

Das mittelhochd. Wb. I, 88ᵃ weiſs nur von den Barleuten u. s. w., den zinspflichtigen, halbfreien b. Schmell. I. 174, was mit unserm Worte nichts zu tun hat.

Vierordt, Bad. Gesch. im Mittelalter S. 26: Auf ein im Keltischen vorhandenes Wort Bar, Grenze, scheint das französische la Barre, la Barrière u. s. w. hinzudeuten und Landstriche mit dem Namen Bar nicht blos Städte, hat auch das Elsaſs, Lothringen und ein groſser Bezirk an der Aube und Seine. — Die Baar scheint während der Römerherrschaft den ganzen auf dem rechten Rheinufer gelegenen Teil der

Provinz Obergermanien bezeichnet zu haben. In der zweiten Periode ist es ein ausgedenter Landstrich des Schwarzwaldes. S. 168 a u. O. Mone, Urgesch. II. 12 erklärt es in seiner Weise aus gaelischem Barr = Spitze, Ende, Grenze. Ich halte Baar aus bairan = tragen, entsprungen; die alte Baar ist das fruchtbare Land im Gegensatze zum eigentlichen Schwarzwald. Wenn man durch die hercynischen Waldungen gen Osten zog, so lag da die weite Hochebene des waldentblösten Getreidelandes Nach röm. Nachrichten lag rückwärts der rauhen Gebirge hinter Augusta Rauracorum das sich ausdenende getreidereiche Hochland (Unsere Baar).

S. 17 St. Severin wol zu unterscheiden von dem St. Severin der östlich von Noricum her mit den Alemannen (Juthungen, Alemannen) in unangenehme Berührung kam. Unser West-Severin war ein frankogallischer Missionär, Zeitgenosse Chlodowechs; hat viel gewirkt und in der Mauracher Gegend erhielt sich sein Name häufig als Taufname. Mone Zt. 20, 355.

S. 31. Ich muſs hier noch einer Grenzbestimmung gedenken, welche unsere westlichen Stammesgenossen, die Elsässer, Reintäler im 15. und 16. Jahrh. zogen. Geiler v. K., Johannes Pauli, Laurentius Fries, Brunswick und andere nehmen die östliche Grenze des Bistums Straſsburg als die alemannisch-schwäbische an. Das Oppenauertal, das Renchtal sind die östlichen Punkte: da geht der Schwarzwald an, mit ihm auch Schwaben Bei Geiler liegt Baden-Baden schon im Schwabenlande. Da tritt nun der Fall ein, daſs es nobler herrischer war jene schwäbische Sprache in Straſsburger Heimat zu sprechen, schwäbischen Brauch mitheimzubringen. In Schimpf und Ernst (S. 283) heiſst es: er ist ein zunftmeister worden; er ret nie me sein sprach; er nimpt sich an schwebisch zu reden und ist nie recht für das Tor kumen. In Geilers Evangelienbuch f. 155ᵃ steht: und wenn sie heim kumen (aus dem Badischen) becleiden sie sich als die schwebin Und haben etwan mit Schwaben gebadet, so wöllent dan ir auch schwebisch reden f 205ᵃ. Auch in landwirtschaftlicher Beziehung führt Geiler Schwaben an als praktisch: wan man muſs die ecker misten, sollent sie anders frucht bringen uud die Esch ist Mist vil Aeckern in Schwaben f. 80ᵇ. Laut der Ordnungen gab es auch in Straſsburg: Schwabenhauben, die sehr teuer und darum einer besondern Erlaubnis des Tragens verfielen. Ebenso gab es Schwabengürtel. Brunswick (1512) nennt Oberkirch im Oppenauertal als noch Straſsburgisch; aber schon an den Schwarzwald d. h Schwaben stoſsend. Laurentius Fries nennt Allgäuer, Schwaben, Thurgäuer: in vil landen essen den habern die Menschen bei der Vile. Das erst und das letzt ist allweg Habermuſs, als die Algöwer, Schwaben und Thurgöwer, da machen sie Zwerchstopfferbrei, Rörenbrey, Zimmen und mancherlei Gekocht von Habermus, etlich als dick, daſs ein wolbeschlagener Gaul darüber lieff und nit hineinfiel f. 20ᵇ f. 36ᵇ soll man verordnen: eim Elsässer den Knobloch, eim Allgöwer das Habermuſs. — Schwäbische Schriftsteller wie der Augsburger Medic Dr. Rauwolf betonen Schwaben, das ihnen bis zum See geht, denn Lindau heiſst er das schwäbisch Venedig; allein das Allgäu muſs immer auch bei ihm hervorgehoben werden: wie die Bauern im Algew auff dem gebürge des Käses essen S 245. Von Wangen im Algöw, allda der Segessen und Leinwath halb ein groſs gewerb u s. w.

Noch bis in's 15. und 16. Jahrh. herein pflegte man nur Schwaben Sachsen (d. h. Nord und Süd) zu nennen, wie des Teufels Netz tut: er si in Schwaben oder Sachsen. V. 5023. Oder: er si von Schwaben oder Schotten etc. V. 475.

Einen Versuch Mone's in seiner Urgesch. Badens II, 179, alemannische Lautlehre betreffend, teile ich hier mit.

Eine grofse Willkür herrscht im Altdeutschen bei dem auslautenden c nach n und r. So schreibt Nicolaus von Strafsburg: werg, gedang, ögenblig, sag, marg; im Breisgau zeigen die Urkunden: werch und werk, starch und stark, march und mark, kalch und kalk, acker und acher u. dergl. ohne Unterschied. Einige dieser Formen wie Kelch und Kirche sind allgemein geworden. Die Ableitung = ing kommt in den Formen: -inc, inch, -unch vor: g ist unorganischer Auslaut (!), drig, frig, ebenso Inlaut frige, sige, Sofiga (Sophia) und wird auch abgeworfen (!) zwi, Zweig. — Das Wort krank kann z. B. dreierlei Schreibung und Aussprache haben, chranch, chranc, cranch. Diese Willkür ist eine Verwirrung u. s. w. (S. 177): darin hat der eingedrungene Zischlaut weiter um sich gegriffen; er ist in einigen Wörtern besonders nach r zu sch geworden, wie in Hirsch das im badischen Oberland noch Hirz, im Unterland Hersch lautet; in andern hat er das einfache s, besonders nach l, m und r auch in sch verwandelt wie falsch von falsus, Gemsch mundartlich für Gemse, Hirschen für Hirsen, Orschel mundartlich für Ursula u. dergl. Ferner sind alle organischen sk oder sc zu sch in Sprache und Schrift geworden; ebenso die sl, sm, sr, sn, sw; die st, sp werden zwar noch einfach geschrieben aber scht, schp gesprochen. — — Vergleicht man damit alte Beispiele oberrheinischer Mundarten, so läfst sich die nämliche Bildung erkennen. In Urkunden von Baden v. 1338 fand ich die Wörter geischlich, ernschelich; Nicol. v. Strafsburg (um 1320) braucht geischlon für geifseln; Urkunden von Salmansweiler geben von 1317 gaischlich, vaschnaht, und zeigen von 1290 durch die Schreibungen gaischlich, bishoffes, geschah u. s. w. die ältere Gestalt und Aussprache des Zischlautes. Wie ausgedent dieser Laut war, sieht man bei den Namen auf -tschi, tschi z. B. Bertschi, Rütschi, Fritsch, Dietschi u. s. w. für Berthold, Rudolf, Friedrich, Dietrich, die am Oberrhein sehr häufig gebraucht wurden (S. 178) Bei den Lippenlauten schreiben wir zwar b zwischen zwei Vocalen, aber die süddeutschen Mundarten sprechen es allezeit (?) wie w aus; einfach nach langer Wurzel, doppelt nach kurzer: läwe, räwe (rauben), wewe (weben), gäwwe (geben), Läwwr (Leber), Gawwl (Gabel), Giwwl (Gibel) u. s. w. Ebenfalls wird lb, rb jedesmal lw, rw gesprochen, wenn das Wort organisch wächst: Salwe, sterwo. So ist auch g zwischen zwei Vocalen in den oberrheinischen Mundarten immer j, einfach nach langen Silben, doppelt nach kurzen: lijje, liegen, Ijje aber lügen; Ijjl (Igel), Strijjl (Striegel), saje, sagen, traje, tragen. Bei diesem j darf kein i gehört werden, es ist ein erweichter halbunterdrückter Kehllaut — Bei den Zahnlauten bemerke ich, dafs die fränkische Mundart d. Oberrheins nd in nn verwandelt, wenn das Wort durch Flexion wächst: Kinner, Kinder, Länner, Länder. Auch nd im Inlaut zwischen zwei Vocalen wird so verändert: Wunner für Wunder, binne für binden.

In demselben Verlage sind ferner erschienen:

Grimm (Jacob), Kleinere Schriften. Drei Bände. gr. 8. Velinpapier.

Erster Band. Reden und Abhandlungen. 1864. Velinpapier. gr. 8. geh. 2 Thlr. 15 Sgr.

Inhalt: *Selbstbiographie. — Meine entlassung. — *Italienische und skandinavische reiseeindrücke. — Frau Aventiure klopft an Beneckes thür. — *Das wort des besitzes (jubelschrift zu Savignys doctor-jubiläum). — Rede auf Wilhelm Grimm. — Rede über das alter. — Ueber schule, universität, akademie. — Ueber den ursprung der sprache. — †Ueber etymologie und sprachvergleichung. — *Ueber das pedantische in der deutschen sprache. — Rede auf Schiller. — Anhang von kleineren aufsätzen.

Zweiter Band. Abhandlungen zur Mythologie und Sittenkunde. Mit einer photolithographischen Tafel. 1865. Velinpapier. gr. 8. geh. 3 Thlr.

Inhalt: *Ueber zwei entdeckte gedichte aus der Zeit des deutschen heidenthums. — *Deutsche grenzalterthümer. — Ueber das finnische epos. — Ueber Marcellus Burdigalensis. — Ueber die Marcellischen Formeln. — *Ueber schenken und geben. — Ueber das verbrennen der leichen. — Ueber den liebesgott. — *Ueber eine urkunde des XII. Jahrhunderts. — Ueber frauennamen aus blumen. — Ueber die namen des donners. — †Ueber das gebet.

Dritter Band. Abhandlungen zur Literatur und Grammatik. Mit einer photolithographischen Tafel. 1866. Velinpapier. gr. 8. geh. 3 Thlr.

Inhalt: Gedichte des mittelalters auf könig Friedrich I. den Staufen und aus seiner sowie der nächstfolgenden zeit. — *Ueber diphthongen nach weggefallnen consonanten. — *Ueber Iornandes und die Geten. — Ueber den personenwechsel in der rede. — Ueber einige fälle der attraction. — Von vertretung männlicher durch weibliche namensformen. — †Der traum von dem schatz auf der brücke.

Die mit einem * bezeichneten Abhandlungen sind nur in den Schriften der Akademie veröffentlicht worden, die mit einem † bezeichneten bisher ungedruckt gewesen; die übrigen Abhandlungen sind gröfstentheils nur in einer sehr kleinen Zahl von Einzelabdrücken in den Buchhandel gekommen.

Ein vierter Band, der diese Sammlung beschliefsen wird, soll die im Monatsbericht der Akademie abgedruckten und die bedeutenderen Aufsätze aus verschiedenen Zeitschriften umfassen.

Grimm (Wilhelm), Die deutsche Heldensage. Zweite vermehrte und verbesserte Auflage. 1867. Velinpapier. 2 Thlr. 20 Sgr.

Diese neue Ausgabe hat Hr. Prof. Müllenhoff unter Benutzung des Handexemplars des verewigten Verfassers und Hinzufügung eigener Zusätze besorgt.

Rochholz (Prof. E. L.), Deutscher Glaube und Brauch im Spiegel der heidnischen Vorzeit. 1867. Zwei Bände. Velinpapier. 8. geh. 3 Thlr.

Erster Band: Deutscher Unsterblichkeitsglaube. Inhalt: Golb, Milch und Blut. — Ohne Schatten, ohne Seele. — Oberdeutsche Leichenbräuche. — Der Knochencultus. — Allerseelenbrob.

Zweiter Band: **Altdeutsches Bürgerleben.** Inhalt: Deutsche Wochentage. — Alemannisches Wohnhaus. — Roth und Blau, die deutschen Leib- und Nationalfarben. — Deutsche Frauen vor dem Feinde.

Dieses Werk bringt, wie schon der vorstehende Inhalt andeutet, über eine große Anzahl weit verbreiteter, namentlich oberdeutscher Sitten und Gebräuche die merkwürdigsten Mittheilungen und anziehendsten Aufschlüsse. Der Verfasser hat nicht blos mit großem Fleiß den Stoff zu seiner Arbeit gesammelt, sondern weiß auch, wie seine früheren Arbeiten gezeigt haben, denselben geistreich und fesselnd darzustellen.

Weinhold (Karl), Grammatik der deutschen Mundarten. Erster Theil: Alemannische Grammatik. 1863. gr. 8. geh. 3 Thlr. 10 Sgr.

Zweiter Theil: Bairische Grammatik. 1867. gr. 8. geh. 2 Thlr. 20 Sgr.

Nachdem durch Jacob Grimm die geschichtliche Grammatik der germanischen Sprache in bewundernswerther Art geschaffen und durch eine Reihe von Forschern einzelne Theile derselben von verschiedenen Standpunkten behandelt worden, wandte sich die Aufmerksamkeit mit Vorliebe der Ergründung der deutschen Mundarten zu. Eine Anzahl von Idiotiken entstand, durch welche die Kenntniss des deutschen Wortschatzes bedeutend gefördert ward. Noch fehlt es aber an einem Werke, welches die grammatischen Verhältnisse der einzelnen deutschen Dialekte nach festerem Plane nicht blos nach ihrem heutigen Zustande, sondern nach ihrer ganzen Entwickelung bearbeitete, welches demnach eine wichtige und längst verlangte Ergänzung zu Grimm's Grammatik gäbe.

Prof. Weinhold beabsichtigt diese Lücke auszufüllen und will die Dialekte der Alemannen, Baiern, Franken, Thüringer, Sachsen und Friesen in einer Reihe von Bänden grammatisch darstellen, so dafs die Lautverhältnisse, die Wortbildung und die Wortbiegung von den ältesten Zeiten an und soweit die Quellen zugänglich sind, wie J. Grimm dies an den germanischen Hauptdialekten lehrte, entwickelt werden.

Steinthal (Prof. Dr. H.), Charakteristik der hauptsächlichsten Typen des Sprachbaues. Zweite Bearbeitung seiner „Classification der Sprachen." 1860. gr. 8. 2 Thlr.

Nach der von *W. v. Humboldt* geschaffenen Methode werden neun der hauptsächlichsten Sprach-Typen als eben so viele grundverschiedene Systeme dargestellt, deren jedes auf ein eigenthümliches Princip gebaut ist. So wird die vom Verf. schon in früheren Schriften behauptete principielle Verschiedenheit der Sprachen und namentlich der wesentlichste Unterschied zwischen formlosen und Form-Sprachen durch ausgeführte historische Darlegungen bewiesen und nach ihren wichtigsten Zügen vorgeführt. Dem Sprachforscher wie dem Psychologen mufs der hier eröffnete Einblick in eine ungeahnte Mannichfaltigkeit und häufig genug Seltsamkeit der Redeweisen von nicht geringem Interesse sein. Ein diesen Charakteristiken vorausgeschickter allgemeiner Abschnitt legt die Grundlage der befolgten Methode und besonders den Unterschied zwischen Grammatik und Logik in möglichster Kürze und Bestimmtheit dar, und ein ihnen folgender Abschnitt legt die charakterisirten Sprachen in einer Classification dem Leser vor die Augen.

DIE
ALEMANNISCHE SPRACHE

RECHTS DES RHEINS

SEIT DEM XIII. JAHRHUNDERT

VON

Dr. ANTON BIRLINGER.

ERSTER TEIL:

GRENZEN. JAHRZEITNAMEN. GRAMMATIK.

BERLIN

FERD. DÜMMLER'S VERLAGSBUCHHANDLUNG.

HARRWITZ UND GOSSMANN.

1868.

In demselben Verlage sind ferner erschienen:

Delbrück (Dr. B.), Ablativ Localis Instrumentalis im Altindischen, Lateinischen, Griechischen, Deutschen. Ein Beitrag zur vergleichenden Syntax der indogermanischen Sprachen. 1867. gr. 8. geh. 15 Sgr.

Eimele (F.), Die wesentlichen Unterschiede der Stamm- und abgeleiteten Sprachen hauptsächlich an der deutschen und französischen Sprache nachgewiesen, nebst einer Einleitung über das Wesen der Sprache. (Upsala 1862.) 1863. 8. geh. 10 Sgr.

Grimm (Jacob), Rede auf Wilhelm Grimm und Rede über das Alter. Gehalten in der Königl. Akademie der Wissenschaften zu Berlin. Herausgegeben von Herman Grimm. Dritte Auflage. 1865. Velinp. 8. geh. 10 Sgr.

—————— Ueber den Ursprung der Sprache. Aus den Abhandlungen der Königl. Akademie der Wissenschaften vom Jahre 1851. Sechste Aufl. 1866. 8. geh. 10 Sgr.

Mannhardt (Wilhelm), Die Korndämonen. Beitrag zur germanischen Sittenkunde. 1868. 8. geh. 12 Sgr.

Pauli (Dr. C.), Ueber die Benennung der Körpertheile bei den Indogermanen. 1867. 4. geh. 8 Sgr.

Steinthal (Prof. Dr. H.), Philologie, Geschichte und Psychologie in ihren gegenseitigen Beziehungen. Ein Vortrag, gehalten in der Versammlung der Philologen zu Meifsen 1863, in erweiternder Ueberarbeitung. 1864. Velinpapier. gr. 8. geh. 15 Sgr.

—————— Gedächtnifsrede auf Wilhelm von Humboldt, an seinem hundertjährigen Geburtstage Sonnabend den 22. Juni 1867 gehalten. 1867. Velinpapier. gr. 8. geh. 6 Sgr.

Tobler (Dr. L.), Ueber die Wortzusammensetzung, nebst einem Anhang über die verstärkenden Zusammensetzungen. Ein Beitrag zur philosophischen und vergleichenden Sprachwissenschaft. gr. 8. 1 Thlr.

www.ingramcontent.com/pod-product-compliance
Lightning Source LLC
Chambersburg PA
CBHW031828230426
43669CB00009B/1265